Andreas Klane

Richtiges Lernen für Jurastudenten und Rechtsreferendare

Fünfte, überarbeitete Auflage

BWV • BERLINER WISSENSCHAFTS-VERLAG

Bibliografische Information der Deutschen Nationalbibliothek

Die Deutsche Nationalbibliothek verzeichnet diese Publikation in der
Deutschen Nationalbibliografie; detaillierte bibliografische Daten sind im
Internet über http://dnb.d-nb.de abrufbar.

ISBN 978-3-8305-3423-5

© 2011 BWV · BERLINER WISSENSCHAFTS-VERLAG GmbH,
Markgrafenstraße 12–14, 10969 Berlin
E-Mail: bwv@bwv-verlag.de, Internet: http://www.bwv-verlag.de
Printed in Germany. Alle Rechte, auch die des Nachdrucks von Auszügen,
der photomechanischen Wiedergabe und der Übersetzung, vorbehalten.

Inhaltsverzeichnis

Einführung

Sie haben einen großen Wunsch, den Sie sich gerne erfüllen möchten: Sie wollen effektiver und rationeller Lernen. Darum halten Sie dieses Buch in Händen. Die folgenden Seiten wollen Ihnen dabei helfen, dieses Ziel zu erreichen. Sicherlich sind Sie in diesem Augenblick noch der festen Überzeugung, Sie könnten als angehender Jurist Ihre Absicht nur mit viel Mühe und unter schweren Anstrengungen in die Tat umsetzen. Doch das ist ein Irrtum. Der Weg dorthin wird für Sie weniger steinig als vielmehr sehr spannend werden. Bereits nach der Lektüre der nächsten vier Seiten werden Sie einige zentrale Punkte in einem anderen Licht sehen als bisher.

Dieses Buch ist dynamisch. Wenn Sie damit arbeiten, wird sich Ihr Lernverhalten sehr bald völlig verändert haben. Sie werden in kürzerer Zeit mehr erfassen und behalten. Sie werden erfolgreicher sein als bisher und Spaß an Ihrer Arbeit gewinnen. Und Sie werden künftig trotz des größeren Lernerfolges wesentlich mehr Freizeit haben. Ihre juristischen Lern- und Arbeitsmethoden werden sich vollkommen wandeln, ebenso Ihre persönliche Einstellung. Sie werden beginnen, Lernen als eine überaus lohnende Tätigkeit zu betrachten, die Ihnen Spaß und Freude macht. Ihre momentan noch vorhandenen negativen Vorbehalte werden sich nach und nach von selbst in Luft auflösen. Nutzen Sie diese einmalige Chance. Jetzt!

Auf einen besonders interessanten Gesichtspunkt möchte ich Sie bereits vorweg hinweisen: Sie werden zunächst sicherlich überrascht sein, dass die in diesem Buch dargelegten Erkenntnisse meist nicht neueren Datums sind. Viele Errungenschaften der Lernpsychologie sind seit nahezu „ewigen Zeiten" bekannt. Trotzdem gibt es keine Anleitung dafür, wie Sie diese Erkenntnisse als Student oder Referendar brauchbar in Ihren täglichen Arbeitsablauf einbinden können. Der Grund hierfür liegt in der Art und Weise, wie mit neuen Kenntnissen in der Regel verfahren wird. Psychologen basteln beispielsweise mit Vorliebe an neuen Theorien über das menschliche Gehirn und die Aufnahme, Verarbeitung und Speicherung von Informationen. Leider werden die dabei gewonnenen Ergebnisse ihrer Forschungen meist nicht besonders publikumswirksam mitgeteilt. Das hat im Wesentlichen zwei Gründe: Zum einen toben in der Psychologie die gleichen Grabenkämpfe wie in allen anderen Wissenschaftsbereichen. Die graue Theorie und deren Richtigkeit stehen dabei vielfach über jeder Frage der praktischen Anwendung. Und zum anderen ist es oft gar nicht erwünscht, wenn man mit neuen Forschungsergebnissen praxisbezogen und sinnvoll arbeiten will.

So hat etwa im Hinblick auf die Steigerung des Lernerfolges folgende Anekdote aus den USA eine traurige Berühmtheit erlangt: Eine Studentin, die sich viel mit Lerntheorien beschäftigt hatte, wandte während ihrer Probezeit diese Erkenntnisse bei ihren Schülern an. Folge: Ihre Schüler bewältigten fast ausnahmslos das Pensum von zwei Schuljahren, einige sogar das von dreien während eines einzigen Jahres. Die Lehrerin aber wurde nach Ablauf ihrer Probezeit nicht in den Schuldienst übernommen, sondern entlassen. Begründung: Sie habe mit ihrer Methode nichts als heillose Verwirrung gestiftet und das gesamte Lehrsystem durcheinander gebracht. Denn ihre Schüler waren im folgenden Jahr den Mitschülern aus anderen Klassen so weit voraus, dass sie sich im Unterricht logischerweise langweilten. Zudem waren die Kollegen der Dame völlig damit überfordert, angesichts des hohen Wissensstandes der Schüler nicht auf ihre teilweise jahrzehntelang auswendig abgespulten Lerneinheiten und -pläne zurückgreifen zu können. Machen Sie sich über diese kleine Geschichte ruhig einmal Ihre eigenen Gedanken, wenn Sie etwas Zeit dafür erübrigen können. Sie werden dann überrascht feststellen, dass Sie dem soeben beschriebenen Phänomen auch in Ihrer nächsten Umgebung auf Schritt und Tritt begegnen können.

Und wie steht es nun mit Ihnen?

Nur zu gerne hätten Sie sich erklären lassen, wie man effektiver lernen kann. Aber niemand kam bisher auf den Gedanken, es Ihnen zu erläutern. Ihre diesbezüglichen Erfahrungen sind folgende: Bis zur Erlangung des Abiturs durften Sie viele Jahre lang die Schulbank drücken. Sie „lernten" dabei so interessante Dinge wie Wurzeln ziehen, Katalysatoren definieren und die englische Sprache. Ständig umschwirrte Sie der allseits bekannte Spruch: „Man lernt nicht für die Schule, sondern für das Leben." Sie können die Qualität jedes beliebigen Konversationslexikons testen, indem Sie nachschlagen, ob Seneca darin auch wirklich richtig zitiert ist. Im Original schrieb er nämlich: „Non vitae, sed scholae discimus." Also das schlichte Gegenteil von dem, was Ihnen immer erzählt wurde! Das Betrübliche an dieser Verdrehung aber ist nicht etwa, dass Ihr Lateinlehrer Ihnen diese fundamentale Wahrheit jahrelang erfolgreich verschwieg – obwohl er es sicher besser wusste –, sondern dass sich in all diesen Schuljahren keiner Ihrer Lehrer dafür Zeit nahm, Ihnen zu erklären, wie Sie viel effektiver hätten lernen können.

Danach verbrachten (oder verbringen) Sie einige lange Jahre damit, Jura zu studieren. Kaum ein Tag, an dem nicht ein Professor Ihnen dringlich ans Herz legte, seine neueste Theorie für die nächste Prüfung gleich mitzulernen. Dummerweise hat man dabei jedes Mal geflissentlich vergessen Ihnen mitzuteilen, wie Sie das denn bewerkstelligen sollten. Auch in der Referendarzeit bleibt alles beim Alten. Vielleicht hält es Ihr Ausbilder aber tatsächlich für nötig, das Thema „Lernen" einmal anzuschneiden. Wörtlich könnte er dann sagen: „Wie sie das alles am besten lernen wissen sie ja selbst. Immerhin haben sie ja schon das erste Staatsexamen in der Tasche." (Ähnlichkeiten mit Ihnen bekannten Personen sind nicht zufällig, sondern beabsichtigt.)

Wenn Sie sich nun an dieser Stelle fragen, warum es nie irgendein Lehrkörper für nötig befunden hat, Ihnen gegenüber auch nur ein konstruktives Wort über das Lernen zu verlieren, dann werden Sie auf eine ebenso einfache wie ernüchternde Antwort stoßen. Sie lautet: Kein einziger wusste etwas darüber. Halten Sie bitte einen kleinen Moment inne und überlegen Sie, ob das soeben Gesagte auch auf Sie zutrifft. Hat jemals irgendjemand versucht, Ihnen das Lernen zu lehren? Haben Sie Lernen gelernt? Nein, natürlich nicht. Sonst hätten Sie nicht zu diesem Buch gegriffen. Es wird Ihnen von nun an dabei helfen, effektiver zu lernen und zu arbeiten. Sollten Sie an dieser Stelle jedoch entgegenhalten können, dass tatsächlich einer Ihrer Lehrer vollkommen anders war und wirklich versucht hat, Ihnen auch das Lernen zu lehren, dann beglückwünsche ich Sie zu dieser außergewöhnlichen Erfahrung. Sollten Sie diesem Lehrer irgendwann noch einmal begegnen, dann bedanken Sie sich bitte bei ihm für seine Bemühungen. Oder Sie schreiben ihm bei der nächsten Gelegenheit eine Dankeskarte und ermutigen ihn, sein Wissen auf diesem Gebiet auch künftig weiterzugeben.

Vielleicht gelangen Sie bei der Lektüre der folgenden Seiten zu der Erkenntnis, dass Sie einige der darin beschriebenen Methoden bereits anwenden. In diesem Fall sollten Sie immer eine kleine Pause einlegen und sich aufrichtig über diese Tatsache freuen. Viele Menschen entdecken nämlich instinktiv den einen oder anderen Lerntrick und wenden diesen dann konsequent an, ohne sich dessen eigentlich bewusst zu sein. Gehen Sie Ihren Weg zu effektiverem Lernen beharrlich und ausdauernd. Erliegen Sie anfangs nicht der Versuchung, zu viel auf einmal erzwingen zu wollen. Machen Sie stattdessen jeden Schritt ganz bewusst und erfreuen Sie sich an Ihren täglich wachsenden Fortschritten. Ansonsten darf ich Ihnen noch ans Herz legen, dass Sie dieses Buch unbedingt mehrmals durcharbeiten müssen. Aber zu dieser Erkenntnis werden Sie ohnehin von selbst gelangen.

Und noch eine Kleinigkeit in eigener Sache: Natürlich erhebt das vorliegende Werk keinerlei Anspruch auf Vollständigkeit. Es ist lediglich ein Konzentrat besonders wirksamer Methoden und Anregungen. Halten Sie daher auch weiterhin nach jeder sich bietenden Gelegenheit Ausschau, mit der Sie Ihren Arbeitsstil weiter verbessern können. Und tun Sie es auch.

Viel Spaß beim Lernen und viel Glück im Examen!

Vorwort zur 2. Auflage

Lernen gewinnt einen immer höheren Stellenwert in unserem täglichen Leben. Gerade von einem Juristen wird heute erwartet, dass er in der Lage ist, sich schnell und effektiv in ein neues Aufgabengebiet einzuarbeiten. Die in der Praxis gestellten Anforderungen gehen dabei weit über die rechtlichen Kenntnisse hinaus, wie sie an der Universität oder im Referendariat vermittelt werden. So wird beispielsweise den Bereichen Fremdsprachen, EDV und wirtschaftliches Denken im Rahmen der Ausbildung nur wenig Aufmerksamkeit geschenkt. Gravierende Defizite, die der Einzelne später in mühevoller Eigenarbeit beheben muss. Dabei erweist es sich als unschätzbarer Vorteil, wenn die eigene Lernmethode während der Ausbildung effektiver gestaltet und verfeinert wurde.

Die 2. Auflage wurde vollständig überarbeitet.

Für ihr Interesse und die zahlreichen Anregungen danke ich allen Lesern und Seminarteilnehmern ganz herzlich.

Vorwort zur 3. Auflage

Die beschlossene Reform der Juristenausbildung samt der damit verbundenen Änderungen im Deutschen Richtergesetz und in der Bundesrechtsanwaltsordnung werden das Lernen auch künftig nicht leichter werden lassen. Im Gegenteil. Zwar wird die Reform als längst überfälliger erster Schritt von allen Seiten begrüßt. Doch für Sie als betroffenen Lernenden beinhaltet sie die Verpflichtung, sich noch früher als bisher gründlich mit den eigenen Lernstrategien auseinander zu setzen. Denn der geforderte Erwerb von zusätzlichen Schlüsselqualifikationen wie etwa Verhandlungsmanagement, Gesprächsführung, Rhetorik oder Mediation bedeutet natürlich nichts anderes als dass mehr gelernt werden muss. Gleiches gilt für die nun ausdrücklich erwünschte Aneignung von Fremdsprachenkenntnissen.

Als besondere Hürde wird sich die erwartete „hohe Flexibilität bei der Auswahl von Studienschwerpunkten" erweisen. So soll es künftig weitgehend den Universitäten überlassen bleiben, wie sie die einzelnen Schwerpunktbereiche ausgestalten, die neben den Pflichtfächern angeboten werden. Zudem wird angestrebt, die rechtlichen Darstellungen mehr aus dem Blickwinkel des Rechtsanwalts statt aus dem des Richters zu behandeln sowie die „modernen Betätigungsfelder" von Juristen in den Vordergrund zu stellen. Im Gegenzug soll dafür der Pflichtstoff reduziert und der Praxisbezug für den Lernenden verbessert werden. Um es mit Goethe zu sagen: „Die Botschaft hör' ich wohl, ..."

Fakt ist: Der Lernstoff für das Staatsexamen wird wieder einmal umfangreicher. Umso wichtiger ist es für Sie, sich rechtzeitig mit der Verbesserung der eigenen Lernmethode auseinanderzusetzen.

Für die 3. Auflage wurde das Buch vollständig überarbeitet.

Herzlichen Dank allen Lesern und Seminarteilnehmern für das große Interesse und die vielfältigen Anregungen und Denkanstöße. Ganz besonders gefreut habe ich mich über das positive Feedback erfolgreicher Examenskandidaten.

Vorwort zur 4. Auflage

Vielen Dank, dass Sie dieses Buch lesen. Es informiert Sie über zahlreiche Möglichkeiten, Ihren juristischen Lernerfolg zu optimieren. Starten Sie am besten noch heute, diese einmalige Chance zu nutzen. Es wird sich für Sie auszahlen. Garantiert!

Die 4. Auflage dieses Buches wurde vollständig überarbeitet.

Vorwort zur 5. Auflage

Als die erste Auflage dieses Buches erschien, gab es noch keine Smartphones, keine Tablets und ein Internetzugang war so selten wie ein Hauptgewinn im Lotto. Seither hat sich die Lern- und Arbeitsumgebung für Studenten und Referendare vollständig verändert. Laptops in der Bibliothek, wohin man auch schaut. Unzählige Smartphones in jedem Hörsaal, mit denen unentwegt Nachrichten gesendet werden. Online-Repetitorien quer durch die Republik und Zugang zu juristischen Datenbanken rund um den Globus in Echtzeit.

Und wie hat sich das Lernen selbst verändert? Im Prinzip gar nicht. Genauso wie der Lernvorgang durch die Erfindung des Buchdrucks kaum Veränderungen erfahren hat, sind auch die Auswirkungen des Online-Zeitalters bisher relativ spurlos an ihm vorüber gegangen. Der Grund dafür liegt in der Evolution. Das menschliche Gehirn arbeitet nämlich noch immer nach den gleichen Grundprinzipien, wie schon seit Tausenden von Jahren. Die technischen Neuerungen bieten zwar ungeahnte Möglichkeiten, auf externes Wissen zuzugreifen. Zu dessen interner Speicherung in Ihrem Gedächtnis müssen Sie sich jedoch nach wie vor an die altbewährten Regeln halten. Welche das sind und wie man diese Abläufe verbessern kann, möchte Ihnen dieses Buch zeigen. Viel Spaß beim Lernen!

Auch die 5. Auflage wurde wieder vollständig überarbeitet.

Erstes Kapitel

Das Fundament Ihres Lernerfolges

I. Starten Sie durch

Sie studieren Jura oder sind vielleicht sogar schon Referendar. Sie gehören damit zu den Menschen, denen sich die zentrale Bedeutung des Begriffs „Allgemeiner Teil" bereits von der Gesetzessystematik her erschließt. Auch diesem Buch ist ein solcher „Allgemeiner Teil" vorangestellt. Sie finden in diesem Abschnitt sozusagen „vor der Klammer" einige generelle Hinweise zum effektiven Lernen und Arbeiten. Behalten Sie die hier angesprochenen Punkte bei Ihrer weiteren Lektüre immer gut im Auge. Sie werden erst nach und nach die universelle Gültigkeit dieser Regeln für sich entdecken. Lesen Sie dieses Kapitel deshalb unbedingt mehrmals. Es ist zum Verständnis der weiteren Ausführungen immens wichtig. Denn wie Sie wissen, gelten die Allgemeinen Vorschriften immer für alle nachstehenden Bereiche. Dies heißt praktisch, dass die folgenden Vorüberlegungen nicht nur für Ihre juristische Ausbildung, sondern für Ihre gesamte berufliche Laufbahn, ja sogar für Ihr gesamtes Leben gelten. Ihr Wissensdurst beschränkt sich ja nicht nur auf den rechtswissenschaftlichen Bereich. Sie lernen an jedem Tag Ihres Daseins irgendetwas Neues hinzu.

Im Verlauf der nächsten Seiten werden Sie sicherlich manchmal überrascht sein, welche allgemeinen Prinzipien hier zunächst angesprochen werden. Wenn Sie sich aber die Zeit nehmen, um diese Grundsätze wirklich zu durchdenken, dann haben Sie für Ihre weitere Ausbildung auf jeden Fall schon mehr Einsichten gewonnen, als Sie es von diesem Buch erwartet haben. Wetten, dass?

II. Das Ziel

1. Ihr Hauptziel

Sie streben größeren Lernerfolg und mehr Wissen an. Darum haben Sie dieses Buch gekauft. Auf Ihrem Weg dorthin ist es unverzichtbar, dass Sie zu jeder Zeit ein klares Ziel vor Augen haben. Ohne Ziel werden Sie irgendwo landen, nur nicht an jenem Ort, an den Sie ursprünglich gelangen wollten. Die praktische Schwierigkeit besteht an dieser Stelle schlicht darin, dass nur ganz wenige Jurastudenten, ja selbst nur wenige Referendare wissen, wohin sie eigentlich wollen. Anders ausgedrückt: Es fehlt an einem klaren Ziel, das sie anpeilen könnten. Einer der Hauptgründe für diesen Mangel ist das juristische Ausbildungssystem, das die Konfusion kräftig unterstützt.

Der „typische" Weg zum Beruf eines Juristen sieht nicht selten folgendermaßen aus: Rechtsanwalt Müller marschierte kurz nach seiner Abiturprüfung zur Berufsberatung, um sich über die bestehenden beruflichen Zukunftsaussichten zu informieren. Der zuständige Berater sah seine guten Noten im Fach Latein und riet ihm zum Jurastudium. Kaum hatte Müller seine Rechtsanwaltszulassung in der Tasche, da fiel ihm plötzlich ein, dass es eigentlich sein Herzenswunsch gewesen wäre, Biologie zu studieren. Übrigens: Her Müller trägt zwar im wirklichen Leben einen anderen Namen, ist aber keineswegs eine blutleere Erfindung.

Kollege Müller hat also auf einen fremden Rat hin zehn Jahre seines Lebens damit verschwendet, sich dem Studium der Paragraphen hinzugeben. Er hätte diesen Irrtum leicht verhindern können, wenn er sich einen einzigen Tag dafür Zeit genommen hätte, sein eigenes berufliches Ziel abzustecken. Dem Berufsberater kann man keinen Vorwurf machen. Woher hätte er wissen sollen, was Herr Müller insgeheim gerne werden wollte?

Tipp: Sie sind für Ihre berufliche Entscheidung allein verantwortlich. Nehmen Sie sich deshalb die notwendige Zeit, um sich über Ihren Berufswunsch vollkommen klar zu werden. Lassen Sie diese grundlegende Frage auf keinen Fall von jemand anderem für Sie entscheiden.

Noch einmal: Jeder Mensch ist für seine beruflichen Entscheidungen selbst verantwortlich. Daher besteht Ihre erste und wichtigste Aufgabe auf dem Weg zum Lernerfolg einfach in Folgendem:

Formulieren Sie Ihr Ziel!

Tun Sie es hier und sofort. Legen Sie dieses Buch jetzt zur Seite und formulieren Sie Ihr Ausbildungsziel. Schreiben Sie Ihre Überlegungen auf einen Zettel. Sie werden sehen, dass Sie dann schneller vorankommen als wenn Sie versuchen, diese Aufgabe nur in Gedanken zu meistern. Halten Sie das Ergebnis abschließend in einem einzigen Satz fest. Übertragen Sie diesen Satz dann in die am Ende dieses Absatzes dafür vorgesehene Zeile. Sie werden später bei den Lernübungen sehen, dass man etwas schriftlich Fixiertes viel besser im Gedächtnis behalten kann. Nehmen Sie sich viel Zeit für diesen ersten Schritt zum Lernerfolg. Denn er ist für alles Weitere von entscheidender Bedeutung. Also dann: Viel Spaß beim Denken!

Mein Ausbildungsziel lautet: ....

Wenn Sie jetzt weiter lesen, kann das verschiedene Gründe haben:

- Sie haben die vorstehende Übung gemacht und sind neugierig darauf, wie es wohl auf Ihrem Weg zum Lernerfolg weitergehen wird. Bravo!
- Sie haben die Übung nicht gemacht, weil Sie diese für albern, überflüssig, unbedeutend oder was auch immer halten. In diesem Fall müssen Sie sich selbst fragen, ob Sie aus diesem Buch wirklich Nutzen ziehen wollen. Oder beabsichtigen Sie lediglich, es „abzuhaken" und ins Regal zu stellen? Sie verpassen dann die einmalige Chance, gezielt Ihre Arbeitsweise zu verbessern. Oder haben Sie dazu vielleicht ohnehin keine Lust, weil Ihnen die Geschichte des Kollegen Müller noch durch den Kopf spukt? Falls das so ist, sollten Sie Ihre eigene Zielsetzung besonders sorgfältig kontrollieren.
- Sie wollen die Übung später nachholen. Das ist nichts weiter als ein Trugschluss. Tatsächlich haben Sie sich dazu entschlossen, sie nicht zu machen (s.o.).

Sie haben Ihr persönliches Ausbildungsziel nun formuliert. Es wird sinngemäß etwa lauten: „Ich will das Juristische Staatsexamen bestehen und Volljurist werden." Wenn Sie nach der Erforschung Ihrer eigenen Absichten diesen Entschluss gefasst haben, dann investieren Sie – anders als Kollege Müller – keine zehn Jahre Ihres Lebens in eine Ausbildung, die Sie im Grunde gar nicht interessiert. Auch wenn es Ihnen im Moment noch etwas unverständlich erscheinen mag: Die ehrliche Erkenntnis, dass Sie Jurist werden wollen, ist für Sie der wichtigste Schritt auf Ihrem Weg zum Lernerfolg. Aus diesem Grunde steht er in diesem Buch auch an erster Stelle.

2. Ihr Fernziel

Gehen Sie nach der Formulierung Ihres Hauptziels jetzt einen Schritt weiter. Versuchen Sie, so exakt wie möglich Ihren späteren Berufswunsch zu skizzieren. Wollen Sie als Rechtsanwalt, Richter, Jurist in einem Unternehmen oder in der Verwaltung arbeiten? Welche konkrete Vorstellung von Ihrem künftigen Beruf haben Sie? Haben Sie bisher überhaupt Vorstellungen entwickelt? Diese Übung dient ebenfalls der klaren Zielsetzung, die das Fundament für die Steigerung Ihres Lernerfolgs bildet.

Sicherlich kennen Sie einen Studienkollegen, der immer davon schwärmt, welche vielfältigen Möglichkeiten man als Jurist doch habe. Er belegt diese und jene Vorlesung, träumt als Referendar immer noch und findet nach längerer Suche endlich eine schlecht dotierte juristische Tätigkeit, die ihn im Grunde nicht wirklich interessiert. Seine Freundin hingegen geht von Anfang an anders vor. Sie hat ihren Berufswunsch klar skizziert und sich entsprechende Gedanken gemacht, wie er am besten zu realisieren ist. Da sie gerne international arbeiten möchte, belegt sie Vorlesungen in Europarecht und anglikanischem Recht, vertieft ihre Fremdsprachenkenntnisse und leistet die Praktika im Ausland ab. Dank dieser maßgeschneiderten Ausbildung findet sie prompt ihren Traumjob bei einem international ausgerichteten Unternehmen.

Machen Sie sich an dieser Stelle unbedingt noch einmal deutlich, wie wichtig die frühzeitige und klare Zielsetzung für Sie und Ihren Lernerfolg ist. Nur wenn Sie genau wissen, was Sie eigentlich wollen, werden Sie auch die entsprechende Motivation und Energie aufbringen, die Sie letztlich an Ihr Ziel geleiten. Konzentrieren Sie sich so bald wie möglich auf den von Ihnen angestrebten Beruf. Stellen Sie sich selbst konkret als Richter, Rechtsanwalt oder in der gewünschten Position vor. Diese Methode bietet Ihnen zusätzlich einen entscheidenden Vorteil: Wenn Sie sich geistig in die jeweilige Berufssituation hineinversetzen, können Sie Ihre Zielsetzung in Gedanken plastisch kontrollieren. Das erspart Ihnen später vielleicht manche böse Überraschung.

Kollege Meier entschließt sich dazu, als Rechtsanwalt in einer renommierten Kanzlei anzuheuern. Schon nach wenigen Wochen stellt er fest, dass er das Plädieren vor Gericht nicht ausstehen kann. Er wird puterrot, fängt an zu stottern und bringt kein Wort mehr heraus. Schon bei dem bloßen Gedanken, dass sich in der Tagespost eine gerichtliche Terminsverfügung befinden könnte, bekommt er schlechte Laune. Statt morgens interessiert und gespannt seine Arbeitsstätte aufzusuchen, ist er entsprechend frustriert. Diese bittere Erfahrung hätte sich Meier leicht ersparen können, wenn er sich gedanklich frühzeitig in seine künftige Rolle versetzt hätte. Ihm wäre dann nicht entgangen, dass mit seiner künftigen Aufgabe auch öffentliches Reden vor Gericht verbunden ist. (Sie wissen schon: Selbstverständlich heißt auch Meier im realen Dasein ganz anders, aber ansonsten ...)

Glauben Sie nun bitte nicht, dass Herr Meier ein Einzelfall wäre. Nach den Zahlen der jährlich erhobenen Studien über das Engagement deutscher Arbeitnehmer gehört er sogar zur großen Mehrheit aller Beschäftigten. Danach engagierten sich 2012 lediglich 17 % der Berufstätigen ernsthaft an ihrem Arbeitsplatz. Einer der am häufigsten genannten Gründe für diese ebenso erstaunliche wie erschreckende Tatsache war, dass die Befragten angaben, erst nach einiger Zeit bemerkt zu haben, dass sie die von ihnen ausgeübte Tätigkeit eigentlich gar nicht wirklich interessierte.

Tipp: Versetzen Sie sich in Gedanken regelmäßig in die Rolle des Berufs, den Sie anstreben. Kontrollieren Sie dabei, ob dieses detaillierte Bild Ihrem abstrakten Wunsch auch tatsächlich entspricht.

Ihre nächste Aufgabe auf dem Weg zum Lernerfolg lautet deshalb:

Formulieren Sie Ihren konkreten Berufswunsch!

Mein Berufswunsch als Jurist lautet: ....

Vielleicht gehören Sie zu der Gruppe von Menschen, die an dieser Stelle milde lächelnd behaupten, alles bisher Gesagte sei ja wohl mehr als banal. Damit haben Sie völlig Recht, es ist banal. Aber: Halten Sie sich denn an das Angesprochene? Kennen Sie Ihre juristischen Ziele? Haben Sie diese jemals schriftlich fixiert und durchdacht? Gehören Sie tatsächlich zu dem einen Prozent unserer Bevölkerung, das auf die Frage nach dem Ziel ohne lange nachzudenken eine präzise Antwort geben kann? Falls Sie mit „Ja" antworten, dann herzlichen Glückwunsch! Für Sie wird es keine Hindernisse geben, Ihren Lernerfolg in ungeahntem Maße zu steigern. Falls Sie hingegen zur überwiegenden Mehrheit derjenigen Menschen gehören, die sich solche Gedanken noch nicht in letzter Konsequenz gemacht haben, dann gibt es auch für Sie an dieser Stelle einen Grund zur Freude: Ihnen ist die Bedeutung einer klaren Zielsetzung eindringlich bewusst geworden. Ihnen eröffnen sich ab sofort unerwartete Möglichkeiten.

3. Ihre Nahziele

Sie haben sich jetzt mit den Fernzielen auseinander gesetzt und erkannt, dass diese die unverzichtbare Grundlage für jeden Lernerfolg darstellen. Gehen Sie nun einen weiteren Schritt und übertragen Sie Ihr Wissen auf die Nahziele. Jedes Fernziel, das Sie erreichen wollen, lässt sich in fast beliebig viele Nahziele unterteilen. Für den angehenden Juristen könnten solche Nahziele – je nach Prüfungsordnung – etwa sein:

– Semesterabschlussklausuren bestehen
– (Zwischenprüfung ablegen
– Praktika ablegen
– Seminarscheine erwerben
– 1. Juristisches Staatsexamen
– Referendariat
– 2. Juristisches Staatsexamen

Dazwischen können Sie sich selbstverständlich beliebig viele weitere Ziele setzen, beispielsweise:

- regelmäßig die Vorlesung „Europarecht" besuchen
- ein bestimmtes Fachbuch lesen
- die Definition von „vis absoluta" auswendig lernen
- wöchentlich eine Übungsklausur schreiben
- Italienisch lernen

Nehmen Sie sich nun ausreichend Zeit und Papier und versuchen Sie, Ihre Nahziele ebenfalls schriftlich festzuhalten. Legen Sie die Liste anschließend hinten in dieses Buch und überprüfen Sie diese zunächst jeden Tag einmal auf ihre Aktualität und Vollständigkeit hin. Bleiben Sie dabei flexibel. Sie werden schon bald feststellen, dass ein Nahziel, das Sie heute noch als überaus wichtig gehalten haben, am nächsten Morgen seine Bedeutung für Ihr weiteres Vorgehen bereits völlig eingebüßt haben kann. An seine Stelle treten vielleicht Punkte, an die Sie momentan noch gar nicht denken.

Es könnte beispielsweise sein, dass auf Ihrer Liste heute die Vorlesungen „Deutsche Rechtsgeschichte" oder „Römische Rechtsgeschichte" stehen. Womöglich sind Sie aber in einigen Tagen der Meinung, „Spanisch", „Betriebswirtschaftslehre", „Entspannungstraining" und „Deliktsrecht" seien für die Verwirklichung Ihrer Pläne wichtiger.

> **Tipp:** Halten Sie Ihre Ziele immer schriftlich fest. Entwickeln Sie die Gewohnheit, Ihre Liste während der ersten vier Wochen täglich zu kontrollieren. Danach ist Ihnen dieses Ritual zur Gewohnheit geworden und Sie erledigen es automatisch. Das Durchsehen der Liste kostet Sie nur wenige Minuten Zeit. Besonders effektiv ist es, dies entweder kurz vor dem Einschlafen oder kurz nach dem Aufstehen zu erledigen.

An dieser Stelle taucht regelmäßig die Frage auf, warum man seine Ziele unbedingt schriftlich fixieren und die entsprechende Liste anfangs täglich (oder später zumindest einmal wöchentlich) kontrollieren muss. Die Antwort darauf ist ebenso einfach wie verblüffend: Wenn Sie keine schriftliche Liste Ihrer Ziele anfertigen, die Sie regelmäßig kontrollieren können, sorgt Ihr Gedächtnis mit absoluter Präzision dafür, dass Sie diese Ziele im Laufe der nächsten Tage wieder vergessen werden. Warum das so ist, erfahren Sie später im Kapitel über die Arbeitsweise Ihres Gedächtnisses noch ausführlich.

Das Aufschreiben Ihrer Ziele und deren fortlaufende Kontrolle stellen sicher, dass Sie diese nicht vergessen, sie schon nach kurzer Zeit auswendig kennen und dann ständig im Gedächtnis haben. Der Zeitaufwand dafür ist minimal und doch hängt davon der Großteil Ihres späteren Lernerfolges ab. Verbringen Sie deshalb einige Zeit mit Nachdenken und der Fixierung Ihrer Ziele. Freuen Sie sich dabei über jede Veränderung, die Sie an sich und Ihren Vorstellungen entdecken. Nur wenn Sie Ihr Ziel nicht aus den Augen verlieren, werden Sie Erfolg haben. Und eines Ihrer Ziele ist es, Ihren Lernerfolg zu steigern.

> **Tipp:** Wenn Sie sich jetzt an die Erstellung der Liste machen, überkommt Sie mit großer Wahrscheinlichkeit ein etwas ungutes Gefühl, weil Sie ein wenig Angst davor haben, dass diese Liste nicht perfekt werden könnte. Ignorieren Sie dieses Gefühl! Ihre Liste soll nämlich gar nicht perfekt sein, sondern Ihnen nur einen einfachen Einstieg zur Steigerung Ihres Lernerfolges ermöglichen. Oder anders ausgedrückt: Ihr Ziel lautet nicht: „Erstellen Sie eine perfekte Liste von Nahzielen." Ihr Ziel lautet vielmehr: „Erstellen Sie eine Liste von allen Nahzielen, die Ihnen momentan einfallen."

4. Zusammenfassung

- Formulieren Sie Ihr Ziel.
- Tun Sie dies so präzise wie möglich.
- Halten Sie Ihre Überlegungen schriftlich fest.
- Überdenken Sie genau, ob Sie trotz aller möglichen Konsequenzen an Ihrem Ziel festhalten wollen.
- Überprüfen Sie Ihre Ziele anfangs immer täglich, später zumindest wöchentlich.

III. Der Zweck

1. Warum Sie Zweck kennen müssen

Ihnen ist mittlerweile bewusst, dass Sie zur Steigerung Ihres Lernerfolges ein klares Ziel vor Augen haben müssen. Bevor Sie nun einen konkreten Plan zu dessen Verwirklichung ausarbeiten, gilt es noch einen zweiten Punkt zu meistern, auf den in der Praxis leider nur äußerst selten eingegangen wird. Obwohl sich Ihnen die gravierende Bedeutung dieses Aspekts erst im späteren Verlauf Ihrer Lektüre so richtig erschließen wird, ist es lerntechnisch am besten, ihn gleich an dieser Stelle zu meistern. Die Rede ist vom Zweck Ihrer Lernarbeit.

Worum geht es dabei? Um Ihren Lernerfolg zu steigern, müssen Sie nicht nur Ihr Lernziel kennen, sondern auch Ihren Lernzweck. Sie müssen also nicht nur wissen, was das Ziel Ihrer Lernarbeit ist, sondern auch, warum Sie dieses Ziel erreichen wollen. Bildlich gesprochen ist der Zweck so etwas wie der Treibstoff, mit dessen Hilfe Sie letztlich an Ihr Lernziel gelangen. Er ist Ihr ganz persönliches Motiv, das Sie antreibt.

2. Finden Sie Ihren persönlichen Zweck

Wenn Sie vorhin beispielsweise wie vorgeschlagen Ihren Berufswunsch skizziert und aufgeschrieben haben, dann kennen Sie dieses Ziel künftig. Aber warum wollen Sie es erreichen? Welches ist Ihr persönliches Motiv? Was ist der Zweck Ihres Handelns?

Der Zweck des Handelns ist praktisch bei jedem Menschen verschieden. Selbst wenn man zweihundert Studenten danach befragen würde, bekäme man zwar manchmal ähnliche Antworten, aber die Gewichtung der einzelnen Aspekte wäre bei jedem Lernenden anders. Daher ist es wichtig, sich mit dieser vollkommen individuellen Frage einmal auseinanderzusetzen und die Antwort aufzuschreiben. Die Kenntnis Ihres persönlichen Zwecks ist deshalb so wichtig, weil Sie in den nächsten Montan und Jahren immer wieder einmal an den Punkt kommen werden, an dem Sie vor der Frage stehen werden: „Warum mache ich das hier eigentlich?"

In diesen Momenten hilft es Ihnen dann enorm weiter, wenn Sie nicht nur Ihr Lernziel, sondern vor allem den Grund dafür kennen, warum Sie dieses erreichen wollen. Schreiben Sie Ihren Lernzweck daher ebenfalls auf und bewahren Sie den Zettel hinten in diesem Buch auf. Auch Ihr Lernzweck kann sich übrigens in Laufe der nächsten Tage und Wochen verändern.

Schreiben Sie jetzt bitte Ihren Lernzweck auf. Warum wollen Sie Ihr Lernziel erreichen? Die Gründe können vollkommen unterschiedlich sein. Vielleicht finden Sie sogar ein ganzes Motivbündel bei sich. Hier einige Anregungen zum Einstieg. Was sind Ihre Motive? Wollen Sie später einmal einen bestimmten Traumjob bekommen? Wollen Sie ein bestimmtes Einkommen erzielen? Wollen Sie einen gewissen Grad an Macht ausüben können? Wollen Sie anderen Menschen helfen? Wollen Sie es ihren ehemaligen Klassenkameraden zeigen? Wollen Sie Ihre Freunde, Eltern, Verwandten oder Nachbarn beeindrucken? Haben Sie einfach Spaß am

Lernen? Gefällt es Ihnen, komplizierte Sachverhalte verständlich aufzubereiten? Oder haben Sie Freude daran, komplizierte Sachverhalte weiter zu verkomplizieren? Lieben Sie den Umgang mit der Sprache? Wollen Sie relativ wenig mit Mathematik zu tun haben? Möchten Sie Dozent werden, weil Sie gerne Vorträge halten? Wollen Sie gerne bestimmte Outfits tragen oder vermeiden? Möchten Sie mit guten (Studien-) Freunden weiter zusammenarbeiten und eine Kanzlei gründen? Streben Sie die Sicherheit an, die der Staatsdienst bietet? Wollen sie lieber eine gewisse Freiheit als Selbständiger erreichen? Genießen Sie es einfach, wenn Sie ganz für sich wissen, welche Verträge Sie schließen, wenn Sie sich ein Paar neue Schuhe kaufen? Wollen Sie Sinngehalt von Nachrichtensendungen aus juristischem Blickwinkel beurteilen können?

Es gibt noch unzählige weitere Motive, die Sie haben könnten. Schreiben Sie sie auf!

IV. Die Planungsphase

1. Warum Sie Pläne brauchen

Nachdem Sie nun Ihre Ziele kennen, können Sie einen Plan zu deren Verwirklichung ausarbeiten. Vielleicht wird Ihnen erst an dieser Stelle so richtig bewusst, wie wichtig der vorhergehende Abschnitt wirklich war. Nur wenn Sie Ihre (Lern-) Ziele kennen, können Sie einen konkreten Plan dafür aufstellen, wie Sie diese tatsächlich erreichen wollen. Haben Sie hingegen keine klaren Lernziele aufgestellt, kommen Sie bei der Erstellung eines Lernplans in große Schwierigkeiten. Es fehlt Ihnen dann der konkrete Maßstab, an dem Sie Ihr Tun ausrichten können.

An dieser Stelle eine Warnung: Verwechseln Sie bitte nicht eine der heute so beliebten To-do-Listen mit einem echten Plan. To-do-Listen sind im Regelfall nichts weiter als ein Sammelsurium von mehr oder weniger zufällig zusammengetragenen Punkten, die noch abgearbeitet werden sollen. Dabei ist bei vielen Punkten, die auf solchen Listen stehen, weder das Ziel noch der Zweck klar. Entsprechend fällt auch die Reaktion aus, wenn auf einer solchen To-do-Liste beispielsweise pauschal die Punkte „Arbeitsrecht lernen" und „Joggen gehen" auftauchen. Einzelheiten zu dieser Problematik werden Sie im Kapitel über Zeitmanagement noch ausführlich kennenlernen.

Es gibt vielfältige Arten von Plänen, die unterschiedliche Vorteile mit sich bringen. Am besten halten Sie sich kurz vor Augen, dass Pläne mit Ihren Zielen korrelieren sollten. Dadurch ergibt sich folgende Einteilung:

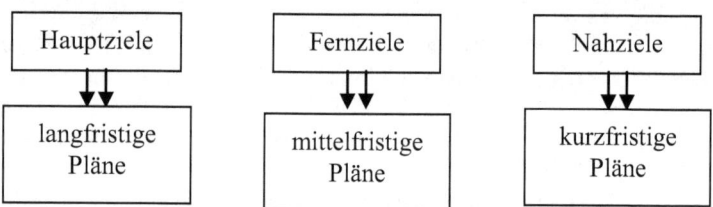

Hauptziele	Fernziele	Nahziele
langfristige Pläne	mittelfristige Pläne	kurzfristige Pläne

2. Tagespläne

Gehen Sie von der kleinsten Einheit aus, dem Tagesplan. Ein solcher lässt sich in wenigen Sekunden erstellen. Zeit ist ein sehr kostbares Gut und leider nur begrenzt verfügbar. Ihre Zeit ist deshalb viel zu wertvoll, als dass Sie diese einfach durch Ihre Finger rinnen lassen könnten. Wer in den Tag hineinlebt wird abends frustriert feststellen, überhaupt nichts dafür getan zu haben, um auf dem Weg zum Ziel ein Stück vorwärts zu kommen. Gehen Sie deshalb von heute an konsequent daran, Tagespläne zu erstellen.

Ihre Tagespläne müssen zwei wesentliche Voraussetzungen erfüllen:

– Sie müssen einerseits möglichst detailliert und exakt hinsichtlich der zu erledigenden Arbeiten sein.
– Andererseits müssen sie Ihnen genügend Freiraum bieten, um flexibel auf unerwartete Ereignisse reagieren und eigene kreative Einfälle nutzen zu können.

Aus diesem Grunde sollten Sie anfänglich nicht zu viel von sich verlangen, wenn Sie Ihre ersten Tagespläne erarbeiten. Wer zwölf Stunden seines Arbeitstages mit dem Thema „VwGO" verplant, der handelt nicht besonders klug. Das wird er spätestens dann feststellen, wenn ihn mittags der Hunger überfällt. Dass es auch lerntechnisch völlig falsch ist, sich eine derart lange Zeitspanne nur mit einem einzigen Thema zu beschäftigen, werden Sie später noch ausführlich erfahren. Gehen Sie daher ruhig etwas gemächlicher vor und steigern Sie die Planungsarbeit anhand Ihrer zunehmenden Erfahrungen kontinuierlich. Es ist wesentlich besser, wenn Sie zu Beginn nur zwei oder drei Punkte auf Ihrem Tagesplan haben, die Sie auch wirklich erfüllen können. Dieses tägliche Erfolgserlebnis spornt Sie automatisch weiter an. Umgekehrt ist es äußerst entmutigend, wenn Sie um Mitternacht feststellen müssen, dass Sie nicht einmal drei von fünfzehn geplanten Punkten erledigen konnten. Der dadurch aufkommende Frust lässt Sie Ihre neuen Ziele schnell vergessen und in den alten Trott zurückfallen.

An dieser Stelle wenden Sie vielleicht ein, dass Sie es schrecklich finden, bereits nach dem Aufstehen einen „verplanten" Tag vor sich zu haben. Viele Menschen haben große Angst davor, für alle Zeit Gefangene von präzise festgelegten Plänen zu sein. Diese Furcht beruht jedoch auf einem eklatanten Missverständnis. Wie selbstverständlich wird davon ausgegangen, dass ein Plan immer von außen kommt, nur „Arbeit" im herkömmlichen Sinne umfasst und völlig unabänderlich wäre. Doch das ist falsch.

Der Kern dieses Denkens stammt daher, dass die meisten Menschen bisher Pläne immer von anderen vorgegeben bekamen, vom Kindergarten bis zum Urlaubsplan des Arbeitgebers. Sie wissen jedoch, dass Sie es selbst sind, der die Pläne festlegt. Sie allein entscheiden auch darüber, wann Sie es für nötig halten, Ihren Plan korrigieren zu müssen. Denn Pläne sind eine Orientierungshilfe, die man flexibel handhaben kann, kein starres Gerüst, von dem man keinen Millimeter mehr abweichen darf. Haben Sie aber erst einmal einen Tagesplan erarbeitet, werden Sie sich stets eindringlich die Frage stellen, ob eine Änderung für Sie und die Erreichung Ihrer Ziele wirklich sinnvoll ist. Und allein diese Überlegung bewahrt Sie künftig schon vor zu viel Zeitverschwendung. Denn sobald Sie sich Gedanken über Ihr momentanes Tun machen, hat sich jegliche Planung schon für Sie gelohnt.

Erfolgreiche Manager versuchen stets, in ihrem Tagesplan etwa ein Drittel der vorhandenen Zeit für Unvorhergesehenes und als kreative „Denkzeit" freizuhalten. Das hat den großen Vorteil, dass diese Phasen ganz bewusst wahrgenommen und genutzt werden, gerade weil sie im Plan auftauchen. Langzeituntersuchungen zeigen, dass speziell in diesen Zeitspannen besonders effektiv gearbeitet wird. Für Sie persönlich ist also in erster Linie die Erkenntnis wichtig, dass Freiräume für kreative Prozesse ebenso sorgfältig in die Planung einzubeziehen sind wie das Auswendiglernen von dreißig bestimmten Definitionen des Strafrechts. Nehmen Sie die Stunde zum Spazierengehen, den bevorstehenden Wochenendeinkauf, das Kartenstudium für die nächste Urlaubsreise oder die neunzig Minuten zum Surfen mit dem Tablet daher ebenso sorgfältig und bewusst in Ihren Tagesplan auf wie alles andere.

Hand aufs Herz: Wann haben Sie sich zuletzt abends maßlos darüber geärgert, dass Sie wieder einmal den lieben langen Tag einfach nur „nichts" geschafft haben? Setzen Sie diesem planlosen Treiben ein für alle Mal ein Ende.

3. Langfristige Pläne

Dehnen Sie anschließend Ihre Überlegungen aus und erstellen Sie einen Jahresplan. Dieser muss nicht mit dem Kalenderjahr übereinstimmen. Wichtig ist nur, dass Sie genau erfassen, welche Ziele und Zwischenziele Sie im Zeitraum der nächsten zwölf Monate erreichen wollen. Auch diesen Plan sollten Sie regelmäßig kontrollieren, etwa an jedem Ersten des Monats. Fragen Sie sich, was Sie in den vergangenen vier Wochen zur Erreichung Ihrer Lernziele getan haben. Nachdem Ihnen anfangs auf diese Frage wahrscheinlich herzlich wenig einfällt, werden Sie automatisch einer neuerlichen Peinlichkeit dieser Art einfach dadurch zu entgehen versuchen, dass Sie umgehend damit beginnen, etwas zur Verwirklichung Ihrer Ideen zu tun. Und genau das ist der Sinn der Übung.

> **Tipp:** Viele Lernende orientieren sich aus Gründen der Übersichtlichkeit lieber am Halbjahr (Semester) oder Quartal (halbes Semester). Dagegen ist selbstverständlich nichts einzuwenden. Die Praxis zeigt allerdings, dass es sich dennoch empfiehlt, in diesem Fall zusätzlich einen Jahresplan aufzustellen, um einen gewissen Gesamtüberblick zu behalten.

Bevor Sie nun mit der Umsetzung Ihrer Pläne beginnen, sollten Sie wissen, dass Sie auf Ihrem Weg bis zum Examen auch einige Durststrecken erleiden werden. In diesen Phasen ist es besonders wichtig, dass Sie neben Ihrem Plan auch Ihre Lernziele und den Lernzweck bestimmt haben. Nehmen Sie diese Aufzeichnungen zur Hand und gehen Sie sie in Ruhe durch. Sie finden dann viel schneller zurück in die Spur.

> **Tipp:** Selbst absoluten Profis im Zeitmanagement gelingt es nicht, ihre Pläne stets einzuhalten. Darum geht es letztlich auch gar nicht, sondern darum, dass Sie jederzeit auf eine selbst ausgearbeitete Richtschnur zurückgreifen können. Wenn Sie also einmal merken, dass Sie von Ihrer Planung abgewichen sind, brauchen Sie nicht in Panik zu verfallen oder anfangen, düstere Selbstzweifel zu hegen. Freuen Sie sich vielmehr darüber, dass Sie mit Hilfe Ihres vorhandenen Planes schnell zurück in die Spur finden werden.

4. Schriftlichkeit ist oberstes Gebot

Selbstverständlich fassen Sie alle Ihre Pläne schriftlich ab. Selbstverständlich? Sollte man meinen, ist es aber nicht. Häufig herrscht die Ansicht vor, man müsse sich alles Wichtige im Kopf merken, sogar die eigenen Pläne. Das ist allerdings höchst unsinnig. Ein guter Plan soll Ihnen nämlich einen Überblick verschaffen. Und das ist wörtlich zu nehmen. Sie sollen alle Punkte wirklich optisch vor Augen haben, um mit einem Blick die notwendigen Informationen abschätzen zu können.

Angenommen Sie müssten heute noch drei Urteile (EuGH, BGH, BAG) kopieren, zwei Aufsätze (von Plapper und Laber) lesen, drei Telefonate (mit Rudi, Jürgen und Jogi) führen, Briefpapier und Pizza einkaufen sowie eine juristische Fachzeitschrift kündigen. Machen Sie nun einfach die Probe aufs Exempel: Versuchen Sie Ihre soeben genannten Verpflichtungen in die nächsten Zeilen einzutragen, ohne vorher noch einmal einen Blick auf die Liste zu werfen.

....

....

....

....

....

....

Haben Sie alles behalten? Sie sehen, wie wichtig es ist, sich selbst diese wenigen Punkte optisch vor Augen zu führen. Sie erkennen sofort, welchen Zeitbedarf Sie für die einzelnen Arbeiten veranschlagen müssen. Und Sie können diese auch spielend nach der Priorität der einzelnen Aufgabe einteilen. Natürlich ist Ihnen ohne lange nachdenken zu müssen klar, dass Sie die rot unterstrichene Kündigung Ihrer Fachzeitschrift noch heute abschicken müssen, um die Frist zu wahren. Andererseits beansprucht die Lektüre der beiden Fachaufsätze mehr Zeit als das Telefonieren. Der Vorteil liegt offen vor Ihnen: Statt unentwegt alle Einzelheiten abstrakt im Kopf gegeneinander abwägen zu müssen, genügt ein kurzer Blick auf Ihren Tagesplan.

Dieser erweist Ihnen zusätzlich noch einen weiteren unschätzbaren Dienst: Wenn Sie ihn auf dem Laufenden halten und täglich einmal kontrollieren, werden Sie nie wieder schlaflose Nächte wegen des vergessenen Geburtstags Ihrer Großmutter haben.

> **Tipp:** Den Tagesplan für den nächsten Tag erstellt man am besten bereits am Vorabend.

5. Papier oder Hightech?

Eine Frage, die mittlerweile regelmäßig gestellt wird, betrifft die ständig wachsende Flut an elektronischen Hilfsmitteln. Sind handelsübliche Kalender heutzutage überhaupt noch angebracht? Welche Software ist zum Planen die Beste? Lohnt sich die Anschaffung eines Organizers bzw. PDA (Personal Digital Assistant)? Soll man lieber auf kostenlose Apps für Smartphones oder Tablets zurückgreifen?

Entscheidend für die Beantwortung dieser Fragen ist die Erkenntnis, dass Sie einen ganz persönlichen Arbeitsstil haben. Dieser unterscheidet sich grundlegend von dem Ihrer Kommilitonen – und nicht selten auch von dem, was Ihnen die cleveren Marketingstrategen der unzähligen Hersteller versprechen. Sie sind also leider darauf angewiesen, sich selbst Gedanken darüber zu machen, wie Sie die Aufgabe „Planung" angehen und welche Hilfsmittel Sie dabei einsetzen wollen.

Monika liebt Detailarbeit und archiviert gerne Informationen. Sie schwört auf einen elektronischen Organizer mit jeder Menge Software, der allerdings fast 400,– Euro kostet. Auch Mark findet EDV praktisch, braucht aber unbedingt eine normale Tastatur, um seine Ideen und Termine in ein selbst erstelltes Formular eintippen zu können. Er bevorzugt einen Desktop-PC mit einer selbst erstellten Excel-Tabelle. Für Miriam gibt es nichts Bequemeres als das gute alte Notizbuch, das für sie auch aus Kostengründen unübertroffen ist. Jonas hingegen leistet sich eine teure Zeitmanagementsoftware und einen normalen Kalender, muss dabei allerdings andauernd die Daten abgleichen.

Wenn Sie nach einigem Überlegen der Meinung sein sollten, für Sie persönlich könnte ein Produkt aus der Hightech-Klasse zur Verbesserung Ihrer Planungsfähigkeiten in Frage kommen, dann stellen Sie sich vor der Anschaffung unbedingt folgende Fragen:

- Spare ich damit tatsächlich Zeit? Oder dauert es Tage oder Wochen, bis ich mich in die Technik und die Software eingearbeitet habe?
- Wie hoch sind die Anschaffungskosten? Lohnt sich die Ausgabe im Verhältnis zu einem handelsüblichen Kalender oder Zeitplaner?
- Ist das Produkt wirklich für meinen individuellen Arbeitsstil geeignet? Habe ich tatsächlich Lust es immer einzuschalten, wenn ich etwas nachsehen will? Kann ich es tatsächlich überall nutzen?

Bitte bedenken Sie, dass die Planung kein Selbstzweck ist, sondern Sie lediglich in Ihrer Lernarbeit unterstützen soll. Es bringt Ihnen also im Hinblick auf Ihr Lernziel herzlich wenig, wenn Sie die nächsten drei Monate damit verbringen, sich in die Software von fünf unterschiedlichen Anbietern einzuarbeiten und die konventionellen Zeitplansysteme von einem halben Dutzend Herstellern zu testen. Grundsätzlich gilt: Fangen Sie sofort mit der Planung an und nutzen Sie konsequent das, was Ihnen zur Verfügung steht. Zum Erstellen Ihrer Tagespläne kann Ihnen anfangs eine kleine Karteikarte oder gar ein Post-it genügen, für den Jahresplan reicht vorerst auch der geschenkte Taschenkalender Ihrer Bank oder das auf Ihrem PC installierte MS Outlook bzw. Windows Live Mail oder OneNote. Natürlich können Sie auch ein passendes Add-on für Ihren Browser oder eine App für Handy bzw. Tablet aus dem Internet herunterladen. Entscheidend ist allein, dass Sie Ihre Planung durchführen.

Die Erfahrung zeigt, dass viele Neulinge auf dem Gebiet der Planung zunächst besonders begeistert von elektronischen Hilfsmitteln sind und darin viel Zeit und auch Geld investieren. Umso erstaunlicher ist die Erkenntnis, dass statistisch nach einem Zeitraum von maximal zwei Jahren fast 85 % der Anwender wieder zu einem herkömmlichen schriftlichen Zeitplansystem zurückkehren. Die Gründe dafür sind vielfältig und individuell verschieden. Am meisten genannt wird jedoch, dass man mit einem Papierkalender leichter den (Gesamt-) Überblick behält und sich nicht über leere Akkus ärgern muss. Bei computergestützten Systemen wird als größter Nachteil empfunden, dass diese erst einmal hochgefahren werden müssen. Bis dies geschehen ist, hat man oft längst wieder vergessen, was man eigentlich notieren wollte.

> **Tipp:** Sie werden bei der Art und Weise, wie Sie Ihre Planung gestalten, im Laufe der nächsten Wochen und Monate erhebliche Fortschritte und Veränderungen feststellen. Da Planen ebenso wie das Lernen ein vollkommen individueller Vorgang ist, dürfen Sie sich zwar bei Ihren Kommilitonen oder in Management-Bestsellern getrost Anregungen holen, Sie sollten aber keine Scheu davor haben, im Laufe der Zeit Ihr ganz eigenes System zu entwickeln.

6. Zusammenfassung

- Machen Sie es sich zur Gewohnheit, einen schriftlichen Tagesplan zu erstellen.
- Halten Sie darin alle wichtigen Punkte möglichst umfassend und präzise fest, verzetteln Sie sich aber nicht in Selbstverständlichkeiten.
- Vergessen Sie nicht, auch alle kreativen Zeiten einzutragen.
- Behalten Sie eine ausreichende Zeitreserve für Unvorhergesehenes zurück.

– Nehmen Sie sich nicht zu viel auf einmal vor.
– Kontrollieren Sie täglich, ob Sie Ihren Plan erfüllt haben.

V. Die Macht der Stille

In diesem Abschnitt geht es etwas, das man überspitzt auch sehr treffend mit dem Stichwort „Geheimhaltung" umschreiben könnte. Zunächst wird Ihnen das vielleicht albern vorkommen. „Warum sollte ich nicht offen über alle meine Ziele sprechen?" fragen Sie. „Was könnte schlecht daran sein, meinen Mitmenschen meine (Lern-) Pläne zu offenbaren?" Nun, Sie sollen kein großer Schweiger, Sprachasket oder gar Einsiedler werden. Sie sind jedoch in der Lage, Ihren eigenen Energiehaushalt auf ebenso verblüffende wie mühelose Art und Weise um ein Vielfaches zu steigern. Damit schaffen Sie eine ideale Ausgangsposition, um besser lernen zu können.

Konzentrieren Sie sich für einen kurzen Moment auf eine alte Volksweisheit, über die nachzudenken es sich besonders lohnt. Sie lautet: „Reden ist Silber, Schweigen ist Gold." Selbstverständlich kennen Sie Dutzende solcher Sprichwörter und vielleicht haben Sie es sich sogar irgendwann einmal zum Sport gemacht, zu jeder dieser Redewendungen den Gegenpart zu finden. Denn das Faszinierende an Sprichwörtern ist, dass es immer auch eines gibt, welches das genaue Gegenteil bekundet. Immer? Versuchen Sie jetzt zwei Minuten lang konzentriert damit zu verbringen, das Gegenstück zu dem oben zitierten Spruch zu finden. Die Zeit läuft, ab jetzt ...

Das Gegenstück heißt: ....

Trotz größter Anstrengungen ist es Ihnen nicht gelungen, ein gegenteiliges Sprichwort zu finden, stimmt's? Das hat seinen guten Grund. Es besteht quer durch alle Kulturen eine ungewöhnliche Einigkeit darüber, dass Schweigen immer besser sein soll als Reden. Exakt diese Tatsache ist es, welche die vorstehende Redensart zu einer Besonderheit macht. Ziehen Sie daraus die richtige Schlussfolgerung für sich auf Ihrem Weg zum größeren Lernerfolg.

Um möglichen Missverständnissen vorzubeugen, möchte ich Ihnen an dieser Stelle nicht vorenthalten, dass es in der – vor allem amerikanischen – Managementliteratur durchaus auch die Auffassung gibt, dass es bei bestimmten Vorhaben gut sein könne, diese frühzeitig öffentlich zu machen, um dadurch einen gewissen Leidensdruck zu erzeugen, der den Betroffenen dazu antreiben soll, das geplante Vorhaben auch wirklich durchzuziehen. Ohne hier lange auf die Details eingehen zu wollen, sollten Sie wissen, dass insofern zwei wichtige Unterschiede zu beachten sind: Erstens unterscheidet sich die amerikanische Lern- und Arbeitskultur grundlegend von der europäischen. Zweitens ist es gerade im Hinblick auf das Lernen völlig kontraproduktiv, künstlich Stress zu erzeugen. Die Gründe dafür lernen Sie später ausführlich in den Kapiteln zum Gedächtnistraining und zur Entspannung kennen. Sehen wir uns zur Verdeutlichung folgendes Beispiel an.

Angenommen Ihr Freund Michael beschließt plötzlich, während seines Studiums eine Prüfung in englischer Sprache über das anglikanische Rechtssystem abzulegen. Dazu müsste er einen Sprachtest bestehen, der eine Woche vor dem Vorlesungsbeginn durchgeführt wird. Anschließend heißt es für ihn, zwei Semester lang jeweils vier Wochenstunden Unterricht zu besuchen, einmal am Mittwochabend und am Freitagnachmittag. In den folgenden Ferien findet nochmals eine so genannte „Intensivwoche" mit täglich sechs Stunden Vorlesung statt. Freudestrahlend verkündet Michael nun jedermann, dass er sich entschlossen habe, diese Prüfung zu absolvieren. Selten haben Sie ihn mit so viel Schwung an etwas herangehen sehen. Aber was wird geschehen?

Seine Freundin empfindet es als Zumutung, dass er den geplanten Urlaub verschieben will, um sich schon vor Semesterbeginn auf den Sprachtest vorzubereiten. Seine Eltern stimmen ihr nicht nur zu, sondern finden es höchst unvernünftig, eine ganze Woche Urlaub freiwillig gegen eine Intensivwoche Arbeit an der Uni einzutauschen. Dieser „Stress" werde sich negativ auf seine Gesundheit auswirken. Michaels Großmutter bekräftigt in ihrem wöchentlichen Telefonanruf, er solle ja nicht zu viel arbeiten, damit er nicht „zusammenklappe". Seine Freunde beginnen ebenfalls zu nörgeln. Er solle sich am Mittwoch lieber mit Ihnen zusammen im Fernsehen das obligate Fußballspiel anschauen, als in einer Vorlesung herumzusitzen. Von dem Vorhaben, am späten Freitagnachmittag eine Vorlesung zu besuchen, statt im Biergarten oder anderswo abzuhängen, halten sie ebenfalls nicht gerade viel. Kopfschüttelnd merken sie an, dass die Prüfung für Juristen doch sowieso keinerlei Bedeutung habe. Andere Bekannte erkundigen sich fast täglich danach, wie weit Michael denn schon mit seiner Prüfungsvorbereitung sei. Jemand sagt beiläufig zu ihm, ein Kollege sei „mit Pauken und Trompeten" durchgefallen, weil die Prüfung viel zu schwierig wäre. Ein alter Schulfreund meint besorgt: „Schaffst du das denn? Englisch war doch nie unser Paradefach." Und sein Zimmernachbar lacht ihn in der Mensa vor versammelter Mannschaft schlicht aus.

Und die Folgen? Michael beginnt zu zweifeln, ob er die Prüfung überhaupt bestehen kann. Auf die ständigen Mahnungen ob seines Gesundheitszustandes horcht er ängstlich in sich hinein. Ist er denn wirklich schon krank vor lauter Arbeit? Mutet er sich wirklich zu viel zu? Die dauernde Fragerei nach seinem Kenntnisstand fängt ebenfalls an, ihm gehörig auf die Nerven zu gehen. Bei jeder Frage wird es schlimmer. Schließlich beginnt er damit, auf das verhasste Englisch zu schimpfen, lässt öfter mal eine Stunde zu Gunsten des Biergartens sausen und hakt die ganze Angelegenheit irgendwann einfach ab.

Welche Lehren ziehen Sie für sich selbst aus dieser Geschichte? Zum einen gibt es da die Neider. Sie wollen absichtlich verhindern, dass Michael mehr erreicht als sie selbst. Darum halten Sie sich mit abwertenden Kommentaren nicht zurück. Weiters sind da Menschen, die wirklich nur sein Bestes wollen und sich aufrichtig um ihn sorgen. Aber mit ihren andauernden Zweifeln und Ängsten bringen sie Michael ebenfalls von seinem Plan ab. Am schlimmsten aber ist die Tatsache, dass er sich ständig vor anderen für seinen Entschluss rechtfertigen und Auskunft geben muss. Damit verliert er nämlich genau die Kraft und Energie, die er anfangs hatte, als er sich mit Spaß und Freude in die ganze Sache stürzte.

Und noch etwas kommt hinzu: Nachdem Michael die Prüfung nicht gemacht hat, beginnen die anderen damit, hinterrücks über ihn zu tuscheln. Wann immer er von nun an zu erzählen beginnt, er wolle dieses oder jenes in Angriff nehmen, begegnet er nur noch einem mitleidigen Lächeln und wird dadurch ständig daran erinnert, dass er schon einmal „versagt" hat.

Tipp: Sobald Sie sich Ihr Ziel gesteckt haben, bringt ein gewisses Maß an Geheimhaltung Sie viel schneller und einfacher vorwärts als Sie es jemals vermuten würden. Machen Sie die Probe aufs Exempel.

Die Gründe für dieses Phänomen sind durchaus einleuchtend:

– Wenn Sie Ihr Ziel für sich behalten, kann Sie niemand – sei es absichtlich oder unabsichtlich – mit dummen Sprüchen entmutigen.

– Niemand wird hinterrücks über Sie und Ihre Absichten lästern und auf diese Weise in Ihrem Umfeld ein schlechtes Klima erzeugen.

– Sie sind nicht gezwungen, sich für Ihr Tun ständig rechtfertigen zu müssen. Das spart Zeit und Nerven.

– Sie müssen einzig und allein sich selbst Rechenschaft darüber ablegen, wie es um Ihr Vorhaben bestellt ist. Wenn Sie sich ein klares Ziel gesteckt und einen entsprechenden Plan zu dessen Erreichung ausgearbeitet haben, können Sie sich selbst gegenüber völlig offen und ehrlich Ihre Fortschritte bewerten.

– Letztlich können Sie all Ihre Energie in die Verwirklichung Ihres Zieles investieren, statt sie für ellenlange und überflüssige Erklärungen gegenüber Dritten zu verschwenden.

Lassen Sie sich die obige Geschichte in einem ruhigen Moment noch einmal durch den Kopf gehen. Stellen Sie sich öfter einmal bewusst die Frage, warum Sie eigentlich gerade etwas erzählen und ob es wirklich sinnvoll ist, Ihren Gesprächspartner an diesen Gedanken teilhaben zu lassen. Sie werden feststellen, dass Sie Ihre eigenen Ziele auf diese Weise viel schneller erreichen und Ihre Pläne viel reibungsloser umsetzen können. Probieren Sie es in der Praxis aus und Sie werden über die Resultate erstaunt sein.

VI. Die praktische Umsetzung

1. Der optimale Zeitpunkt

Sie kennen Ihr Ziel und haben einen Plan zu dessen Verwirklichung ausgearbeitet. Nun gilt es, ihn in die Tat umzusetzen. Genau an diesem Punkt scheitern viele Menschen. Sich Gedanken zu machen ist eine Sache, Taten folgen zu lassen eine andere. Es muss für Sie daher das oberste Gebot sein, mit der Verwirklichung Ihrer Ziele noch heute zu beginnen. Und damit ist wirklich heute gemeint.

Sie gewinnen nichts, wenn Sie sich vornehmen, morgen, nächsten Montag, am nächsten Ersten oder wann auch immer mit Ihrer Examensvorbereitung anzufangen. Der einzig mögliche Zeitpunkt ist „jetzt". Lassen Sie nicht die Ausrede Ihres bequemen Gewissens gelten, Sie müssten doch zunächst einmal dieses Buch hier zu Ende lesen, bevor Sie mit der Steigerung Ihres Lernerfolges beginnen können. Das stimmt nicht. Sie wissen bereits um die Wichtigkeit der Zielsetzung und haben erste Anregungen zur Planung bekommen. Sie können sich ab sofort mit diesen Punkten produktiv auseinander setzen. Tun Sie es! Die Zeit bis zum Examen läuft.

2. Ausreden und Aufschieben

Das Phänomen des Aufschiebens ist sehr weit verbreitet und wird im amerikanischen als Procrastination bezeichnet. Im deutschen Sprachraum hat sich dafür mittlerweile der (m. E. schreckliche) Begriff „Aufschieberitis" eingebürgert.

Fakt ist, dass der Mensch nur in wenigen Dingen besser ist als im Erfinden von Ausreden. Warum das so ist, darüber streiten sich die Gelehrten. Obwohl es mittlerweile zahlreiche Bücher und Internetforen zu dieser Thematik gibt, scheint dieses Grundproblem weiter im Verborgenen zu liegen. Vielleicht liegt das aber daran, dass die naheliegendste Lösung derart einfach ist, dass sie schlicht übersehen wird. Man schiebt Dinge, egal wie wichtig sie zu sein scheinen, deshalb auf, weil man sich dafür entscheidet, lieber etwas anderes zu machen, egal wie unwichtig diese Alternative auch zu sein scheint. Aber auf welcher Grundlage entscheiden wir? Wir entscheiden uns für das, was uns in diesem Moment mehr Spaß verspricht oder uns zumindest weniger nervt. Wenn man diese Voraussetzung berücksichtigt, wird schnell klar, warum Sie es vorziehen, sich lieber eine Tasse Kaffee zu kochen als ein Buch über Handelsrecht zu lesen oder eine SMS zu schreiben statt mit dem Ausarbeiten einer Hausarbeit anzufangen.

Allerdings gewinnen Sie auf diesem Weg nichts, im Gegenteil. Wer wie ein Schneepflug alle Arbeiten vor sich her schiebt, wird angesichts des sich stetig auftürmenden Berges bald entmutigt und frustriert sein. Statt mit dem Abtragen der sich stellenden Aufgaben anzufangen investieren viele Studenten und Referendare lieber ein Vielfaches an Zeit darin, Ausreden dafür zu finden, warum sie nicht sofort mit der Bewältigung der Notwendigkeiten beginnen können.

Brechen Sie noch heute mit dieser Gewohnheit. Lassen Sie ab sofort keine Ausreden mehr gelten, schon gar nicht Ihre eigenen. Halten Sie sich vor Augen, dass Sie entweder acht Stunden Zeit dazu verwenden können, Ihre Arbeiten zu verrichten und Ihren Lernzielen näher zu kommen. Oder dass Sie dieselben acht Stunden in das Erfinden von Ausreden investieren können, warum Sie den lieben langen Tag nichts getan haben. Bedenken Sie: Es bleiben in jedem Fall acht Stunden, egal für welche Lösung Sie sich entscheiden.

Ich entscheide mich dafür, ...

Um das Phänomen des Aufschiebens wirkungsvoll bekämpfen zu können, sollten Sie die folgenden Aspekte einmal klar durchdacht haben:

– Sie brauchen ein klares (Lern-)Ziel. Nur wer sich ein langfristiges Ziel gesetzt hat, kann entsprechende Prioritäten bei der Umsetzung der anstehenden Aufgaben setzen.
– Sie brauchen einen klaren Plan. Nur wer einen Tagesplan erstellt hat, kann ohne lange nachzudenken mit der Umsetzung der anstehenden Aufgaben im Hinblick auf das bestehende Ziel beginnen. Wichtig ist

dabei, dass sich das Gedächtnis darauf verlassen können muss, dass alle anderen zu erledigenden Aufgaben in ihrem Plan schriftlich vermerkt sind und deshalb nicht vergessen werden können. Nur in diesem Fall wird Ihr Gedächtnis Sie nicht ständig mit Gedanken an andere anstehende Aufgaben bei ihrer Lernarbeit stören.

– Sie brauchen klare Prioritäten. Nur wenn Sie ein klares Lernziel und einen entsprechenden Plan zu dessen Umsetzung haben, können Sie mühelos die notwendigen Prioritäten beim Lernen setzen. Fangen Sie immer mit der Aufgabe an, die für Sie persönlich die wichtigste im Hinblick auf Ihre Zielsetzung ist.

– Achtung: Verwechseln Sie dabei wichtig nicht mit dringend. Es ist ein alltägliches Phänomen, dass wichtige Aufgaben (z. B. das Starten mit einer Hausarbeit oder das Bearbeiten einer Akte) so lange schleifen gelassen werden, bis sie dringend werden. Von diesem Moment an erzeugen sie dann aber jede Menge Stress, den man sich hätte ersparen können und der sich häufig auch negativ auf das Ergebnis auswirkt. Daher gilt:

– Sie brauchen ein klares Zeitlimit. Setzen Sie sich eine Frist, bis wann Sie die anstehende Aufgabe erledigt haben wollen. Das gilt nicht nur für Aufgaben größeren Umfangs (z. B: eine fünfstündige Klausur schreiben), sondern vor allem auch für Kleinigkeiten (z. B. zwanzig strafrechtliche Definitionen lernen). Besonders mit diesen Kleinigkeiten kann man ewig Zeit vertrödeln, weil man sich dabei eben nur selten ein klares Zeitlimit vorgibt.

– Sie müssen die Konsequenzen kennen. Der menschliche Hang zum Aufschieben macht sich gerne dort breit, wo man sich keinerlei Gedanken über die Folgen macht. Wenn Sie also den Drang verspüren, statt der geplanten Ausformulierung von fünf Seiten Ihrer Seminararbeit lieber erst einmal ins Schwimmbad gehen zu wollen, dann machen Sie sich die Konsequenzen klar. Schreiben Sie die Folgen auf, auch die positiven (z. B. Spaß beim Schwimmen). Überdenken Sie dann Ihre Argumente und entscheiden Sie sich. Wie auch immer die Entscheidung ausfallen mag: Sie kennen jetzt wenigstens die Konsequenzen und tragen dafür die Verantwortung.

– Achtung: Diese Abwägung muss schriftlich erfolgen. Wer solche Konsequenzen im Kopf abwägen will, stellt schnell fest, dass das nicht funktioniert. Wie bei jeder wichtigen Entscheidung verläuft man sich nämlich schnell in Gedankenspiralen. Man wälzt dann immer wieder die einem persönlich auf den ersten Blick am wichtigsten erscheinenden zwei oder drei Argumente, um sie auch ja nicht zu vergessen. Auf die Idee, dass es daneben noch andere gute und gewichtige Gründe geben könnte, die maßgeblich zur Entscheidungsfindung beitragen, kommt man meist gar nicht mehr.

– Verwenden Sie ein Motivationskürzel. Die einfachste Formel, die gegen das Aufschieben hilft, haben Sie schon tausendmal gehört. Es gibt Hunderte von Management- und Motivationsbüchern, die sich mit ihr auseinandersetzen. Sie können diese kurze Formel nutzen, um sich jederzeit mit ihrer Hilfe für den nächsten Handlungsschritt in Form zu bringen. Sie lautet: Do it now!

> **Tipp:** Um wirklich mit dem Lernen anzufangen, hat sich die so genannte „Fünf-Minuten-Regel" bewährt. Starten Sie Ihre Lernarbeit mit dem Vorsatz, erst einmal nur für fünf Minuten in das Thema einsteigen zu wollen. Konzentrieren Sie sich anschließend für diese fünf Minuten ausschließlich auf Ihre Lernarbeit. Sie werden im Regelfall feststellen, dass Sie nach Ablauf dieser Zeitspanne einfach völlig selbstverständlich weiterarbeiten wollen und werden.

Neben der Fünf-Minuten-Regel, die bei jeder Art von Lernarbeit anwendbar ist, gibt es noch andere Tricks, um dem Aufschieben zu trotzen. Bei schriftlichen Arbeiten bewährt sich vor allem eine Vorgehensweise, die ich auf den Namen Schnellstart-Technik getauft habe. Machen Sie sich dazu ganz bewusst klar, dass man oft deshalb so ungern mit dem Schreiben (z. B. für eine Hausarbeit) beginnt, weil man diese Arbeit möglichst perfekt erledigen will. Sobald Ihnen dieses Problem klar vor Augen schwebt, entscheiden Sie sich nun ganz bewusst dafür, ihre Schreibarbeit zu beginnen, ohne auf eine gute Ausdrucksweise zu achten. Danach beginnen Sie sofort mit dem Schreiben. Manche professionellen Schriftsteller, die mit ähnlichen Methoden arbeiten, beschließen sogar ganz bewusst, die ersten Sätze besonders schlecht oder gezielt umgangssprachlich zu schreiben. Das Ziel ist einfach nur, den Drang des Aufschiebens zu überlisten und ins Schreiben (sprich: Ihre Lernarbeit) hineinzukommen. Sobald das geschehen ist, finden Sie praktisch automatisch in Ihren normalen juristischen Schreibstil zurück. Die ungeschliffenen Anfangssätze überarbeiten Sie dann am Ende noch einmal, wenn der Workflow bei Ihnen eingesetzt hat und Sie sich wohlfühlen.

> **Tipp:** Besonders wirksam ist die Schnellstart-Technik dann, wenn man sie ganz bewusst mit der Fünf-Minuten-Regel kombiniert.

Es gibt noch vier Dinge, die Sie im Hinterkopf haben sollten, um dem Phänomen des Aufschiebens entgegenwirken zu können:

- Wer unausgeschlafen ist und keine gezielten Lernpausen macht, hat es gegen das Aufschieben besonders schwer.

- Der Start fällt viel leichter, wenn man die Lernarbeit vorab in kleine Schritte zerlegt hat. Ansonsten gewinnt das Bedürfnis zum Aufschieben schnell die Oberhand, wenn man etwa einen ganzen Ordner mit Aufzeichnungen oder ein Buch über Europarecht mit 840 Seiten vor sich liegen hat.

- Recherche ist unabdingbar, aber kein Selbstzweck. Die heute bestehenden elektronischen Suchmöglichkeiten verführen schnell dazu, lieber stundenlang nach weiteren Fundstellen bzw. Urteilen zu forschen, als die eigentliche Lernarbeit zu erledigen. Diese Falle schnappt auch bei Lernprofis immer wieder zu. Um ihr zu entkommen, ist es sinnvoll, sich bewusst aktiv zu betätigen und handschriftliche Notizen auf Papier zu machen, statt relativ passiv und mit zunehmender Dauer immer zielloser Dutzende von Fundstellen auf irgendeinem Datenträger zu sammeln.

- Besonders verrückt, aber leider die Realität: Kurz vor dem Ende Ihrer Lernarbeit sind Sie noch einmal ganz besonders anfällig für das Aufschieben. In dem sicheren Gefühl, ja „eigentlich" schon fertig zu sein und nur noch ein paar Kleinigkeiten erledigen zu müssen, lässt man sich besonders gerne ablenken. Diesem in der Praxis leider nur allzu bekannten Phänomen werden Sie spätestens als Referendar bei der Bearbeitung von Akten noch häufig gegenüberstehen. Dagegen hilft nur, wenn Sie sich klar vor Augen halten, dass die Lernarbeit wirklich erst erledigt ist, wenn sie zu 100 % abgeschlossen ist. Alles andere ist reiner Selbstbetrug.

3. Sammeln Sie Anregungen

Um Ihre Pläne optimal umsetzen zu können, müssen Sie Informationen sammeln. Dieses Buch bietet Ihnen viele Anregungen und Tipps, wie Sie als Jurastudent und Rechtsreferendar effektiver Lernen und Arbeiten können. Doch es erhebt keinen Anspruch auf Vollständigkeit. Gehen Sie mit offenen Augen und Ohren durch Ihren Lernalltag und sammeln Sie alle Anregungen, die Ihnen zur Erlangung einer besseren Arbeitstechnik dienen können. Bleiben Sie dabei ruhig kritisch und setzen Sie kein blindes Vertrauen in eine bestimmte Technik, bevor Sie deren Tauglichkeit nicht für sich selbst getestet haben.

> **Tipp:** Legen Sie sich eine Mappe oder eine Datei an, in der Sie entsprechende Anregungen abheften und tragen Sie in Ihrem Kalender ein, in welchen Abständen Sie Ihre Sammlung regelmäßig durchforsten werden.

Dieses Vorgehen ist deshalb so wichtig, weil das Lernen ein völlig individueller Vorgang ist. Nehmen Sie beispielsweise eine beliebige Schulklasse mit fünfundzwanzig Kindern. Sie finden dort fast ebenso viele verschiedene Lernstrategien, die jeder einzelne Schüler im Laufe der Zeit für sich entwickelt hat. Problematisch wird es immer dann, wenn jemand versucht, sich eine fremde Lernstrategie anzueignen, obwohl diese eigentlich für ihn persönlich ungeeignet ist. Häufig geschieht das ganz unbewusst dadurch, dass man sich an der Strategie des Lehrenden orientiert.

Gleiches gilt natürlich auch für die Studenten in einem Hörsaal. Sie sind folglich gezwungen, aus allen Vorschlägen immer das Interessanteste und Beste für sich selbst herauszufiltern. Verlieren Sie angesichts dieser neuen Aufgabe aber bitte nicht aus den Augen, dass Sie juristischen Stoff lernen müssen und wollen. Erproben Sie Ihre neuen Erkenntnisse daher immer sofort in der rechtlichen Praxis. Bedenken Sie: Wenn Sie schwimmen lernen wollen, begnügen sie sich auch nicht mit einem Trockenkurs. Selbst wenn Sie vorher zwanzig Bücher über Schwimmtechniken gelesen hätten, würden Sie feststellen, dass es etwas völlig anderes ist, wenn Sie sich plötzlich tatsächlich in einem Schwimmbecken über Wasser halten müssten.

4. Zusammenfassung

– Der optimale Zeitpunkt zur Verwirklichung Ihres Zieles ist jetzt.
– Beginnen Sie noch heute.
– Verschwenden Sie Ihre kostbare Zeit nicht mit der aufwendigen Suche nach Ausreden.
– Überlisten Sie das Phänomen des Aufschiebens mit der leicht anzuwendenden Fünf-Minuten-Regel.
– Halten Sie die Augen offen und sammeln Sie alle interessanten Informationen über bessere Arbeitsmethoden.
– Setzen Sie Ihre neuen Erkenntnisse sofort in die Praxis um.

VII. Durchhalten

1. Der erste Widerstand

Als der berühmte Erfinder Edison seine Glühbirne endlich zum Leuchten brachte, hatte er bereits sage und schreibe zehntausend (!!!) erfolglose Experimente hinter sich. Machen Sie sich diese Tatsache immer bewusst, wenn Sie einen Lichtschalter drücken. Es wirkt dann einfach lächerlich, dass man als angehender Jurist nach jeder Klausur am liebsten alles hinschmeißen möchte. Seien Sie sich im Klaren darüber, dass die größte Schwierigkeit bei der Erlangung einer effektiveren Arbeitsweise Ihr mangelndes Durchhaltevermögen ist.

Die meisten Menschen sind bereit, ihre Ziele und Pläne schon bei der geringsten Gegenwehr sprichwörtlich „über den Haufen" zu werfen. Nur Wenige trotzen diesen Widerständen. Sie kennen dieses Gefühl aus eigener Erfahrung:

– Wenn Sie in einer Klausur drei Punkte erzielt haben, grübeln Sie plötzlich darüber nach, ob Jura überhaupt das richtige Studium für Sie ist, ob Sie weitermachen wollen oder ob Sie nicht besser gleich das Fach wechseln sollten. Und das auch dann, wenn Sie vorher bereits dreißig Klausuren bestanden haben.

– Wenn Sie erleben, wie der in Ihren Augen nicht gerade clevere Kommilitone Penner in der Arbeitsgemeinschaft das Schema des Eigentümer-Besitzer-Verhältnisses abspult, beginnen Sie mit einem Mal an Ihrem Verstand zu zweifeln.

– Wenn Sie beim nächsten Wiederholen weniger Definitionen wissen als Sie es sich erträumt haben, legen Sie womöglich dieses Buch als „nutzlos" zur Seite.

Wie haben Sie gehandelt als der erste Widerstand in diesem Buch auftauchte? Haben Sie die Übung hinsichtlich Ihrer eigenen Zielsetzung gemacht oder nicht? Haben Sie Ihre Ziele schriftlich festgehalten? Oder war dieser erste Widerstand auch für Sie bereits ein Grund darüber nachzudenken, ob Sie überhaupt weiterlesen wollen? Vielleicht hat Ihnen diese einfache Übung schon gezeigt, wo momentan die Grenzen Ihrer Ausdauer liegen.

Aber keine Sorge: Ausdauer kann man lernen.

2. Das Geheimnis der Ausdauer

Auch wenn es eine harte Erkenntnis ist: Dieses Buch nur zu lesen, nützt Ihnen letztlich gar nichts. Wenn Sie Ihr Lernverhalten wirklich verbessern wollen, müssen Sie die darin enthaltenen Grundsätze anwenden. Der Schlüssel zum Erfolg besteht darin, dass Sie dies mit der notwendigen Ausdauer tun. Nur ständiges Training beschert Ihnen den Lernerfolg, den Sie sich wünschen. Streben Sie deshalb danach, die in diesem Buch vermittelten Erkenntnisse zu einer Gewohnheit werden zu lassen. Diese Gewohnheiten entwickeln Sie am einfachsten und schnellsten durch andauernde Übung. Es ist also reine Ausdauer, die Sie schließlich ans Ziel bringt. Sobald Sie die Regeln für effektiveres Lernen gewohnheitsmäßig befolgen, gibt es keinen Widerstand, keine Klausur, einfach gar nichts mehr, das Sie aus der Bahn werfen könnte. Wenn Sie jetzt zu diesem Zweck Ausdauer erlernen wollen, so ist es von Ausschlag gebender Bedeutung, dass Sie Ihr Lernziel und Ihren Lernzweck genau kennen. Nur wer sein Ziel wirklich erreichen will und sich die Gründe dafür ständig verdeutlicht, der entwickelt die nötige Ausdauer.

Vielleicht geben Sie an dieser Stelle zu bedenken, dass Sie ja sehr gerne durchhalten wollten, wenn Sie nur wüssten, wie Sie dabei am sichersten vorgehen. Bedienen Sie sich hierfür einer ebenso simplen wie wirksamen List. Das für Ihr Lernverhalten angestrebte Standvermögen können Sie dadurch entfalten, dass Sie dieses Buch mehrmals lesen. Wenn Sie die darin enthaltenen Anregungen nämlich ständig vor Augen haben, werden Sie ganz von selbst daran gehen, sie in Ihren Tagesablauf zu integrieren. Umgekehrt werden Sie innerhalb der nächsten Tage selbst diejenigen Vorschläge vergessen, die Sie eigentlich schon auf den ersten Blick als nützlich eingestuft haben, sobald Sie dieses Buch zurück ins Regal stellen. Den Grund dafür lernen Sie später noch genauer kennen, wenn Sie sich mit Ihrer Vergessenskurve vertraut machen.

Tipp: Die notwendige Ausdauer entwickeln Sie durch Gewohnheiten.

Eine Gewohnheit entsteht nach psychologischen Studien bei den meisten Menschen bereits dadurch, dass sie drei Wochen lang ein bestimmtes Verhalten wiederholen. Wenn Sie beispielsweise ab heute jeden Abend einen Tagesplan für den nächsten Lerntag entwerfen, ist dieses Vorgehen für Sie in drei Wochen bereits zur Gewohnheit geworden. Sie machen Ihren Tagesplan dann ganz automatisch, ohne noch lange darüber nachzudenken. Investieren Sie diese drei Wochen überall dort, wo Sie eine nutzbringende Gewohnheit entwickeln wollen. Es lohnt sich!

Achtung: Natürlich funktioniert das auch umgekehrt. Wenn Sie in den Semesterferien die Gewohnheit entwickeln, vier Wochen lang rein gar nichts Juristisches zu lernen, dann haben Sie eine neue, für Ihre Zwecke aber höchst unerwünschte Gewohnheit geschaffen. Diese können Sie selbstverständlich wieder löschen, indem Sie bewusst mit ihr brechen und Ihren Tagesablauf wieder konsequent umstellen. Was allerdings anfangs einen erhöhten Aufwand an Konzentration und Energie verlangt. Es empfiehlt sich daher, diesem Phänomen rechtzeitig entgegenzusteuern. Dazu benötigen Sie neben dem Wissen darüber, das Sie von jetzt an besitzen, natürlich auch einen konkreten Plan.

> **Tipp:** Wer ein bestimmtes Verhalten für den Zeitraum von sechs Monaten etabliert, erntet nicht nur eine Gewohnheit, sondern er kehrt nach wissenschaftlichen Studien zu dieser Gewohnheit auch dann zurück, wenn er das Verhalten zwischendurch längere Zeit nicht ausübt. Wenn es Ihnen also gelingt, bestimmte Lerngewohnheiten ein halbes Jahr lang durchzuhalten, bringt Sie auch eine dreiwöchige Ferienreise nicht aus dem Tritt.

3. Ein kritischer Ausblick

Auf Ihrem Weg zu mehr Lernerfolg werden Sie anfangs noch des Öfteren an einen Punkt kommen, an dem Sie am liebsten aufgeben möchten. Wenn Sie jedoch von nun an darauf vorbereitet sind, auch künftig ausdauernd Ihr Ziel zu verfolgen, verlieren diese Momente viel von ihrem ursprünglichen Schrecken. Sehen Sie in diesen kleinen Rückschlägen nichts anderes als sie wirklich sind. Nämlich der Grund für Sie, es beim nächsten Mal einfach noch besser zu machen. Und wenn Sie dafür sorgen, dass es dieses nächste Mal von nun an auch wirklich geben wird, gehen Sie unaufhaltsam vorwärts.

Bei der Lektüre dieses Kapitels haben Sie sicherlich an verschiedenen Stellen intensiv über Ihre eigenen bisherigen Lernerfahrengen nachgedacht. Zumindest an einer Stelle haben Sie höchstwahrscheinlich auch ein mulmiges Gefühl bekommen. Es war an der Stelle, an der es um das Durchhaltevermögen ging. Denn Sie haben zumindest intuitiv erkannt, dass es sich dabei um den eigentlichen Knackpunkt auf Ihrem Weg zum Ziel handelt. Naturgemäß werden viele von Ihnen dieses Buch bald ins Regal stellen. Manche werden die eine oder andere Anregung aufgreifen und ausprobieren. Aber nur Wenige werden versuchen, Ihren Lernerfolg wirklich zu maximieren. Denn Ihnen allen wird sich früher oder später eine innere Stimme in den Weg stellen und Ihnen vorhalten, dass Ihre alte

Arbeitsweise viel bequemer war. Seien Sie auf diesen Moment vorbereitet. Sagen Sie sich dann laut und deutlich, dass sich Ihr Ziel geändert hat und dass Sie es auf diesem neuen Weg erreichen wollen.

Tipp: Schreiben Sie Ihren Vorsatz auf einen kleinen Zettel, versehen Sie ihn mit dem aktuellen Datum und unterschreiben Sie ihn. Lesen Sie dieses Blatt täglich und zeigen Sie es niemandem. Überlisten Sie Ihre eigene Passivität, indem Sie dieses Buch mehrmals lesen.

Ich wünsche Ihnen von ganzem Herzen, dass Sie zu denjenigen gehören, die wirklich durchhalten.

4. Zusammenfassung

– Seien Sie darauf vorbereitet, dass Sie auf Ihrem Weg zum Lernerfolg allerlei Widerständen entgegentreten müssen.
– Geben Sie nicht sofort bei der geringsten Schwierigkeit auf.
– Nehmen Sie sich die Erfindung der Glühbirne zum Beispiel.
– Entwickeln Sie nützliche Gewohnheiten.
– Nur Ausdauer bringt Sie ans Ziel.

VIII. Zusammenfassung

Die wichtigsten Schritte auf Ihrem Weg zum Lernerfolg sind:

– Ein klares Ziel.
– Ein gut durchdachter Plan.
– Kein überflüssiges Geplapper.
– Der optimale Zeitpunkt, um zu beginnen; nämlich jetzt.
– Durchhaltevermögen.
– Das Entwickeln von positiven Lerngewohnheiten.

Wenn Sie sich die Mühe machen, diese Schritte im Auge zu behalten, werden Sie sie in allen folgenden Ausführungen ständig aufs Neue entdecken. Manchmal sofort, manchmal erst auf den zweiten Blick. Freuen Sie sich dann jedes Mal über diesen Moment der Erkenntnis, denn er bringt Sie dem Lernerfolg näher. Und noch eine Empfehlung: Versuchen Sie nicht, alle neuen Anregungen, die Ihnen bislang bereits begegnet sind und auf den nächsten Seiten noch begegnen werden, auf einmal in die Tat umzusetzen. Gehen Sie in kleinen Schritten vorwärts, dafür aber konsequent. Mit dieser Technik werden Sie von Erfolg zu Erfolg mehr Spaß und Freude am Lernen haben und Ihr Leistungsvermögen immens steigern.

Zweites Kapitel

Zeitmanagement

I. Was ist Zeitmanagement?

Sie wollen effektiver Lernen und Arbeiten. Sehen Sie sich in Ihrem Bekannten- und Verwandtenkreis aufmerksam um. Bei genauer Betrachtung stellen Sie sehr schnell fest, dass gerade diejenigen Personen am meisten erreicht haben, die besonders rationell mit der ihnen zur Verfügung stehenden Zeit umgehen. Sie kennen selbst genügend Juristen, die sich permanent über zu wenig Zeit beklagen und ihre Arbeit gerade einmal so über die Runden bringen. Andere wiederum bewältigen nicht nur ohne Gejammer ihr Pensum, sondern halten daneben Vorträge, schreiben Bücher, engagieren sich tatkräftig für andere Ziele und machen obendrein noch Urlaub. Die Weichen für diese grundlegenden Unterschiede werden sehr früh gestellt. Sie können solche Gegensätze schon lange vor dem Eintritt ins Berufsleben beobachten.

Nehmen Sie den ganz alltäglichen Fall von Hinz und Kunz. Beide sitzen nebeneinander in der Arbeitsgemeinschaft für Rechtsreferendare. Hinz erreicht im Examen 4,0 Punkte, Kunz 7,0.

Tatsache ist, dass beiden exakt dieselbe Zeitspanne für die Vorbereitung zur Verfügung stand. Natürlich wird Hinz sofort versuchen, eine Begründung für den Unterschied zu finden. Er wird nach dieser Erklärung aber nicht bei sich selbst und seiner schlechteren Arbeitsmethode forschen, sondern alles auf die „hohe Intelligenz" von Kunz schieben. Seien Sie sich dessen bewusst, dass dieser Erklärungsversuch nichts als ein Trugschluss ist. Intelligenz als solche lässt sich weder exakt definieren noch konkret messen. Sicherlich werden Sie augenblicklich einwenden, es gäbe doch immerhin Intelligenztests mit denen man den so genannten „Intelligenzquotienten" (IQ) bestimmen könne. Diese Feststellung bedarf jedoch einer Präzisierung. Intelligenztests machen keinesfalls Ihre Intelligenz als solche messbar, sondern sie fragen lediglich den von Ihnen erworbenen momentanen Kenntnisstand ab. Wäre Intelligenz tatsächlich eine unveränderlich angeborene Größe – wie gemeinhin behauptet wird – gäbe es keinerlei Existenzberechtigung für die Dutzende von „Testknackern", die Sie in jeder Buchhandlung erwerben können. Mit deren Hilfe trainieren Sie systematisch die Lösung von Testaufgaben. Anders gesagt: Sie lernen es. Wäre das Maß der Intelligenz aber wirklich bei jedem Menschen unveränderlich festgelegt, bliebe das planmäßige Training von Lösungswegen ohne Wirkung.

Während in den Vorauflagen dieses Buches an dieser Stelle einige grundlegende Ausführungen zur Veränderlichkeit der menschlichen Intelligenz nötig waren, kann ich es diesmal erfreulicherweise recht kurz machen. Denn dass der „klassische IQ" keine unveränderliche Größe ist, sondern erheblich schwanken kann, wurde mittlerweile in mehreren wissenschaftlichen Studien eindrucksvoll belegt. So verlieren Sie während eines normalen Strandurlaubs, bei dem Sie in der Sonne relaxen und nur leichte Kost lesen, innerhalb von einer Woche um etwa 5 Punkte auf der herkömmlichen IQ-Skala. Ein Verlust, den Sie jederzeit problemlos ausgleichen können, sobald Sie wieder mit Ihrer Gedächtnisarbeit starten. Frönen Sie allerdings sogar drei Wochen lang dem geistigen Müßiggang, kann Ihr IQ dadurch um bis zu 20 Punkte sinken.

Noch wesentlich eindrucksvollere Ergebnisse hat eine britische Studie zu Tage gefördert, bei der Jugendliche bis 20 Jahren im Abstand von vier Jahren getestet wurden. Die Ergebnisse verblüfften selbst die Forscher. Denn sie stellten fest, dass der IQ der einzelnen Probanden um bis zu 23 Punkte schwankte. Anders ausgedrückt: Anfangs mäßige Schüler und Studenten entwickelten sich zu sehr guten Lernenden, während umgekehrt anfänglich gute Schüler in Ihren Leistungen erheblich nachließen. Damit verbunden war jeweils eine erhebliche Zu- bzw. Abnahme der berühmten grauen Zellen. Eine weitere Untersuchung hat schließlich gezeigt, dass sich der IQ bei einzelnen Personen über die Jahre sogar mehrfach ändern kann.

Wissen sollten Sie außerdem, dass der umfassende Intelligenzbegriff in den letzten beiden Jahrzehnten immer mehr ins Kreuzfeuer der Kritik geraten ist. So gibt es heute Personalchefs, die ihr Augenmerk ganz gezielt auf einzelne Teilaspekte legen, wie beispielsweise die so genannte „emotionale Intelligenz" oder die „mathematische Intelligenz".

Doch kehren wir zu unserem obigen Beispiel zurück. Die daraus zu ziehende Schlussfolgerung lautet: Die Begründung für das unterschiedliche Abschneiden von Hinz und Kunz ist darin zu suchen, dass Kunz während seiner Referendarzeit besser und wirksamer trainiert hat als Hinz. Er hat in exakt derselben Zeitspanne einfach effektiver gelernt. Ob Sie diesen Erfolg persönlich lieber als „Wissen", „Intelligenz" oder wie auch immer betiteln wollen, ist an dieser Stelle zweitrangig.

Zeitmanagement bedeutet also, dass Sie die Ihnen zur Verfügung stehende Zeit optimal nutzen, indem Sie Ihre Arbeitsweise kontinuierlich verbessern. Das führt dazu, dass Sie mehr Zeit gewinnen, die Sie in andere Dinge investieren können, etwa in ...

- mehr Arbeit,
- Hobbys,
- Erholung.

Tipp: Menschen mit extrem gutem Zeitmanagement stellen meist schnell fest, dass sie entgegen ihrer Erwartung nicht mehr Zeit als vorher zu haben scheinen. Das ist ein Trugschluss, der darauf beruht, dass man die neu gewonnene Zeitreserve häufig ohne langes Nachdenken sofort wieder mit (Lern-) Arbeit verplant. Man hat dann subjektiv das Gefühl, dass der einzige Sinn des Zeitmanagements darin bestünde, sich mit immer mehr Arbeit zuzupflastern. Hüten Sie sich vor dieser Falle, indem Sie die im Abschnitt „Planungsphase" angesprochenen Grundsätze beherzigen und auch weiterhin etwa ein Drittel Ihrer Zeit als unverplante Reserve freihalten.

Zeitmanagement zielt darauf ab, dass Sie lernen, mit Ihrer Zeit sinnvoll umzugehen. Sinnvoll bedeutet, dass Sie die Zeit dazu nutzen, Ihre persönlichen Ziele zu verwirklichen. Machen Sie sich bitte bewusst, dass jede einzelne Minute, die Sie mit unnützen Dingen verschwenden, in Ihrem Leben unwiederbringlich verloren ist. Bereits aus diesem Grund sollten Sie stets besonnen mit Ihrer Zeit umgehen. Beginnen Sie daher sofort mit Ihrem persönlichen Zeitmanagement. Den ersten Schritt dazu tun Sie bereits, indem Sie dieses Buch lesen.

Übrigens: Es gibt wissenschaftliche Studien, die darauf hindeuten, dass man tatsächlich sein Zeitgefühl verliert, wenn man unter Stress steht. Der Grund dafür ist, dass Stresshormone jenen Teil des Großhirns zu blockieren scheinen, der für unsere zeitliche Wahrnehmung zuständig ist. Ein Aspekt, den Sie unbedingt im Hinterkopf behalten sollten, da er später noch erhebliche Brisanz bekommen wird, wenn Sie sich näher mit dem Training Ihres Gedächtnisses und dem Punkt der Entspannung auseinandersetzen werden.

II. Ihre individuelle Zeitplanung

1. Überblick

Sie kennen Ihr Ziel. Es lautet in etwa: Ich will für mein Studium bzw. Referendariat in der mir zur Verfügung stehenden Zeit wesentlich mehr erreichen als mir das mit den bisherigen Mitteln möglich ist.

Sie haben im ersten Teil gesehen, dass es notwendig ist, das von Ihnen angestrebte Ziel mittels exakter Planung in die Tat umzusetzen. Dazu müssen Sie Ihren ganz individuellen, exakt auf Sie selbst zugeschnittenen Zeitplan ausarbeiten. Diese Aufgabe wird Ihren gesamten Einfallsreichtum fordern. Nur wenige Studenten und Referendare erkennen überhaupt die Bedeutung einer präzisen Zeitplanung. Das hat einen banalen Grund: Sie haben es nie gelernt.

Schon als Baby erhielten Sie Ihr Fläschchen zu vorbestimmten Zeiten. Anfangs wehrten Sie sich per Schreiorgie dagegen, später gaben Sie es zur Erleichterung Ihrer Eltern auf, sich in dieser Form aufzulehnen. Im Kindergarten hatten Sie bereits einen Stammplatz, wenn morgens das Tagesprogramm verkündet wurde. Als Schüler lief alles jahrelang nach Stundenplan. Studenten erhalten ausführliche Vorlesungspläne, Referendare sind bereits von Verwaltungsplänen eingekesselt. In perpetuum.

Sie waren wahrscheinlich noch nie in der Verlegenheit, völlig auf sich allein gestellt einen präzisen Arbeitsplan erstellen zu müssen, für den Sie persönlich die volle Verantwortung tragen. Beginnen Sie deshalb noch heute damit.

2. Die Analyse Ihres Status quo

Zunächst einmal ist es erforderlich, Ihren persönlichen Status quo zu analysieren. Auf diese Weise erhalten Sie Gelegenheit, Ihren eigenen Zeithaushalt und Ihre ganz individuellen „Zeitfresser" kennen zu lernen. Logischerweise können Sie erst dann wirksam gegen letztere vorgehen, wenn Sie deren Existenz genau ergründet haben.

Industrieunternehmen engagieren für viel Geld Spezialisten, die alle Arbeitsabläufe im Betrieb auf ihre Effektivität hin untersuchen. Mit Stoppuhren und aufwändigen Computerprogrammen ist man auf der Suche nach der optimierten Produktion. Dienstleister holen sich Berater ins Haus, die kontinuierliche Verbesserungsprozesse in allen nur denkbaren Arbeitsbereichen initiieren. Auch Sie sollten sich dieser erprobten Methode bedienen. Nur brauchen Sie dazu weder einen Spezialisten noch müssen Sie Ihr gutes Geld dafür investieren. Alles was Sie benötigen ist eine Uhr, ein Tageskalender mit Stundeneinteilung und eine Prise Selbstdisziplin. Hier ist Ihre Aufgabe:

- Führen Sie eine Woche lang Protokoll über jede Minute Ihres Tages und die entsprechenden Aktivitäten.
- Halten Sie alle erforderlichen Daten schriftlich fest: Die Uhrzeit, Art der Tätigkeit, Sinn und Zweck, Dauer, Ergebnis.
- Reservieren Sie sich täglich fünfzehn Minuten, um Ihre Aufzeichnungen durchzusehen.
- Schenken Sie besonders der Frage, warum Sie etwas getan haben und ob Sie diese Tätigkeit Ihrem Ziel näher gebracht hat, besondere Beachtung.

Tipp: Beginnen Sie am besten gleich damit, einen Tag lang wirklich haarklein aufzuschreiben, welche Arbeiten Sie in welcher Zeit erledigt haben. Lassen Sie keine Lücken, sondern sorgen Sie dafür, dass auf Ihrer Kalenderseite tatsächlich alles minutiös aufgeführt ist. Setzen Sie sich dann abends kritisch mit den so ermittelten Ergebnissen auseinander.

Achten Sie bei der Kontrolle Ihres Zeitprotokolls insbesondere auf folgende Punkte, die Ihre spezielle Aufmerksamkeit verdienen:

- War diese Arbeit überhaupt nötig? Hat sie mich im Hinblick auf mein Ziel vorangebracht?
- Hätte ich diese Arbeit auch schneller erledigen können?
- War die Erledigung der Aufgabe effektiv?
- War die Ausführung zweckmäßig?
- Habe ich das angestrebte Ziel damit überhaupt erreicht?
- Habe ich die Aufgabe zu Ende gebracht?

Seien Sie bei Ihren Aufzeichnungen schonungslos ehrlich zu sich selbst. Denn zunächst werden Sie versuchen, manche Dinge zu beschönigen oder schlicht weglassen zu wollen. Bedenken Sie, dass die Protokollierung aller Ihrer Tätigkeiten Sie dazu verführen wird, manche Dinge anders zu machen als Sie es bisher über Jahre hinweg getan haben. Denn die bewusste Auseinandersetzung mit Ihren täglichen Aktivitäten wird Sie schnell erkennen lassen, dass manche Ihrer Beschäftigungen Ihnen selbst geradezu als peinlich und unnütz erscheinen. Aus diesem Grund werden Sie – bewusst oder unbewusst – automatisch dazu übergehen, diese Fakten als „unwichtig" oder „albern" einzustufen und erst gar nicht in Ihr Tagesprotokoll aufzunehmen. Versuchen Sie unbedingt, dieser Tendenz zu widerstehen. Sie erhalten gerade durch diese Angaben die wertvollsten Erkenntnisse. Wahrscheinlich sind Sie anfangs darüber erschrocken, wie viel Zeit Sie täglich mit nutzlosen Dingen oder schlichter Trödelei verschwenden. Aber genau diese Erkenntnis verhilft Ihnen dazu, in Zukunft wirksam dagegen vorgehen zu können.

Um Ihr Zeitmanagement wirksam verbessern zu können, müssen Sie wissen, wie Sie Ihre Zeit eigentlich bisher verbringen. Diese exakte Situationsanalyse kann Ihnen niemand abnehmen. Sie dokumentiert Ihre momentane Zeitplanung und dient als Grundlage für jeden Fortschritt. Schon am ersten Tag werden Sie den Kopf über einige Ihrer so genannten Lernaktivitäten schütteln. Freuen Sie sich darüber. Verfallen Sie angesichts dieser Tatsache aber nicht in trübe Gedanken und zitieren Sie keine Ausreden herbei. Zumindest eine wird Ihnen früher oder später durch den Kopf gehen. Sie lautet: „Für so etwas habe ich nun wirklich keine Zeit neben meinem Studium bzw. Referendariat." Das ist glatter Selbstbetrug. Wer niemals mit der Optimierung seiner Arbeitstechnik beginnt, wird auch niemals effektiver Lernen. Wer jedoch sein Ziel kennt, dem stehen alle Türen offen.

> **Tipp:** Starten Sie sofort. Nehmen Sie ein Kalenderblatt und tragen Sie ein, seit wann Sie bereits in diesem Buch lesen.

3. Wichtige Schlüsselfragen

Wie setzen Sie Ihre Zeitplanung nun um? Versuchen Sie zunächst, Ihre individuellen „Zeitfresser" zu erkennen und zu eliminieren. Stellen Sie sich eine Stunde lang bei jeder Ihrer Handlungen folgende Fragen:

- Was tue ich eigentlich gerade?
- Warum tue ich es?
- Bringt es mich meinem Ziel näher?
- Welchen Zweck erfüllt dieses Handeln? (Achtung: Besonders an dieser Stelle werden Sie so manche Überraschung erleben!)
- Falls nein: Wie könnte ich mein Vorgehen ändern, damit es mich meinem Ziel näher bringt?
- Wie viel Zeit könnte ich durch diese alternative Vorgehensweise einsparen?

Fixieren Sie Ihre Überlegungen in Stichworten auf einem separaten Zettel. Wenn Sie diese Vorgehensweise eine Stunde lang konsequent durchgehalten haben, sollten Sie die Testphase sofort um eine weitere Stunde verlängern. Dehnen Sie die Übung anschließend auf den Rest des Tages aus.

Und auf den nächsten Tag, die anschließende Woche und immer weiter. Bereits nach kurzer Zeit bemerken Sie, dass Sie sich die vorgenannten Fragen automatisch stellen und beantworten. Ihre Arbeitsweise gestaltet sich auf diese Art und Weise von selbst vollständig um, hin zu einer effektiveren Zeiteinteilung. Denn durch die ständige Konfrontation mit diesen Schlüsselfragen werden überflüssige Scheintätigkeiten konsequent ausgemerzt. Unterschätzen Sie darum auf keinen Fall die immensen Selbstheilungskräfte, die Sie einfach dadurch aktivieren können, indem Sie sich selbst konsequent Rechenschaft über Ihr eigenes Verhalten ablegen. Grundlage für den Erfolg ist einmal mehr, dass Sie Ihr Ziel kennen und wissen, warum Sie es erreichen wollen.

Tipp: Wenn Sie zu denjenigen zählen, die diesen Vorschlag tatsächlich konsequent in die Tat umsetzen, werden Sie schon bald bemerken, dass Sie sich die genannten Fragen automatisch stellen. In diesem Moment ist bei Ihnen eine Denkgewohnheit entstanden. Obwohl Sie dann im Grunde damit aufhören könnten, Ihre Überlegungen schriftlich zu fixieren, werden Sie diese Vorgehensweise höchstwahrscheinlich weiter beibehalten wollen. Denn Ihnen ist bis dahin eindrucksvoll klar geworden (sprich: Sie haben gelernt), welche enormen Vorteile die Niederschrift von wichtigen Gedankengängen bietet. Dazu später noch mehr.

4. Der erste Tagesplan

Der nächste Schritt besteht in der Erstellung eines ersten Plans. Sie gehen dabei ähnlich vor, wie Sie dies bereits bei der Erfassung Ihrer Zeit getan haben. Grundeinheit ist der Tagesplan. Nehmen Sie ein Kalenderblatt mit Stundeneinteilung. Noch besser ist es, wenn Sie eine Unterteilung in Viertelstunden vornehmen können. Denn je sorgfältiger und exakter Ihr Plan festgelegt wird, desto einfacher kann er umgesetzt und verbessert werden. Jede Schlamperei bringt letztendlich nur hohe Zeitverluste. Tun Sie Folgendes:

- Legen Sie mehrere Tagesziele fest, die Sie erreichen wollen. Beginnen Sie nach Möglichkeit mit maximal drei bis fünf Tageszielen.
- Untergliedern Sie diese Ziele in „wichtig", „weniger wichtig" und „nicht so wichtig". Wenn Sie mehrere Tagesziele haben, können Sie diese einfach nach ihrer Wichtigkeit durchnummerieren.
- Bestimmen Sie das wichtigste Ziel zum Hauptziel und setzen Sie alles daran, um es an diesem Tag auch zu erreichen.

- Nehmen Sie sich anfangs nicht zu viel auf einmal vor. Ihr Spaß an der Sache steigt nur dann, wenn Sie abends das erreichte Pensum „abhaken" können.
- Kontrollieren Sie täglich vor dem Arbeitsende, welche Punkte Sie erledigt haben. Alle vollendeten Punkte haken Sie schriftlich ab.
- Falls etwas unerledigt geblieben ist: Ergründen Sie, warum die Aufgabe nicht erledigt wurde. Setzen Sie die noch offenen Punkte auf Ihren nächsten Tagesplan.
- Wichtig: Sollte ein Punkt deshalb unerledigt geblieben sein, weil Sie erkannt haben, dass er Sie in keiner Weise vorwärts bringt und aus diesem Grund bedeutungslos für Sie geworden ist, dann streichen Sie ihn mit Genuss endgültig mit roter Farbe aus Ihrer Planung.
- Sollten Sie mehr erledigt haben als ursprünglich geplant: Tragen Sie diese Punkte auf Ihrem Tagesplan nach und haken Sie diese anschließend ebenso genüsslich ab. Das ist zwar im Prinzip überflüssig, wirkt aber ungemein motivierend.

> **Tipp:** Besonders effektiv gestalten Sie Ihre Tagesplanung durch den Kniff, immer eines Ihrer Ziele zum Hauptziel zu erklären und alles daran zu setzen, es zu verwirklichen. Auf diese Weise haben Sie täglich Erfolg und erhöhen den Spaß an Ihrer neuen Zeitplanung enorm.

5. Das Eisenhower-Prinzip

Welche Aufgabe soll man nun zum Hauptziel bestimmen? Dafür gibt es viele unterschiedliche Möglichkeiten. In der Praxis besonders beliebt und hilfreich ist die Anwendung der sog. ABCD-Methode. Diese wird nach ihrem Erfinder, dem früheren US-Präsidenten Dwight D. Eisenhower, oft auch als Eisenhower-Prinzip bezeichnet. Mit Hilfe der ABCD-Methode teilen Sie alle anstehenden Aufgaben in folgende vier Kategorien ein:

- A-Aufgaben: Wichtig und dringend.

- B-Aufgaben: Wichtig, aber nicht dringend.

- C-Aufgaben: Nicht wichtig, aber dringend.

- D-Aufgaben: Nicht wichtig und nicht dringend.

Alle A-Aufgaben sollten so schnell wie möglich selbst erledigt werden. Ein typisches Beispiel für eine solche Aufgabe wäre etwa, dass man bis morgen 12 Uhr seine BGB-Hausarbeit im Vorzimmer von Prof. Schleifer abgeben muss. Prägnante Faustregel: Alle A-Aufgaben immer sofort erledigen.

B-Aufgaben sind zwar wichtig, zunächst aber nicht dringend. Sie bergen deshalb die große Gefahr, dass man sich erst einmal nicht mit ihnen beschäftigt. Das führt häufig dazu, dass solche Aufgaben ganz plötzlich zu A-Aufgaben werden, weil sie nicht rechtzeitig in Angriff genommen wurden. Hat beispielsweise Student Trödel zur Anfertigung seiner Seminararbeit sechs Wochen Zeit, fährt aber erst einmal zwei Wochen in Urlaub, will dann noch eine Englischprüfung machen und mit einigen Kommilitonen ein einwöchiges Intensiv-Repetitorium zum Arbeitsrecht besuchen, wird aus seiner ursprünglichen B-Aufgabe „Seminararbeit" sehr schnell eine A-Aufgabe werden.

> **Tipp:** Dem im täglichen Arbeitsleben universell verbreitete Phänomen, dass aus interessanten B-Aufgaben plötzlich stressige A-Aufgaben werden, lässt sich nur mit Hilfe von vorausschauender Planung entgegenwirken.

C-Aufgaben sind zwar nicht wichtig, aber dringend. Das führt im Alltag häufig dazu, dass man ganz unbewusst versucht, erst einmal diese dringenden Punkte zu erledigen, bevor man sich an die eigentlich viel wichtigeren A- und B-Aufgaben macht. Besonders knifflig ist es oft, A- und C-Aufgaben konsequent voneinander abzugrenzen. Insoweit gilt: Haben Sie sich die Aufgabe selbst gestellt, weil sie für die Erreichung Ihres (Lern-) Ziels wichtig ist, dann handelt es sich mit hoher Wahrscheinlichkeit um eine A-Aufgabe. Wurde Ihnen die Erledigungsfrist für die Aufgabe hingegen von dritter Seite gesetzt, obwohl Sie die Aufgabe selbst nicht für wichtig halten, handelt es sich regelmäßig um eine C-Aufgabe. Diese oft schwierige Abgrenzung können Sie nur dann wirksam vornehmen, wenn Sie Ihre Lernziele formuliert und völlig klar vor Augen haben.

> **Tipp:** In der Realität bestimmt die Erledigung von C-Aufgaben den Großteil des Lernalltags von Studenten und Referendaren. Aus dieser Falle entkommt man nur durch klare Formulierung der Lernziele, präzise Festlegung des Lernzwecks und entsprechender Erstellung eines Lernplans. Ansonsten führt der durch die Dringlichkeit erzeugte Stress schnell dazu, dass man jeglichen Überblick verliert.

D-Aufgaben bringen Sie im Hinblick auf Ihr Lernziel überhaupt nicht weiter, weil sie schlicht überflüssig sind. Man sollte deren Erledigung also entweder an jemand anderen delegieren oder sie einfach komplett streichen. In diese Kategorie fallen insbesondere die später in diesem Buch noch ausführlich besprochenen „Zeitfresser".

> **Tipp:** Erledigen Sie immer erst die A-Aufgabe in Ihrem Tagesplan. Machen Sie anschließend mit den B-Aufgaben weiter. Auch bei der Planung gilt: An erster Stelle stehen immer die A-Aufgaben. Und vergessen Sie angesichts der dringlichen C-Aufgaben nicht, sich mit Ihren langfristig viel wichtigeren B-Aufgaben zu beschäftigen.

Bringen Sie Ihre wichtigste Tagesaufgabe so schnell wie möglich mit voller Konzentration zu Ende. Widerstehen Sie dabei der bereits in anderem Zusammenhang angesprochenen und weit verbreiteten Versuchung, kurz vor dem Ende der Aufgabe mit ihrer vollständigen Erledigung aufzuhören. Denn wenn Sie die Aufgabe unerledigt lassen, schwirrt sie weiter ständig durch Ihr Gedächtnis. Bringen Sie sie jedoch zu Ende, brauchen Sie nicht nur keine Energie und Konzentration mehr dafür aufzuwenden, sondern fühlen sich auch gleich viel besser. Das hat damit zu tun, dass Ihr Gehirn in diesem Fall zur Belohnung für die geleistete und abgeschlossene Arbeit eine Portion „Glückshormone" in Ihre Blutbahn kippt. Darum: Bringen Sie die Aufgabe erst sollständig zu Ende, bevor Sie mit etwas Neuem anfangen.

Sie kennen nun bereits eine ganze Menge Details zur Planung. Um jedoch ein Maximum an Effektivität bei Ihrer Lernarbeit zu erreichen, müssen Sie sich jetzt mit Ihrem individuellen Leistungsrhythmus vertraut machen. Erst danach können Sie Ihren persönlichen Tagesplan endgültig in allen Feinheiten erstellen. Gönnen Sie sich an dieser Stelle aber zunächst eine kurze Pause.

III. Zeit gewinnen mit Leistungsrhythmen und Pausen

1. Der allgemeine Leistungsrhythmus

Wenn Sie einen Plan optimal erstellen und umsetzen wollen, müssen Sie darin alle Einzelheiten exakt an Ihren individuellen Leistungsrhythmus anpassen. Sie allein kennen diesen Rhythmus. Vielleicht haben Sie ihn bisher gar nicht bewusst wahrgenommen. In diesem Fall haben Sie die Aufgabe, sich zunächst darüber klar zu werden, zu welchen Zeiten Sie besonders leistungsfähig sind und wann nicht. Erstellen Sie dazu eine Situationsanalyse. Wundern Sie sich nicht, wenn Sie nach einigem Nachdenken plötzlich bemerken, dass Sie nicht nur einem, sondern gleich mehreren verschiedenen Rhythmen unterliegen.

Ihre Analyse könnte beispielsweise ähnlich wie die von Student Meier aussehen: Er arbeitete im Wintersemester immer wie verrückt, belegte sämtliche verfügbaren Vorlesungen und machte alle möglichen Scheine. Im Sommer hingegen zehrte er von diesem Vorsprung, ging Fußball spielen und Schwimmen, saß gerne in der Sonne und abends im Biergarten. Heute ist Meier Rechtsanwalt und hasst Montage. Er erscheint erst gegen 11 Uhr auf der Bildfläche, geht nach einem kurzen Blick in die Tagespost Essen und verschwindet dann zum Fitnesstraining. Am Freitag kommt er überhaupt nicht zur Arbeit. Dafür sitzt er den Rest der Woche von 6 Uhr bis 22 Uhr ununterbrochen an seinem Schreibtisch. Ganz anders sein Kollege Müller. Dieser steht nie vor 10 Uhr auf. Er behauptet, erst ab 17 Uhr so richtig arbeiten zu können – und tut dies auch, manchmal gar bis 3 Uhr morgens.

> **Tipp:** Sie können mit weniger Zeitaufwand effektiver arbeiten, wenn Sie Ihre Leistungshochs kennen und gezielt nutzen.

Alle wichtigen Arbeiten gehören planungstechnisch immer in Ihr Leistungshoch, Routinearbeiten hingegen in Ihr Leistungstief.

Wenn Ihr Leistungshoch etwa zwischen 8 Uhr und 10 Uhr liegt, wäre es absoluter Unfug, um 8 Uhr zu frühstücken, anschließend einkaufen zu gehen, die Wäsche zu waschen und sich gegen 11 Uhr an den Schreibtisch zu setzen. Sie hätten dann die beste Lernzeit Ihres Tages schlicht verschwendet. Obwohl das völlig einleuchtend klingt, wird in der Praxis gegen diese Grundregel ständig verstoßen.

Versuchen Sie, Ihren eigenen Leistungsrhythmus kurz aus dem Gedächtnis zu skizzieren. Verwenden Sie darauf nicht mehr als fünf Minuten.

Besonders leistungsfähig bin ich: ....

....

....

Weniger leistungsfähig bin ich: ....

....

....

2. Ihr persönlicher Leistungsrhythmus

Ihr persönlicher Leistungsrhythmus ist absolut einzigartig. Nur Sie selbst kennen ihn. Falls das noch nicht der Fall sein ist, sollten Sie sich umgehend daran machen, ihn möglichst genau zu analysieren. Führen Sie ab sofort Protokoll über Ihre Leistungsfähigkeit. Wenn Sie sich wie empfohlen dazu entschlossen haben, ein Zeitprotokoll zu führen, werden Sie darin schon bald ein Abbild Ihres momentanen Leistungsrhythmus erkennen.

Es gibt einige wichtige Hilfestellungen zum Erkennen der Hoch- und Tiefpunkte. Die moderne Wissenschaft hat herausgefunden, dass trotz aller Individualität beim Lernen verschiedene Rhythmen existieren, die man als Richtschnur für die eigene Leistungsfähigkeit und zu deren Steigerung verwenden kann. Betrachten wir diese verschiedenen Rhythmen einmal genauer.

Ihr Körper unterliegt zunächst verschiedenen biologischen Rhythmen. Bekannt ist Ihnen sicherlich das Stichwort „Biorhythmus". Dabei geht man von der starren Einteilung des menschlichen Lebens ab dem Moment der Geburt in drei unveränderbare Zyklen aus. Obwohl es kein Geheimnis ist, dass nahezu jeder Spitzensportler und millionenschwere Fußballklubs ihr Trainingsprogramm danach ausrichten, gilt die Theorie vom Biorhythmus wissenschaftlich immer noch als fragwürdig. Gleiches trifft auch auf in jüngster Zeit offenbar mehrfach nachgewiesene Zusammenhänge zwischen der menschlichen Leistungsfähigkeit und den einzelnen Mondphasen zu. Beide Gebiete werden daher in die anschließenden Betrachtungen nicht miteinbezogen. Sollten Sie sich dennoch dafür interessieren, so lassen Sie sich nicht abschrecken, sondern nutzen Sie die umfangreiche Literatur, die zu diesen Themen existiert.

Über andere biologische Grundrhythmen gibt es hingegen gesicherte wissenschaftliche Kenntnisse. Diese haben sich in Anlehnung an die Rhythmen in unserer Umwelt im Laufe der menschlichen Evolution entwickelt und beeinflussen unser tägliches Leben. Dabei handelt es sich um ...

- die Tageszeiten,
- die Jahreszeiten,
- die allgemeinen klimatischen Umstände.

3. Der Tagesrhythmus

Ihr Körper unterliegt einem eigenen Tagesrhythmus. Er basiert auf einer Art inneren Uhr, deren Zeiteinteilung in jedem Menschen genetisch verankert ist. Die mit der Erforschung dieses Phänomens befasste Wissenschaft heißt „Chronobiologie". Nach ihr lässt sich der innere menschliche Rhythmus von der Dauer der Erdrotation ableiten. Das führt dazu, dass in der Natur ein Grundrhythmus von vierundzwanzig Stunden existiert, der so genannte „Circadian". Man kann daher für jede Stunde des Tages die entsprechenden menschlichen Eigenschaften ermitteln, die zu dieser Zeit besonders stark ausgeprägt sind. Beispielsweise lassen nach Mitternacht Aufmerksamkeit und Konzentrationsfähigkeit rapide nach. Zum Beweis dafür muss man nicht unbedingt gleich die großen Katastrophen wie etwa Reaktorunfälle oder Tankerunglücke mit dem jeweils dazugehörigen menschlichen Versagen zitieren. Prüfen Sie sich einmal kritisch selbst, wenn Ihnen spät abends die Konzentration abhanden kommt. Ein kurzer Blick zur Uhr wird schnell Klarheit bringen – und Sie wahrscheinlich überraschen.

Es ist kein Geheimnis, dass sich Ihr Körper schon nach wenigen Tagen veränderten Tageszeiten anpasst. Angenommen Sie haben normalerweise am späten Nachmittag ein seelisches Tief. Fliegen Sie nun in die USA und überschreiten dabei die Zeitgrenze, bekommen Sie Ihr Stimmungstief auch in San Francisco um 5 Uhr nachmittags Ortszeit (sog. Resynchronisation). Andererseits hat man in der Arbeitspsychologie etwas noch viel Verblüffenderes herausgefunden: Der Organismus von Schichtarbeitern oder Personen, die ständig Nachtdienst haben, passt sich niemals an diesen veränderten Lebensrhythmus an. Trotz größter Anstrengungen können Sie daher das Optimum Ihres Reaktionsvermögens auch nach jahrelangem Schichtdienst nicht auf 3 Uhr morgens verlagern.

Diese Feststellungen untermauern die Erkenntnisse der Chronobiologie, wonach es einen spezifischen menschlichen Tagesrhythmus gibt, nach dem die verschiedenen Funktionen unseres Körpers in direkter Abhängigkeit zur jeweiligen Tageszeit stehen. Diese wissenschaftlichen Erkenntnisse sollten Sie sich zu Nutze machen, wenn Sie daran gehen, die natürliche Einteilung Ihres Tages einmal genauer unter die Lupe zu nehmen. Damit Sie sich Ihren körperlichen Tagesrhythmus besser vorstellen können, liefert Ihnen der folgende Stundenplan mit den darin enthaltenen Angaben weitere Anhaltspunkte:

06 Uhr: Das Hormon Adrenalin wird ausgeschüttet, Ihr Körper kommt in Schwung.

07 Uhr: Sie sind momentan extrem schmerzempfindlich.

08 Uhr: Die Sexualhormone Östrogen und Testosteron werden in großer Menge ausgeschüttet.

09 Uhr: Ihr Körper erweist sich derzeit gegen Belastungen aller Art besonders unempfindlich.

10 Uhr:	Die Leistung Ihres Kurzzeitgedächtnisses erreicht ihren Höhepunkt.
11 Uhr:	Sie haben ein Kreativitätshoch. Ihre mathematischen Fähigkeiten erreichen (auch als Jurist!) jetzt das Optimum.
12 Uhr:	Sie bekommen Hunger, Ihr Magen produziert Säure.
13 Uhr:	Sie werden müde.
14 Uhr:	Ihr tägliches Stimmungshoch hält Sie bei Laune.
15 Uhr:	Die Leistung Ihres Langzeitgedächtnisses erreicht den Höhepunkt.
16 Uhr:	Ihre Reaktionsfähigkeit ist optimal, Ihr Sehvermögen deutlich erhöht. Sie haben ein sportliches Leistungshoch.
17 Uhr:	Sie werden von einem Stimmungstief heimgesucht.
18 Uhr:	Ihr Harmoniebedürfnis erreicht sein Maximum.
19 Uhr:	Manuelles Hoch.
20 Uhr:	Medikamente, insbesondere Antibiotika, entfalten nun selbst bei minimaler Dosis ihre optimale Wirkung.
21 Uhr:	Gehör-, Geschmacks- und Geruchssinn haben ihr Leistungshoch.
22 Uhr:	Sie können sich nun besonders gut entspannen.
00 Uhr:	Von nun an ist Ihre Konzentrationsfähigkeit stark vermindert.
03 Uhr:	Der absolute körperliche, geistige und seelische Tiefpunkt ist erreicht.

Diese Übersicht gewährt Ihnen tief greifende Einblicke in Ihren Tagesrhythmus und gibt Ihnen Hinweise für Ihre tägliche juristische Lernarbeit. Sie müssen diese Erkenntnisse nur in die Praxis umsetzen. Bitte beachten Sie dabei, dass Ihr ganz persönlicher Tagesrhythmus von den gemachten Angaben um bis zu eine Stunde abweichen kann.

Halten Sie sich die beiden wichtigsten Ergebnisse dieses Stundenplanes noch einmal mit anderen Worten vor Augen:

- Ihr Körper leistet je nach Tageszeit unterschiedlich viel.
- Vormittags und nachmittags sind Sie leistungsfähiger als mittags und am späteren Abend.

Tipp: Testen Sie sich selbst und passen Sie Ihre individuellen Arbeits- und Lernzeiten an Ihre körperliche Leistungsfähigkeit an. Sie werden über das Ergebnis erstaunt sein.

Wenn Sie beispielsweise wissen, dass Ihr Langzeitgedächtnis gegen 15 Uhr am leistungsfähigsten ist, ist es nicht besonders clever, zu dieser Zeit Entspannungsübungen zu machen. Andererseits werden Ihnen diese gegen 22 Uhr leichter von der Hand gehen als das Auswendiglernen der verschiedenen Arten des Leasings und ihrer rechtlichen Tücken.

4. Tagesrhythmus und Produktivität

Auf einen spannenden Gesichtspunkt im Zusammenhang mit Ihrem Tagesrhythmus ist noch gesondert hinzuweisen. Angenommen Sie stehen drei Wochen vor einer wichtigen Klausur im Europarecht und haben beschlossen, diese besonders erfolgreich zu absolvieren. Deshalb wollen Sie nun täglich mindestens zehn Stunden Gesetzestexte und Entscheidungen aus Brüssel wälzen. Ein kluges Vorhaben?

Ebenso interessant wie die Forschungen über die Existenz des Tagesrhythmus sind auch die Untersuchungen zur Tagesproduktivität. Personen wurden im Hinblick auf deren „Tagesleistung" bei der Verrichtung mechanischer Arbeiten beobachtet und die Ergebnisse analysiert. Selbstverständlich muss vorab darauf hingewiesen werden, dass empirisch nicht belegbar ist, ob sich die folgenden Beobachtungen ohne weiteres auf die „geistige" Arbeit eines Juristen übertragen lassen. Es dürfte aber einiges dafür sprechen.

Bei der Auswertung der Aufzeichnungen trat ein erstaunliches Phänomen zu Tage. Die Tagesleistung ließ sich nämlich nicht einfach durch die Verlängerung der Arbeitszeit steigern. Anders ausgedrückt: Wenn Sie täglich etwa acht Stunden lernen, haben Sie in der Regel Ihre maximale Arbeitsleistung erreicht. Jede weitere Stunde, die Sie anhängen, bringen Sie verhältnismäßig erheblich weniger Leistung. Verkürzte man umgekehrt die Arbeitszeit anderer Probanden von neun auf acht Stunden, so erledigten diese ihr vorgegebenes Pensum auch in der verkürzten Zeitspanne. Jede übertrieben lange tägliche Arbeitszeit führt also zu einem Absinken Ihrer durchschnittlichen Stundenleistung.

Nehmen Sie daraus die Erkenntnis mit, dass es Ihnen lerntechnisch nichts bringt, wenn Sie die Woche vor der Klausur jeden Tag vierzehn Stunden büffeln. Denn theoretisch würde Ihre Leistung bei acht Stunden intensiven Lernens nahezu dieselbe sein. Sie werden während Ihrer weiteren Lektüre auf mehrere Erklärungen für dieses interessante Phänomen stoßen, beispielsweise unter dem Stichwort „Interferenz".

5. Der Jahresrhythmus

Neben dem Tagesrhythmus, dem Circadian, gibt es in der Chronobiologie noch weitere Rhythmen. Diese werden danach eingeteilt, ob sie kürzer (sog. ultradiane Rhythmen) oder länger (sog. infradiane Rhythmen) als der Tagesrhythmus sind. Beispielsweise kehren die einzelnen menschlichen Schlafzyklen in einem ultradianen Rhythmus von 90 Minuten wieder, darüber hinaus existieren auch unterschiedliche infradiane Rhythmen wie etwa Monats- und Jahresrhythmus.

Es ist ein offenes Geheimnis, dass der Mensch eine Art „Winterschlaf" hält. Das ist darauf zurückzuführen, dass die Leistungsfähigkeit von der Tageslänge abhängt. Präziser gesagt von der Zeitspanne, der man natürlichem Tageslicht ausgesetzt ist. Je weniger Licht Sie erhalten, umso schneller werden Sie müde. Die hereinbrechende Dämmerung bewirkt, dass von Ihrem Gehirn ein Schlafhormon ausgeschüttet wird. Das geschieht im Winter sehr viel früher als zu den anderen Jahreszeiten. Dadurch fühlen Sie sich eher matt und schläfrig. Mitunter kommt es sogar dazu, dass man sich auf Grund der vermehrten Hormonausschüttung ständig bedrückt fühlt. Dieses Phänomen bezeichnet man als „Winterdepression". Diese lässt sich relativ leicht mit einer Lichtkur behandeln, wofür mittlerweile immer mehr Krankenkassen die Behandlungskosten übernehmen. Die Symptome der Winterdepression – andauernde Müdigkeit, permanentes Schwächegefühl, Kälteempfindlichkeit, Gereiztheit und ein gewisser Heißhunger – klingen dann rapide ab. Sobald Sie zu Winterbeginn eine deutliche Einbuße Ihres Leistungsvermögens verspüren, sollten Sie sich an diese Erscheinung erinnern.

> **Tipp:** Das einfachste und wirkungsvollste Mittel gegen die Winterdepression sind regelmäßige Spaziergänge. Dabei ist es gleichgültig, ob der Himmel verhangen oder klar ist. Selbst bei bedecktem Himmel ist die Intensität des natürlichen Sonnenlichts noch etwa zehn Mal stärker als jede Zimmer- oder Bibliotheksbeleuchtung.

Lerntechnisch bedeutet dieses Phänomen, dass Sie im Winter so viel wie möglich während der hellen Tagesstunden lernen und diese wertvolle Zeitspanne nicht mit überflüssigen Routinearbeiten vertrödeln sollten, die sich auch in der Dämmerung erledigen lassen.

6. Die klimatischen Umstände

Klimatischen Strömungen sind Sie täglich ausgesetzt. Trotzdem ist man über die Vielzahl der existierenden Faktoren immer wieder aufs Neue erstaunt. Aus Ihrem letzten Urlaub wissen Sie noch, welche enormen Auswirkungen die folgenden Erscheinungen auf Ihr körperliches und geistiges Wohlbefinden haben können:

- die Temperatur,
- die Niederschläge,
- die relative Luftfeuchtigkeit,
- der Luftdruck,
- der Anteil der ultravioletten Strahlung (wirkt sich direkt auf Ihren Hormonhaushalt und damit auf Ihre Stimmung aus),
- die Dauer von Tag und Nacht,
- die Änderungen des Erdmagnetfeldes.

Diese Parameter haben nicht auf jeden Menschen denselben Einfluss. Allerdings verlängern sich beispielsweise bei einem kurzfristigen Schlechtwettereinbruch die Reaktionszeiten beträchtlich. Diese Erscheinung kann anhand der Unfallstatistiken der Polizei und der Kfz-Versicherer deutlich nachvollzogen werden.

Selbstverständlich können Sie die oben genannten angesprochenen Faktoren nur zu einem geringen Teil beeinflussen. Es ist aber von entscheidender Bedeutung, dass Sie überhaupt wissen, dass diese Dinge Einfluss auf Ihre Tagesform nehmen. Meist stört nämlich die bohrende Ungewissheit, warum man sich ausgerechnet heute schlechter konzentrieren kann als sonst, am meisten. Wer sich über die möglichen Ursachen im Klaren ist, den kann dieses Gefühl nicht weiter beim Lernen beeinträchtigen.

7. Der Sinn und Zweck von Pausen

Pausen dienen der Erholung. Sie verschaffen Ihnen einen Moment Ruhe und Entspannung. Gezielt eingesetzte Pausen haben aber noch einen weit wichtigeren Zweck: Sie steigern Ihre Leistungsfähigkeit.

Nach vier Stunden Handelsrecht sind Sie beispielsweise nicht mehr in der Lage, ohne längere Ruhephase auch nur ein Wort aus einem Skript über die Eigenbedarfskündigung bei der Wohnraummiete zu verstehen. Sie sind nicht mehr aufnahmefähig und benötigen eine Pause. Noch wichtiger, aber häufig übersehen: Auch Ihr Gedächtnis benötigt diese Pause, damit sich der aufgenommene Lernstoff setzen kann.

Ein weiterer entscheidender Gesichtspunkt ist die Tatsache, dass Sie von Anfang an wesentlich lieber an Ihren Schreibtisch gehen und zu lernen beginnen, wenn Sie genau wissen, dass Ihnen mehrere Pausen bevorstehen. Umgekehrt hält Sie die Aussicht auf pausenlose vier Stunden Handelsrecht wie ein Magnet davor zurück, mit Ihrer Lernarbeit zu starten.

> **Tipp:** Im Idealfall sollen Ermüdungserscheinungen gar nicht erst aufkommen. Machen Sie also nicht erst Pause, wenn Sie bereits Anzeichen von Erschöpfung verspüren. Regen Sie stattdessen während Ihrer Pausen vorbeugend Ihre Durchblutung an und bringen Sie Ihren Kreislauf in Schwung, indem Sie aufstehen und ein paar Minuten umhergehen.

Viele Juristen sind der irrigen Ansicht, es sei offensichtlich „ehrenrührig", Pausen zu machen. Bereits in der Ausbildung herrscht häufig die Ansicht vor, ein guter Schüler, Student oder Referendar habe keine Pause nötig. Dabei ist die Meinung, man habe gerade drei Stunden lang „pausenlos" den Eigentumsbegriff von Art. 14 GG zu verstehen versucht, nichts weiter als ein Trugschluss. Wenn Sie sich konsequent selbst beobachten, stellen Sie sehr schnell fest, dass Sie statt geplanter Pausen auch bisher schon heimliche Pausen gemacht haben. Vielleicht haben Sie in der Bibliothek gedankenverloren einem Kommilitonen bei der Suche nach einem Buch zugesehen oder das Krawattenmuster Ihres Arbeitsgemeinschaftsleiters zu enträtseln versucht. Diese heimlichen Pausen haben allerdings einen gravierenden Nachteil: Sie stufen sie selbst nicht als Pausen ein, sondern sind vielmehr der Meinung, Sie würden ohne Unterbrechung arbeiten. Um nicht negativ aufzufallen, tarnen Sie nämlich Ihre heimliche Pause mit einer vorgetäuschten Beschäftigung. Und das hat zur Folge, dass Sie sich erschöpft fühlen und müde werden, weil Sie der ehrlichen Überzeugung sind, „pausenlos" gearbeitet zu haben.

Planen Sie daher Ihre Pausen und unterbrechen Sie Ihre Lernarbeit ganz bewusst. Im Endeffekt tun Sie dann nichts anderes als bisher. Allerdings mit dem entscheidenden Unterschied, dass Sie nach jeder Ruhephase erfrischt und erholt zurück an Ihre rechtswissenschaftliche Arbeit gehen.

Tipp: Viele Menschen nutzen eine Lernpause dazu, um im Internet zu surfen, ihre neuesten E-Mails abzurufen oder ihre SMS-Eingänge auf dem Smartphone zu prüfen. Wenn Sie das tun, haben Sie tatsächlich aber gar keine Pause gemacht. Denn in diesem Fall nehmen Sie permanent weitere Informationen auf. Weder Ihr Gedächtnis noch ihr übriger Körper (z. B. die Augenmuskulatur) haben dann eine Chance, sich wirklich für einen Moment zu erholen. Beachten Sie daher, dass Sie für die Dauer Ihrer Lernpause konsequent die Finger vom PC, Tablet und Handy lassen sollten.

8. Dauer und Häufigkeit von Pausen

Eine sinnvolle Pause muss einerseits lang genug sein, um Ihnen die angestrebte Erholung zu verschaffen. Andererseits darf sie aber nicht so lange dauern, dass Ihnen die Konzentration für Ihre Arbeit völlig verloren geht. Sie müssen also jederzeit mühelos den Anknüpfungspunkt zum Vorhergehenden finden können.

Gezielte Pausen entfalten ihre optimale Wirkung, wenn sie etwa jede Stunde für fünf bis zehn Minuten gesetzt werden. Die exakte Dauer ist individuell leicht unterschiedlich und kann von Ihnen selbst mit Hilfe einer Uhr problemlos im Laufe des nächsten Tages festgestellt werden. Machen Sie sich sofort an die Erkundung dieses Phänomens, indem Sie am Ende dieses Abschnittes eine gezielte Pause setzen. Vergessen Sie nicht, sich die exakte Dauer und die Wirkung zu notieren. Auf diese Weise wissen Sie spätestens morgen Abend, welche Pausendauer Sie persönlich bevorzugen.

Tipp: Mehrere kürzere Pausen bewirken für Ihre Erholung stets mehr als eine einzige lange Pause.

Vielen Lernenden fällt es anfangs schwer, gezielt kurze Pausen in ihre Lernarbeit einzubauen. Denn nicht selten verselbstständigen sich solche Kurzpausen zu ungeahnten Längen. Das gilt vor allem, wenn Sie gegen die bereits genannt Grundregel verstoßen wonach Internet und Handy während einer Lernpause tabu sind. Lassen Sie sich von einem solchen Missgeschick aber nicht entmutigen. Mit ein wenig Übung bekommen Sie diese Anlaufschwierigkeiten schnell in den Griff. Sollten Sie jedoch nach drei Wochen feststellen, dass Sie Ihre 8-Minuten-Pause zum wiederholten Male auf vier Stunden ausgedehnt haben, dann hilft nur Eines: Zurück zu Kapitel Eins und anschließend den Tipp mit der Armbanduhr oder dem Handy beherzigen, den Sie im nächsten Abschnitt kennen lernen werden.

Tipp: Von den Vorlesungen her sind die meisten Studenten es gewohnt, nach 90 Minuten eine halbstündige Pause einzulegen. Sie sollten diese Vorgaben jedoch nicht ohne weitere Prüfung auf Ihr persönliches Lernverhalten übertragen, sondern einen eigenen Rhythmus entwickeln. Denn lerntechnisch gesehen sind beide Zeitblöcke zu lang. Eine Vorlesung ist übrigens eine gute Hilfe dabei, die Dauer Ihrer persönlichen Lernphasen zu ermitteln. Notieren Sie dazu einfach den Moment, in dem Sie sich dabei ertappen, nicht mehr bei der Sache zu sein.

IV. Die optimale Einteilung Ihrer Zeit

1. Der exakte Tagesplan

Nachdem Sie Ihren Leistungsrhythmus kennengelernt haben, sind Sie nun in der Lage, Ihren eigenen Zeitplan optimal zu erstellen. Verfassen Sie zunächst einen Tagesplan, wie Sie es im Idealfall bereits unter Ziffer II. dieses Kapitels getan haben. Anschließend passen Sie diesen Tagesplan an Ihren persönlichen Leistungsrhythmus an. Ihr Zeitbedarf beim Lernen wird sich vollkommen selbständig verändern, wenn Sie Ihre Leistungshochs gezielt nutzen.

Bringen Sie nun noch bewusst Pausen ein. Notieren Sie anfangs bitte unbedingt Ihre stündliche Kurzpause. Ansonsten besteht die Gefahr, dass Sie diese im Eifer des Gefechts einfach übersehen. Als besonders hilfreich hat sich in der Praxis auch eine Armbanduhr mit Signalton erwiesen. Programmieren Sie diese so, dass Ihre Pause jede volle Stunde per Piepston angezeigt wird. Eine entsprechende Funktion bieten heute auch fast alle Handys. Wer über ein Gerät mit Vibrationsalarm verfügt, der kann sogar sicher gehen, dass der Sitznachbar in der Bibliothek weder gestört wird noch lästige Fragen über den Grund des Alarms stellt. Wer mit dem PC arbeitet, kann sich entsprechende Hinweise auf die bevorstehende Pause mittels zahlreicher Softwareprogramme automatisch einblenden lassen.

Tipp: Der optimale Zeitpunkt für die Erstellung eines schriftlichen Tagesplans ist der jeweilige Vorabend. Man kann dann besser abschalten und sich entspannen, wenn man weiß, dass der Plan für den nächsten Tag schon erstellt ist und welche Aufgaben man vor sich hat. Sie werden dann auch sehr bald mit dem interessanten Phänomen Bekanntschaft machen, dass Ihnen quasi über Nacht eine Lösung zur Erledigung einer bevorstehenden Aufgabe einfällt. Für die Planung selbst brauchen Sie im Regelfall nicht mehr als fünf Minuten.

Und noch einmal sei darauf hingewiesen: Vergessen Sie nicht, in Ihren Tagesplan genügend Zeit für kreative Freiräume einzuplanen. Viel Spaß!

2. Der entscheidende Moment

Angenommen Sie wollen die Systematik der Tötungsdelikte lernen. Sie werden über dem Problem, ob § 211 StGB ein eigenständiger Tatbestand oder eine Qualifikation zu § 212 StGB ist und welche praktischen Auswirkungen dieser Streit hat, vielleicht eine Stunde brüten. Das Aha-Erlebnis haben Sie urplötzlich. Wahrscheinlich sogar, wenn Sie sich dem Strafrecht längst abgewandt haben. Halten Sie fest: Trotz einer Stunde harter Arbeit kam die gewünschte Erleuchtung in nur einer Sekunde.

Die entscheidenden Momente, die Sie in Ihrer Lernarbeit wirklich weiter bringen, benötigen insgesamt nur einen verschwindend geringen Bruchteil Ihrer Zeit. Lösen Sie sich im Bewusstsein dieser Erkenntnis von der Vorstellung, dass die wahrlich wichtigen Dinge im Leben eines Juristen nur mit viel Zeitaufwand gelernt werden könnten. Das ist nämlich nicht zwingend der Fall.

Mit Sicherheit haben Sie schon einmal von der 80/20-Regel gehört, die auch unter der Bezeichnung Paretoprinzip bekannt ist. Sie besagt, dass man 80 % der Ergebnisse in 20 % der aufgewendeten Gesamtzeit erreicht. Umgekehrt bedeutet das, dass 80 % der aufgewendeten Zeit dafür verwendet wird, um lediglich 20 % der gewünschten Ergebnisse zu erzielen. Übertragen auf Ihre Lernarbeit würde das in etwa lauten: Sie erreichen 80 % Lernerfolg mit nur 20 % Aufwand. Umgekehrt verschwenden Sie 80 % Ihrer Zeit mit Dingen, die Ihnen lediglich 20 % Lernerfolg bringen.

Denken Sie über diesen Grundsatz bitte fünf Minuten in aller Ruhe nach und erinnern Sie sich dabei an folgende Ratschläge:

– Legen Sie mehrere Tagesziele fest, die Sie erreichen wollen.
– Untergliedern Sie diese in „wichtig", „weniger wichtig" und „nicht so wichtig".

- Nehmen Sie sich dabei nicht zu viel vor.
- Bestimmen Sie das für Sie wichtigste Ziel zu Ihrem Tagesziel, das Sie unbedingt erledigen wollen.
- Legen Sie den notwendigen Zeitbedarf fest.
- Passen Sie den Zeitbedarf so in Ihren Tagesplan ein, dass er sich mit Ihrem Leistungsrhythmus deckt.
- Belassen Sie mindestens 30 % der Zeit für kreative Freiräume und Unvorhergesehenes.
- Eliminieren Sie alle Störungen. (Dazu erfahren Sie gleich noch mehr.)
- Kontrollieren Sie täglich, ob alle Punkte Ihrer Liste erledigt wurden.
- Falls nein: Ergründen Sie, warum nicht.
- Blieb ein Punkt deshalb unerledigt, weil Sie ihn mittlerweile als unwichtig erkannt haben, streichen Sie ihn mit rotem Stift aus Ihrem Plan und freuen Sie sich darüber.
- Überdenken Sie, mit der Erledigung welcher Punkte Sie am meisten zur Erreichung Ihrer Ziele beitragen und welche dafür nur einen geringen Beitrag leisten.

Die Auswirkungen des Pareto-Prinzips lassen sich in der Praxis vor allem bei der Anfertigung von Haus- oder Seminararbeiten hervorragend beobachten. Dort wird häufig tagelang an Kleinigkeiten gefeilt, die für die Lösung der zur Diskussion stehenden juristischen Problematik letztendlich so gut wie keine Bedeutung haben.

3. Koordination als zusätzliche Zeitquelle

Eine wichtige Möglichkeit, bereits in der Planungsphase zusätzlich Zeit einzusparen, ist die Koordination ähnlicher Arbeiten. Starten Sie beispielsweise nur einmal pro Woche eine große Kopieraktion Ihrer gesammelten Fundstellen, falls das möglich ist. So verlieren Sie nicht täglich wertvolle Zeit mit dem Heraussuchen von Aufsätzen und Anstehen am Kopierer. Ebenso spart Ihnen ein wöchentlicher Großeinkauf von einer Stunde Dauer gegenüber sechs zwanzigminütigen Einkäufen glatte 50 % Zeit. Das sind jährlich volle zweiundfünfzig Stunden! Schon jetzt fallen Ihnen sicher weitere Anregungen zum Stichwort „Koordination" ein, die Sie schon morgen in die Tat umsetzen können. Halten Sie bitte kurz drei Möglichkeiten fest, bei denen Sie ab sofort durch Koordination Zeit für Ihre juristischen Arbeiten einsparen können.

Möglichkeit 1: ....

Möglichkeit 2: ....

Möglichkeit 3: ....

Tipp: Tappen Sie an dieser Stelle nicht in die gefährliche Denkfalle, indem Sie etwa sagen: „Das wusste ich bisher auch schon". Natürlich wissen Sie es! Doch der berühmte Satz „Wissen ist Macht" stimmt eben nicht. Es kommt nicht darauf an, ob Sie etwas wissen, sondern darauf, ob Sie dieses Wissen tatsächlich in der Praxis anwenden. Das gilt ganz besonders im Hinblick auf Ihre Lernarbeit.

---

4. Planen Sie weiter

Sie werden sehr schnell ein sicheres Gespür für die optimale Planung Ihres Tagesablaufes bekommen. Am meisten lernen Sie dabei aus Ihren anfänglichen Fehlern, die Sie daher ruhig in einem positiven Licht sehen dürfen. Schon nach kurzer Zeit gehen Sie ganz von selbst dazu über, weiter gehende Konzepte für sich aufzustellen. Dehnen Sie Ihre Überlegungen zu Beginn auf die nächste Woche aus, später auf den folgenden Monat, das Semester und schließlich auf ein volles Jahr.

Bei längerfristigen Plänen gilt: Schreiben Sie sich alle notwendigen Zwischenschritte zur Erreichung des von Ihnen angestrebten Ziels auf, damit Sie eine klare Vorstellung davon haben, was Sie auf Ihrem Weg dorthin alles zu erledigen haben. Nur anhand dieser Übersicht sind Sie in der Lage, eine vernünftige Zeitplanung für langfristigere Projekte vorzunehmen. Außerdem sollten Sie es sich zur Gewohnheit machen, stets eine Frist zur Erledigung Ihrer Aufgaben festzulegen. Fristen geben ein klares zeitliches Ziel vor und motivieren.

Abschließend soll noch ein besonders wichtiger Aspekt der Planung angesprochen werden. Häufig wird die Frage gestellt, ob man eigentlich auch banale Dinge wie etwa den zu erledigenden Einkauf des Abendessens in seinen Tagesplan eintragen soll. Die Antwort ist ein ganz klares „Ja". Angenommen Student Clever hat sich auf Grund seines guten Zeitmanagements ein schönes Zeitpolster von einer Stunde geschaffen und verlässt die Bibliothek entsprechend gut gelaunt. Erst beim Blick in seinen leeren Kühlschrank fällt ihm wieder ein, dass er nichts Essbares mehr im Haus hat. Also muss er sich zurück auf den Weg zum Supermarkt machen, um einzukaufen. Dadurch verliert er einen beträchtlichen Teil (wenn nicht sogar sein ganzes) mühsam erarbeitetes Zeitguthaben. Dazu kommt noch, dass sich Clever die ganze Zeit über seine Vergesslichkeit ärgern wird.

Tipp: Halten Sie auch eher banale Aufgaben in Ihrem Tagesplan fest, wenn sie wichtig sind. Es sind nämlich häufig die kleinen Dinge wie ein vergessener Einkauf oder eine leere Kopierkarte, die sie im Alltag unverhältnismäßig viel Zeit kosten. Das Paretoprinzip lässt grüßen!

V. Techniken zur optimalen Nutzung Ihrer Zeit

1. Es geht noch besser

Sie wollen Ihren juristischen Lernerfolg steigern und sind bereit, möglichst viel Zeit einzusparen. Mit Hilfe sauberer Planung sind Sie in der Lage, sich Ihren erwirtschafteten Zeitvorrat optimal einzuteilen. Machen Sie sich nun mit einigen Techniken vertraut, die Ihren Arbeitsstil um ein Vielfaches beschleunigen.

2. Verbessern Sie Ihre Organisation

Eigentlich sollte die Überschrift ja lauten: Halten Sie Ordnung. Aber da auf diesen Satz viele Menschen extrem allergisch reagieren, machen wir es an dieser Stelle wie die Profis und sprechen lieber von der Verbesserung der Organisationsabläufe. Damit ist gemeint, dass Sie damit beginnen sollten, die vielen Kleinigkeiten abzustellen, die Sie täglich eine Unmenge an wertvoller Zeit kosten.

Angenommen Sie suchen in Ihrem Karteikasten für Strafrecht nach der Definition von „vis absoluta". Sie haben Registerkarten angelegt und sehen unter „V" nach; Zeitbedarf: Drei Sekunden. Sofern Sie keine Registerkarten haben, müssen sie erst einmal gefühlsmäßig nachsehen; Zeitbedarf: Fünfzehn Sekunden. Sofern Sie Ihre Karteikarten überhaupt nicht alphabetisch geordnet haben ...

Durch ein simples alphabetisches Register sparen Sie beim Zugriff satte 400 % Zeit. Sollten Sie jetzt einwenden, dass es sich doch „nur" um zwölf Sekunden handelt, müssen Sie sich leider entgegenhalten lassen, dass es sich ja auch „nur" um ein winziges Beispiel handelt. Hand aufs Herz: Wie viel Zeit haben Sie wirklich schon mit der Suche nach verschwundenen Kopien und Mitschriften vergeudet? Wie lange haben Sie schon vergeblich in einem Ordner nach einem bestimmten Fall oder Klausurtext gesucht, weil kein Inhaltsverzeichnis existierte?

Sie sollen wahrlich kein Pedant werden, aber Ihr Ziel ist effektives Arbeiten. Achten Sie noch bewusster auf Ihre Arbeitsorganisation (sprich: Ordnung) und Ihre Arbeitsmaterialien. Sie können immens viel Zeit einsparen, wenn Sie nicht ständig nach Büchern, Mitschriften oder Karteikarten suchen müssen. Lernen Sie insbesondere folgende Hilfsmittel zu schätzen:

- Auf einer Pinnwand finden Sie Ihre Notizzettel sofort wieder. Vergessen Sie aber nicht, diese regelmäßig zu entrümpeln.
- Ein Eingangskorb ist ein hervorragender Helfer, um sämtliches eingehendes Lernmaterial (z. B. Zeitschriften, Kopien, Mitschriften etc.) vorübergehend abzulegen. Auch hier gilt: Der Eingangskorb muss regelmäßig entrümpelt werden, das heißt spätestens wöchentlich.
- Karteikästen mit Registern (alphabetisch, nach Fachbereichen, etc.) steigern Ihre Geschwindigkeit beim Finden von bestimmten Stichworten oder Fällen.
- Die kleine Mühe, ein Inhaltsverzeichnis für Vorlesungs- oder Arbeitsgemeinschaftsmitschriften zu führen, macht sich schnell bezahlt.
- Überlegen Sie sich eine klare Struktur für die (Lern-) Ordner auf Ihrem PC. Damit lernen Sie gleich etwas für die Zukunft. Denn die Statistik besagt, dass der größte Faktor an Zeitverschwendung in deutschen Büros darin besteht, dass benötigte Unterlagen nicht sofort aufgefunden werden können.
- Legen Sie umgehend einen (dicken) Ordner für Kopien an und erstellen Sie darin ein Inhaltsverzeichnis. Das geht zur Not auch mit Postits.

Nicht zu unterschätzen ist der Effekt, den das Einhalten dieser Ordnung auf Ihre Lernmotivation hat. Sie gehen nämlich mit viel mehr Spaß an die Sache, wenn Sie genau wissen, dass Ihnen bei der Suche nach einer BGH-Entscheidung ein fein säuberlich geführtes Inhaltsverzeichnis helfen wird. Dagegen wird Sie der Gedanke, sich bei der Suche nach dem Urteil durch drei meterhohe Papierstapel wühlen zu müssen, alles andere als begeistern. Sollten Sie sich dennoch daran machen, die Stapel durchzugehen, werden Sie durch zahllose unerwartete Fundstücke in Ihrer Konzentration gestört werden – das reicht von der Urlaubskarte eines alten Schulfreunds über die vergessene Rechnung Ihres Fahrradhändlers bis zum neuesten Aufsatz über lerntechnische Forschungsergebnisse.

> **Tipp:** Vermeiden Sie unter allen Umständen das Anlegen von Papierstapeln aller Art und jeglichen Umfangs. Das gilt vor allem – aber nicht nur! – für Stapel der Marke „das muss ich irgendwann mal lesen."

Wenn Sie an dieser Stelle nachhaken, darf ich Ihnen gratulieren. Sie sind auf dem richtigen Weg! Also, wie hält man diese lästigen Stapel möglichst klein und übersichtlich? Die Regeln dafür sind im Prinzip ganz einfach. Allerdings ist es gerade diese Mühelosigkeit, die dafür ausschlaggebend ist, dass man sich häufig mit dem Gedanken „ist doch jetzt nicht so wichtig" über sie hinwegsetzt. Achten Sie daher auf Folgendes:

- Versuchen Sie alles, was einen klaren Zusammenhang erkennen lässt, an der entsprechenden Stelle abzulegen bzw. einzuheften, statt es auf einen undefinierten Stapel zu werfen. Haben Sie einen Aufsatz zu den energiewirtschaftsrechtlichen Vorgaben der EU-Kommission kopiert, dann heften Sie diese Kopie umgehend im entsprechenden Ordner ab.

- Versuchen Sie unter allen Umständen, die Anzahl der vorhandenen Stapel so gering wie möglich zu halten. Der Idealfall wäre, dass Sie nicht mehr als einen Arbeitsstapel und einen Lesestapel haben.

- Noch viel besser ist es, statt einem Lesestapel besser eine Lesemappe anzulegen. Faustregel: Was erst einmal horizontal auf einem Stapel liegt, bleibt dort auch liegen.

- Rufen Sie sich ins Bewusstsein, dass Sie ungefähr fünf Nachmittage Zeit brauchen werden, um einen Lesestapel in der Höhe von dreißig Zentimetern durchzuarbeiten. Entsprechend sparsam sollten Sie mit Papier umgehen, das Sie auf den Stapel legen wollen.

- Viele Stapel enthalten Dinge, die man eigentlich nicht mehr braucht, von denen man sich aber noch nicht trennen möchte. Frei nach dem Motto: „Vielleicht muss ich für die nächste Hausarbeit dieses Thema nochmal nachschlagen." Hier ist zu unterscheiden: Wollen Sie die Unterlagen auf unbestimmte Zeit archivieren, dann heften Sie sie wie oben vorgeschlagen thematisch ab. Soll der Zugriff auf die Unterlagen hingegen nur bis zu einem bestimmten Datum möglich sein, dann legen Sie diese mit einem entsprechenden Vermerk „weg am 01.01.2016" in einer entsprechenden Mappe ab. Diese lässt sich mit Hilfe von Trennblättern im Handumdrehen in eine Jahresmappe mit entsprechender Monatseinteilung verwandeln. Sie können dann an jedem Monatsersten in Sekundenschnelle alles in den Papierkorb werfen, was sein Verfallsdatum erreicht hat. Solche Mappen gibt es natürlich auch vorgefertigt. Fragen Sie im Fachhandel einfach nach einem Pult-ordner.

- Wer sich von Lesematerial überhaupt nicht trennen kann oder es wirklich dauerhaft aufbewahren möchte, darf gerne den Einsatz eines Scanners in Betracht ziehen. Mit der elektronischen Spei-cherung schlägt man gleich mehrere Fliegen mit einer Klappe, man sollte aber auch die Risiken beachten, insbesondere was Si-cherheitskopien für den Fall eines Datencrashes angeht.

- Warnung: Wer auf die Scannermethode zurückgreift, muss selbstverständlich dennoch dafür Sorge tragen, dass die gespei-cherten Dateien übersichtlich verwaltet werden. Das ist mit Auf-wand verbunden, denn die Software vergibt für gescannte Do-kumente meist eine Zahlenkombination oder das aktuelle Datum als Dateinamen. Wenn Sie sich nicht die Mühe machen, die Da-teien sofort umzubenennen und strukturiert in Ordnern abzule-gen, können Sie sich den ganzen Aufwand auch gleich sparen.

3. Die optimale Gestaltung Ihres Arbeitsplatzes

Auch die Gestaltung Ihres Schreibtisches bringt Ihnen eine enorme Zeiter-sparnis. Dass dieser generell gar nicht groß genug sein kann, muss nicht lange erklärt werden. Wer zum Lernen gleichzeitig Platz für Gesetzestext, Kommentare, Akten, eigene Aufzeichnungen, Lehrbücher, Karteikarten, Laptop und Smartphone haben will und muss, kann seinen Arbeitsplatz nicht geräumig genug wählen. Sollten Sie die Möglichkeit haben, die Wahl Ihres Tisches beeinflussen zu können, so wählen Sie einen mit mög-lichst vielen Ablagemöglichkeiten.

Verkleinern Sie mit der Lagerung von ständig benötigten Materialien (Schreibzeug, Papier, etc.) nicht unnötig Ihre Arbeitsfläche, sondern wei-chen Sie in andere Ebenen aus. Beispielsweise leistet ein Schreibtischcon-tainer mit Schubladen oder ein Hängebord an der Wand hier ausgezeich-nete Dienste. Bedenken Sie als zentralen Punkt, dass jedes Wegbewegen vom Arbeitsplatz eine Zeitverschwendung ist. Sie sollten deshalb darauf achten, dass alle notwendigen Arbeitsmittel immer in Reichweite Ihrer Arme sind. Sie können Ihren Arbeitsplatz folglich in drei Bereiche unter-teilen:

- Der Primärbereich. Dieser umfasst ausschließlich den Bereich mit dem Radius, der sich aus dem Abstand zwischen Ihrer Hand und Ihrem Ellenbogen ergibt. In diesen Bereich gehören alle ständig benötigten Gegenstände wie Lineal oder Kugelschreiber.

- Der Sekundärbereich. Dieser ergibt sich aus der Reichweite Ihrer Arme. Bringen Sie dort alles unter, was Sie zwar nicht ständig, aber doch regelmäßig zum Arbeiten verwenden wie etwa Locher oder Karteikasten.
- Der Ablagebereich. Dieser liegt außerhalb der Reichweite Ihrer Arme. Legen Sie dort die Gegenstände ab, die Sie seltener zum Arbeiten benötigen wie etwa Kommentare oder Skripten.

Seien Sie sich bewusst, dass Sie Ihren Arbeitsplatz gerade im Sekundärbereich des Öfteren umorganisieren müssen, etwa wenn Sie statt Strafrecht plötzlich Erbrecht lernen wollen. Diese kleine Arbeit zu Beginn zahlt sich aber anschließend vielfach aus, weil Sie alles Notwendige griffbereit haben und sich deshalb nicht lange fortbewegen und Ihre Konzentration unterbrechen müssen.

> **Tipp:** Nichts wirkt motivierender, als wenn Sie sich zu Beginn Ihrer Lernarbeit an einen aufgeräumten Schreibtisch setzen können. Allen Vertretern der Theorie, dass ein mit Skripten, Kopien, Büchern, Zeitschriften, Geschirr, CDs usw. zugepflasterter Schreibtisch nichts anderes als ein Zeichen für kreatives Chaos darstelle, sei empfohlen, sich probeweise einmal für eine Woche an einen aufgeräumten Arbeitsplatz zu setzen und dort zu arbeiten. Probieren Sie es einfach aus! Das Ergebnis spricht für sich.

Beim Lernen ist es von zentraler Bedeutung, dass Sie immer in der Lage sein müssen, sämtliche Geistesblitze sofort festzuhalten. Sie wissen aus eigener leidvoller Erfahrung, dass diese sich meist längst wieder verflüchtigt haben, bis man sie schriftlich fixieren kann. Das liegt im Regelfall daran, dass Sie in der Kürze der Zeit nicht genügend aufschreiben können oder – noch schlimmer – keine Schreibutensilien zur Hand haben. Bedienen Sie sich doch einer vielfach unterschätzten technischen Erfindung, um Ihre spontanen Erkenntnisse sicher zu speichern: Nutzen Sie ein Diktiergerät. Damit halten Sie in Sekundenschnelle wichtige Gedanken fest. Außerdem gewöhnen Sie sich bereits frühzeitig an dieses später in der Praxis unentbehrliche Arbeitsmittel. Und Sie lernen nebenbei, Ihre Gedanken in freier Rede so klar zu formulieren, dass sie anschließend beim Abhören auch wieder nachvollziehbar sind. Dieses Gedankentraining ist von unschätzbarem Wert. Trotzdem sollten Sie auch auf konventionelle Hilfsmittel nicht verzichten, sondern ständig Notizblock und Stift in Reichweite haben.

Tipp: Die Mehrzahl aller Smartphones verfügt heute über eine solche Diktatfunktion. Darüber hinaus halten neuere Modelle bereits entsprechende Office-Software unterschiedlicher Anbieter bereit, mit der sich Notizen auch schriftlich (bis hin zum fertigen Word-Dokument) festhalten und gleich zur Synchronisation auf die Ablage am heimischen PC senden lassen. Sofern Sie Spaß an solchen technischen Spielereien haben, können Sie diese Möglichkeiten mit Genuss zu Ihrem Lernvorteil nutzen.

Auf welche Art auch immer Sie Ihre Ideen, Termine und andere Dinge notieren: Gewöhnen Sie sich an, Ihre gesammelten Notizen mindestens einmal pro Woche durchzugehen und systematisch aufzuarbeiten. Dazu bietet sich beispielsweise der späte Freitagnachmittag an. Notieren Sie diesen Termin in Ihrem Wochenplan und halten Sie ihn unbedingt ein. Wer als Referendar schon sehr viel um die Ohren hat, kann es sich gleich zur Gewohnheit machen, vor der abendlichen Erstellung des nächsten Tagesplans noch drei Minuten für das Durchgehen der Notizen einzuplanen.

4. Ergonomie am Arbeitsplatz

Die Lehre von der Ergonomie beschäftigt sich mit der Leistungsfähigkeit und dem Wohlbefinden des Menschen in Abhängigkeit von unterschiedlichen Tätigkeitsfeldern, der Arbeitsplatzausrüstung und dem Arbeitsumfeld. Sinn und Zweck aller ergonomischen Überlegungen ist es, frühzeitigen Ermüdungserscheinungen sowie dem Auftreten von Rücken-, Nacken- und Gliederschmerzen sowie anderen negativen Folgeerscheinungen vorzubeugen. Grundsätzlich wird vollkommen unterschätzt, welche positiven Auswirkungen ermüdungsfreies Arbeiten auf den juristischen Lernerfolg haben kann. Umgekehrt wird selten daran gedacht, dass mangelnde Ergonomie sich äußerst schlecht auf die Leistungsfähigkeit auswirkt.

Bedenken Sie: Ihr Gehirn ist kein Muskel, sondern besteht aus etwa 50 Milliarden Nervenzellen, den so genannten Neuronen. Diese unterteilen sich in weiße und die sprichwörtlichen grauen Zellen. Sie können pro Sekunde zirka eine Milliarde Milliarden (das ist kein Druckfehler, sondern eine Zahl mit insgesamt 18 Nullen) Rechenoperationen ausführen. Eine Schnur von der Länge Ihrer Nervenbahnen würde man etwa 25 Mal um den Äquator wickeln können.

Was bringen Ihnen diese Informationen für Ihre tägliche Lernarbeit? Eine Erleuchtung! Denn fast alle Juristen leben in dem unerschütterlichen Glauben, dass Lernen oder die Verrichtung anderer geistiger Arbeit irgendwann ihr Gehirn ermüden müsste. Sie selbst kennen den Zustand, wenn Sie sich plötzlich nicht mehr richtig konzentrieren können. Jetzt erfolgt jedoch eine Revolution in Ihrem Kopf: Ihr Gehirn ist kein Muskel, der nach längerer Anstrengung ermüdet. Nein, Ihr Gehirn ermüdet niemals! Selbst wenn Sie nach einem anstrengenden Tag völlig übermüdet „auf der Stelle" eingeschlafen sind, arbeitet Ihr Gehirn munter weiter. Sie träumen dann.

Sobald Sie aber wissen, dass Ihr Gehirn nicht ermüden kann, weil es kein Muskel ist, müssen Sie nur noch die entsprechende Schlussfolgerung im Hinblick auf die zentrale Bedeutung der Ergonomie ziehen. Diese lautet: Sie werden beim Lernen deshalb müde, weil Ihre Muskulatur überanstrengt ist, nicht weil Sie Ihr Gehirn zu sehr beanspruchen. Sie können daher durchaus länger und effektiver lernen, wenn Sie dafür sorgen, dass Ihre Körpermuskulatur nicht so schnell ermüdet wie bisher. Und genau diese Absicht kann mit Hilfe der Ergonomie am Arbeitsplatz verwirklicht werden. ·

5. Schreibtisch und Stuhl

Wichtigster Aspekt bei jeder sitzenden Tätigkeit ist das richtige Verhältnis von Schreibtischstuhl und der Arbeitsfläche des Tisches. Durch falsches Sitzen kommt es zu Verspannungen der Muskulatur, die sich negativ auf ihre Konzentrationsfähigkeit auswirken. Wird eine falsche Körperhaltung über einen längeren Zeitraum beibehalten, kann das noch weitaus schlimmere Folgen nach sich ziehen, von leichten Rückenschmerzen bis zum dauerhaften Bandscheibenschaden. Beugen Sie solchen Problemen vor, indem sie sich einmal die Zeit dazu nehmen, für einen ergonomisch guten Arbeitsplatz zu sorgen.

Die optimale Höhe Ihres Schreibtisches ist von Ihrer Körpergröße abhängig. Ebenso die Höhe Ihres Stuhles. Generell sollten Sie dabei auf folgende Gesichtspunkte achten:

- Die Höhe der Sitzfläche des Stuhles sollte – je nach individueller Körpergröße – zwischen 42 und 53 Zentimeter liegen.
- Zwischen der Sitzfläche des Stuhles und der Unterkante des Schreibtisches sollte der Abstand in etwa 25 Zentimeter betragen.
- Wenn Sie beim Sitzen die Füße flach auf den Boden stellen, sollten Ihre Oberschenkel nicht gegen die vordere Stuhlkante gedrückt werden. Um Durchblutungsstörungen vorzubeugen, sollten Sie gegebenenfalls Ihre Füße mit einer Fußstütze erhöhen.

- Auch falls Sie Ihren Stuhl höher stellen müssen, korrigieren Sie den Abstand zwischen Fußballen und Boden ebenfalls mit einer Fußstütze.
- Die Höhe der Stuhllehne muss so eingestellt sein, dass die Rückenlehne den am stärksten gekrümmten Bereich Ihres Rückens entlastet.
- Verfügt Ihr Stuhl über Armlehnen, stellen Sie diese so ein, dass Sie beim Ablegen Ihrer Arme auf der Lehne weder die Schultern hochziehen noch Ihre aufrechte Sitzhaltung ändern müssen.
- Vermeiden Sie beim Schreiben jedes Hochziehen der Schultern.

Tipp: Manche Lernarbeiten wie etwa das Auswendiglernen von Definitionen lassen sich prima im Stehen bzw. Gehen erledigen. Sie entlasten damit nicht nur Ihre Wirbelsäule, sondern unterstützen auch Ihr Gedächtnis. Denn wissenschaftliche Untersuchungen zeigen, dass man sich Lerninhalte besonders gut einprägen kann, wenn man sich beim Lernen bewegt, also beispielsweise umhergeht.

Kommt zusätzlich ein PC bzw. Laptop ins Spiel, sollten Sie auf folgende Punkte achten:

- Zwischen Kopf und Monitor sollten mindestens 50 Zentimeter Abstand bestehen.
- Der Monitor hat dann die optimale Standhöhe, wenn die oberste Zeile auf dem Bildschirm ganz leicht unter der gedachten waagrechten Sichtachse Ihrer Augen liegt.
- Wenn Sie Ihre Hände auf die Tastatur bzw. Maus legen, sollten Ihre Arme ebenfalls eine Waagrechte bilden, d.h. Ihr Ellbogen einen 90-Grad-Winkel aufweisen.
- Achtung: Bei Verwendung eines Laptops lassen sich diese Vorgaben im Regelfall nicht einhalten. Es gibt allerdings spezielle Laptopständer, mit denen man das Gerät erhöhen und somit die Nacken- und Augenmuskulatur entlasten kann. Für den Hausgebrauch kann man dank USB in Sekundenschnelle eine normale externe Tastatur anschließen, was viele Nutzer als wesentlich angenehmer als das Tippen auf der fest verbauten Laptop-Tastatur empfinden.

Tipp: Nicht nur für Vielschreiber gibt es im Handel spezielle ergonomische Tastaturen. Nach einer kurzen Eingewöhnungsphase kommen die meisten Nutzer hervorragend damit zurecht. Einfach einmal ausprobieren.

6. Licht

Sie lernen aus Zeitgründen häufig in den Abendstunden. Unter Optikern ist es kein Geheimnis, dass sich die Dioptrienzahl bei Jurastudenten während der Examensvorbereitung teilweise drastisch erhöht. Sie beanspruchen Ihre Augen durch permanentes Lesen in dieser Zeit überdurchschnittlich.

Hinzu kommen in vielen Fällen unzureichende Lichtverhältnisse, die gravierende Auswirkungen auf das Sehen haben. Das bestätigen in schöner Regelmäßigkeit die Untersuchungen bei Autofahrern, die in der Dämmerung unterwegs sind. Dabei gilt: Die Sehschärfe sinkt bei allen Menschen – auch bei „Adleraugen" – mit zunehmendem Dämmerlicht auf etwa 50 % ab. Gleiches gilt für die Kontrastempfindlichkeit. Die für Sie als Lernenden wichtige Schlussfolgerung aus diesen Studien lautet: Wer im Dämmerlicht liest, muss wesentlich mehr Konzentration und Kraft aufbringen, als das bei normalen Lichtverhältnissen der Fall ist.

Tipp: Ihre Augenmuskulatur ermüdet relativ schnell, wenn Sie unter schlechten Lichtverhältnissen arbeiten. Sorgen Sie deshalb immer für eine gute Beleuchtung Ihres Arbeitsplatzes.

Ihre Augen wandern bei der Arbeit am Schreibtisch ständig hin und her. Vom Lehrbuch zum Gesetzestext, vom Kommentar zum weißen Blatt Papier, hinüber zur Ablage der Stifte, zum Kalender und dann auf den Bildschirm Ihres PCs. Dabei müssen Ihre Augen fortwährend die Kontraste der verschiedenen Helligkeitszonen ausgleichen, in denen sich die einzelnen Gegenstände befinden. Diese Schwerstarbeit lässt Ihre Augenmuskulatur sehr schnell ermatten. Zur Schonung Ihrer Augen gilt es daher, einige wichtige Grundregeln zu beachten:

- Leuchten Sie die gesamte von Ihnen benutzte Arbeitsfläche relativ gleichmäßig aus.
- Vermeiden Sie starke Kontraste zwischen hellen und dunklen Flächen.
- Spezialfall: Steht der Monitor Ihres PC vor einem Fenster, sind die entstehenden Kontraste besonders intensiv.
- Faustregel: Eine einzige Schreibtischlampe reicht niemals zur Beleuchtung aus.
- Sorgen Sie neben dem Arbeitslicht zusätzlich für eine gute Allgemeinbeleuchtung des Raumes.
- Für die Verrichtung von Schreibarbeiten sollten Sie das Licht als Rechtshänder so einstellen, dass es schräg von links kommt (als

Linkshänder umgekehrt). Dadurch entstehen keine Schatten durch Ihre Schreibhand auf dem Papier.

- Zum reinen Lesen sollte das Licht direkt senkrecht von oben auf das Papier fallen.
- Experimentieren Sie so lange, bis sich keine Reflexionen mehr auf dem Papier bilden.
- Spezialfall: Ist Ihr PC so aufgestellt, dass Sie mit dem Rücken zu einem Fenster sitzen, sind die Reflexionen des Tageslichts auf der Bildschirmoberfläche besonders stark.
- Faustregel für PC und Laptop: Um starke Kontraste und Reflexionen zur Schonung Ihrer Augenmuskulatur zu vermeiden, ist ein seitlicher Lichteinfall am besten.
- Achten Sie darauf, dass die Lampen nicht zu tief hängen, damit Sie nicht versehentlich in die Lichtquelle blicken und dadurch geblendet werden.

Völlig unsinnig wäre es übrigens, das zu tun, was Sie in jedem zweiten Hollywood-Film sehen können, wenn der Hauptdarsteller nachts angeblich völlig konzentriert stundenlang über einem Problem brütet bzw. Unterlagen wälzt. In solchen Szenen brennt immer nur eine kleine Schreibtischlampe in dem völlig dunklen Raum, um die Szenerie interessanter zu gestalten. Das ist lerntechnisch jedoch absolut falsch. Der Grund dafür liegt neben der oben bereits erwähnten Schwerstarbeit für Ihre Augenmuskulatur in der Tatsache, dass Dunkelheit für den Menschen im Laufe der Evolution immer eine gewisse Bedrohung dargestellt hat. Aus diesem Grund sind Ihre Sinne hellwach, wenn Sie in einem dunklen Zimmer auch nur das leiseste Geräusch wahrnehmen. Sie konzentrieren sich dann auf diese akustischen Reize und nicht etwa auf den für Sie viel wichtigeren Lernstoff. Auch wenn Sie keine Geräusche hören, wird Ihr Blick immer wieder automatisch vom Schreibtisch in das Dunkel des Raumes gleiten. Auf diese Weise stellen Sie nämlich unbewusst sicher, dass Sie keinen potenziellen „Feind" übersehen, der plötzlich aus der Dunkelheit auftaucht. Dieses genetisch verankerte Verhalten lässt sich einfach dadurch ausschalten, dass Sie Ihren Arbeitsraum angenehm hell beleuchten.

Ihre Augen können Sie auf ganz natürliche Weise durch folgende kleinen Übungen entlasten:

- Regelmäßiges Blinzeln und Gähnen hält Ihre Augen feucht.
- Fokussierungsübungen entspannen die Augenmuskulatur. Es genügt, wenn Sie vor einem Fenster auf die Fingerspitze des vor sich ausge-

streckten Armes schauen und dann auf einen weiter entfernten Punkt auf der anderen Straßenseite „scharf stellen" und umgekehrt.

Der alte Streit, ob sich zum Lesen besser Glühbirnen oder Energiesparlampen eignen, hat sich angesichts des berüchtigten Glühbirnen-Verbots aus Brüssel mittlerweile erledigt. Im Prinzip ist es daher nun gleichgültig, ob Sie auf eine Energiesparlampe, eine Halogenlampe oder eine LED-Lampe zurückgreifen. Denn mittlerweile ist die LED-Technik nicht mehr nur enorm energiesparend, sondern hat sich in den letzten Jahren enorm fortentwickelt, so dass es jetzt auch LED-Lampen gibt, die das Farbspektrum des natürlichen Sonnenlichts imitieren.

Hinter dem Stichwort „Licht" verbirgt sich noch ein anderes Phänomen, von dem bereits an anderer Stelle die Rede war. Tageslicht steuert Ihr Leistungsvermögen in erheblichem Maße und sorgt dafür, dass Sie frisch und munter bleiben. Warum ist das so? Wenn Lichtstrahlen in Ihr Auge fallen, werden die dabei entstehenden Reize an Ihr Zwischenhirn weitergeleitet. Präziser: An den Hypothalamus, die Kommandozentrale Ihres vegetativen Nervensystems. Sinkt der Einfall des Tageslichts abends ab, gibt der Hypothalamus den Befehl, das Hormon Melatonin vermehrt auszuschütten. Das Melatonin bewirkt nun, dass Sie müde werden. Sie verlieren Ihren Schwung, werden lustlos und schläfrig. Umgekehrt sinkt die Melatoninausschüttung bei hellem Licht enorm. Wenn Sie also wach bleiben wollen, müssen Sie für eine ausreichend helle Umgebung sorgen. Nur so am Rande: Sie kennen jetzt auch den Grund dafür, warum in Büros meist gleißend helle Lichter mit einem Farbtemperaturwert von etwa 6000 Kelvin angebracht werden.

Tipp: Das beste Licht zum Lernen ist Tageslicht. Sie bleiben leistungsfähiger, wenn Sie nicht stundenlang ohne Unterbrechung in der dunklen Bibliothek sitzen, sondern in Ihren Pausen immer wieder ans Tageslicht gehen. Wer tagsüber am Schreibtisch lernt, sollte seine kurzen Pausen nutzen, um am Fenster Sonnenlicht zu tanken.

---

7. Luft und Temperatur

Das Stichwort „Luft" steht stellvertretend für Ihre gesamte Atmung. Wenn Sie richtig atmen, dann wirkt sich das gleich mehrfach positiv auf Ihren Lernerfolg aus. Richtiges Atmen führt zur Entspannung. Und Entspannung ist der Feind von jeglichem Stress. Schätzen Sie bitte einmal, wie viel Liter Luft Sie täglich atmen.

Ich tippe, dass ich täglich etwa .... Liter Luft atme.

Ihr Gehirn braucht mehr als dreimal soviel Sauerstoff wie Ihr übriger Körper, um optimal arbeiten zu können. Sie müssen sich bemühen, ihm diesen Sauerstoff auch wirklich zuzuführen. Dabei haben Sie drei große Hürden zu überwinden:

- In geschlossenen Räumen, wie etwa in einer Bibliothek oder einem Hörsaal, sinkt der in der Luft enthaltene Sauerstoffanteil sehr schnell unter den Wert, der für die optimale Versorgung notwendig ist.
- Im Gegenzug steigt der Kohlendioxidgehalt der verbrauchten Raumluft enorm an. Das kann nicht nur zu einer Verminderung der Konzentration und zum Auftreten von Müdigkeit führen, sondern auch handfeste Kopfschmerzen auslösen.
- Durch die Sitzposition verflacht Ihre Atmung beim Lernen schon nach wenigen Minuten. Das liegt schlicht und einfach an der Körperhaltung.
- Übrigens: Sie atmen täglich zirka 20.000 Liter Luft.

Zur Verbesserung Ihrer Atemtechnik genügt es, dass Sie sich für einen Moment bewusst machen, dass Sie atmen. Konzentrieren Sie sich eine Minute lang auf Ihre Atmung. Spitzensportler wenden dabei folgenden Trick an: Sie konzentrieren sich absichtlich immer nur auf das ruhige Ausatmen. Denn das Einatmen funktioniert ganz von selbst, ohne dass man noch besonders darauf achten müsste.

Hinsichtlich der Frage, wie oft Sie während des Lernens für frische Luft im Zimmer sorgen sollten, gelten folgende Richtwerte:

Monat	Lüften pro Lernstunde
Dezember, Januar, Februar:	5 Minuten
März, April, Mai:	10 bis 20 Minuten
Juni, Juli, August:	30 Minuten
September, Oktober, November:	10 bis 20 Minuten

Hier einige Tricks zum richtigen Lüften und Atmen:

- Lüften Sie regelmäßig. Im Sommer lassen Sie das Fenster am besten gleich auf. Aber auch im Winter muss regelmäßig für Frischluft gesorgt werden.
- Sitzen Sie aufrecht. Entspannen Sie Ihre Schultern und den Bauch. Versuchen Sie anfangs mehrmals pro Stunde, sich selbst daran zu erinnern, dass Sie aufrecht sitzen sollen.

- Atmen Sie durch die Nase ein und durch den Mund aus.
- Stehen Sie regelmäßig auf, gehen Sie einige Schritte umher und regen Sie Ihre Atmung durch kleine gymnastische Übungen an.

> **Tipp:** Konzentrieren Sie sich gleich nach dem Aufwachen und vor dem Einschlafen für jeweils zwei Minuten ganz entspannt auf Ihre Atmung. Dies ist eine der besten Gewohnheiten, die Sie entwickeln können.

Das große Problem beim Lüften besteht darin, dass Sie es automatisieren müssen. Denn Ihnen fällt nicht auf, ob die Raumluft noch gut oder bereits schlecht ist. Sie kennen dieses Phänomen von heißen Sommertagen, wenn Sie einen voll besetzten Hörsaal betreten. Ihnen schlägt dann nahezu unerträglich stickige Luft entgegen. Sitzen Sie jedoch anschließend erst einmal für fünf Minuten in diesem Hörsaal, fällt ihnen diese miserable Luftqualität gar nicht mehr auf. Sie wundern sich höchstens noch darüber, warum Sie mit einem Mal so müde werden. Das gleiche Prinzip gilt, wenn Sie zu Hause an Ihrem Schreibtisch sitzen. Wie gut oder schlecht die Luft im Zimmer gerade ist, können Sie subjektiv nicht einschätzen. Erst, wenn Sie das Fenster öffnen oder nach draußen gehen, nehmen Sie den Unterschied wahr.

> **Tipp:** Das Automatisieren des Lüftens geht ganz einfach, wenn Sie es sich zur Gewohnheit machen, zu Beginn jeder Lernpause das Fenster zu öffnen.

Als optimale Raumtemperatur wird für die Lernumgebung werden meist 20 bis 22 Grad Celsius angegeben. Dabei handelt es sich allerdings nur um einen Richtwert, der individuell sehr verschieden sein kann. Die meisten Menschen können sich jedoch in einem kühleren Raum besser konzentrieren als in einem zu warmen Zimmer.

8. Schlaf

Dass Sie ausreichend Schlaf brauchen, erscheint Ihnen natürlich selbstverständlich. Dennoch kommt gerade diesem Punkt eine Schlüsselposition zu. Hand aufs Herz: Wie oft haben Sie im letzten Monat eine Vorlesung besucht, obwohl Sie nicht ausgeschlafen waren? Erinnern Sie sich bitte daran, wie Sie sich gefühlt und wie viel Sie an diesem Tag verstanden haben. In Wahrheit haben Sie diesen Vormittag verschenkt: Sie haben sich weder erholt (sprich: ausgeschlafen) noch etwas gelernt. Langfristige Untersuchungen zeigen, dass im unausgeschlafenen Zustand die Konzentrationsfähigkeit drastisch nachlässt. Es fällt dann wesentlich schwerer, Entscheidungen zu treffen. Diese beiden Eigenschaften sind jedoch für jede juristische Arbeit unverzichtbar.

Wissenschaftliche Studien über die Auswirkungen des Schlafes haben etwas noch Erstaunlicheres zu Tage gefördert. Probanden, die morgens gut ausgeschlafen waren, konnten sich neue motorische Abläufe sehr viel besser einprägen als ihre müden Kollegen. Mehr noch: Das Lernen fiel ihnen nicht nur leichter, sondern sie konnten die erlernten Vorgänge später auch wesentlich leichter wieder aus dem Gedächtnis abrufen.

Ihr Gehirn kann Ihnen bei der Examensvorbereitung nur weiterhelfen, wenn auch Ihr Körper Sie unterstützt. Ihr Körper muss aber ausgeruht sein, damit er die von Ihnen erwartete Leistung tatsächlich erbringen kann. Das ist auch der Grund dafür, dass beispielsweise millionenschwere Fußballprofis abends nach einem klar vorgegebenen Stundenplan schlafen gehen und am Tag von Abendspielen eine Mittagsruhe einhalten müssen. Sorgen deshalb auch Sie unbedingt für ausreichend Schlaf.

Um sich nachts besser erholen zu können, sollten Sie über folgende Anregungen nachdenken:

- Alkohol, Kaffee und Nikotin führen häufig zu Schlafstörungen.
- Üppige Mahlzeiten kurz vor dem Einschlafen belasten Ihren Körper, weil dieser dann schwere Verdauungsarbeit leisten muss. Während Sie also der irrigen Meinung sind, Sie hätten sich nachts körperlich erholt, haben sämtliche mit der Verdauung in Zusammenhang stehenden Körpersysteme stundenlang auf Hochtouren gearbeitet.
- Die letzte Stunde vor dem Einschlafen sollten Sie keine juristischen Probleme mehr wälzen, Krimis konsumieren oder sich per Internet bzw. TV über die Katastrophen in aller Welt informieren. Lassen Sie den Tag besser geruhsam und positiv ausklingen.

9. Ernährung

Ihr Körper kann Sie nur dann optimal mit seiner Leistung unterstützen, wenn Sie die notwendigen Voraussetzungen dazu schaffen, indem Sie ausreichend Vitamine und Mineralstoffe zu sich nehmen. Auch Ihr Gedächtnis arbeitet nur dann optimal, wenn genügend Vitamine und Mineralstoffe vorhanden sind. Denn deren ausreichende Existenz ist die Basis dafür, dass im Gehirn Informationen reibungslos von Zelle zu Zelle weitergegeben werden können. Generell sollten Sie als Student oder Referendar neben einer gesunden Ernährung besonderes Augenmerk auf folgende Punkte legen:

- Häufigere kleine Mahlzeiten sind besser als wenige große. Solche Zwischenmahlzeiten sorgen dafür, dass Sie beim Mittag- und Abendessen weniger zu sich nehmen. Große und schwere Mahlzeiten muss Ihr Körper in Schwerstarbeit verdauen. Dazu wird Blut bzw. Sauerstoff benötigt, was wiederum dazu führt, dass Sie müde werden und nicht mehr konzentriert lernen können.
- Hetzen Sie nicht beim Essen. Lassen Sie sich Zeit, genießen Sie die Mahlzeit und empfinden Sie das Essen als angenehme Pause. Wenn Sie langsam essen und gut kauen, dann verdauen Sie umso leichter und die eben genannte Müdigkeit hat das Nachsehen.
- Untersuchungen zeigen, dass sich Studenten, die nach dem Lernen Alkohol konsumieren am nächsten Tag erheblich schlechter an das Gelernte erinnern können als Kontrollgruppen, die keinen Alkohol zu sich nehmen. Eine wissenschaftliche Erklärung für dieses Phänomen steht noch aus.
- Wie Sie wissen, ist Kaffee als Muntermacher denkbar schlecht geeignet. Seine aufputschende Wirkung hält nur kurz an und die Müdigkeit nimmt anschließend sogar zu, obwohl bei vielen Menschen gleichzeitig der fatale Effekt eintritt, dass sie trotz des gesteigerten Schlafbedürfnisses nicht mehr richtig einschlafen können. Dies führt zu der paradoxen Situation, dass Ihr Körper sich unbedingt entspannen möchte, Ihr Geist aber, durch das Koffein angeregt, äußerst munter bleibt.

Tipp: Testen Sie vor Ihrer nächsten Probeklausur das „Geheimrezept" zahlreicher Ernährungsexperten, die vor wichtigen Prüfungen „Rührei auf Toast" oder entsprechende Sojaprodukte zum Frühstück empfehlen. Der Grund: Eigelb bzw. Soja enthält besonders viel Lecithin, das in Experimenten für die Steigerung der Gedächtnisleistung um bis zu 30 Prozent verantwortlich war. Zusätzlich sorgt ein Schuss Milch dafür, dass dieses Lecithin schnell vom Körper aufgenommen werden kann.

Um optimal arbeiten zu können, benötigt Ihr Gehirn Wasser. Nur auf diesem Weg können Informationen von einer Zelle zur nächsten übermittelt werden. Fehlt die Flüssigkeit, kommt es zu einer Denkblockade – und zwar unabhängig davon, wie gut Sie den Lernstoff vorher in Ihrem Gedächtnis eingelagert haben. Es ist deshalb von entscheidender Bedeutung, dass Sie ausreichend trinken. Im Durchschnitt benötigen Sie pro Tag etwa zwei Liter Flüssigkeit.

Am besten geeignet zur Deckung Ihres Flüssigkeitsbedarfs ist Mineralwasser. Damit führen Sie Ihrem Körper eine optimale Mischung aus Wasser und Mineralien zu. Von Kaffee, Alkohol in jeder Form und schwarzem Tee sollten Sie hingegen besser die Finger lassen. Wer trotzdem nicht auf seine nachmittägliche Tasse Kaffee verzichten will, der sollte in diesem Fall immer ein großes Glas Wasser dazu trinken.

Tipp: Häufig denkt man während des Lernens einfach nicht daran, etwas zu trinken. Diese Hürde nehmen Sie am sichersten, indem Sie eine Wasserflasche am Rande Ihres Schreibtischs postieren. So werden Sie optisch immer daran erinnert, regelmäßig zu trinken.

10. Lärm und Musik

Lärm ist ein erheblicher Stressfaktor. Die Lernumgebung sollte daher generell ruhig gehalten werden, so weit das möglich ist. Wie bei allen anderen Stressoren auch, gehen jedoch die subjektiven Wahrnehmungen darüber, ab wann ein störender Lärmpegel erreicht ist, weit auseinander. Wer es gerne etwas ruhiger mag, kann die Hilfe von Ohrstöpseln (gibt es in Apotheken und Drogerien) oder Kopfhörern mit spezieller Geräuschunterdrückungsfunktion (gibt es im Fachhandel oder gelegentlich beim Discounter) in Anspruch nehmen. Aber bitte übertreiben Sie es nicht. Denn viele Menschen empfinden völlige Stille als unangenehm und einige macht es geradezu rasend, wenn sie plötzlich außer dem eigenen Herzschlag nichts mehr hören.

Ob Sie während des Lernens leise Musik laufen haben oder nicht, hängt von Ihrer persönlichen Vorliebe ab. Bei wenig anspruchsvollen Aufgaben wie etwa dem Abheften von Kopien oder dem Einsortieren von Nachlieferungen wirkt Musik durchaus motivierend. Zudem lässt sie auch eine störende Geräuschkulisse wie etwa Straßenlärm verschwinden. Während des konzentrierten Lernens ist normale Musik jedoch nicht zu empfehlen, da Sie unweigerlich zumindest mit dem berühmten halben Ohr zuhören werden und somit ein Teil Ihrer Konzentration vom Lerngegenstand abgezogen wird.

Absolut tabu ist es in jedem Fall, während des Lernens das Radio oder gar den Fernseher laufen zu lassen. Hier werden Sie zusätzlich durch Ansagen, Werbung und Nachrichten permanent in Ihrer Konzentration gestört. Wenn Sie nun meinen, dass gerade Sie das nicht in Ihrer Konzentration stören würde, dann sollten Sie bitte daran denken, dass für unglaubliche Millionenbeträge Medienprofis beschäftigt werden, deren einzige Aufgabe darin besteht, Ihre Konzentration auf eine bestimmte Sendung oder Werbebotschaft zu lenken. Und diese Profis verstehen ihr Handwerk.

VI. Die Rezeption verbessern durch dynamisches Lesen

1. Effektiver Lesen spart Zeit

Um Ihre Effektivität zu steigern, wollen Sie Zeit einsparen. Einen Großteil Ihres Tages verbringen Sie mit dem Lesen juristischer Literatur. Folglich werden Sie mit der Erhöhung der Lesegeschwindigkeit auch Ihre Effektivität steigern.

Sie studieren beispielsweise samstags ausführlich die NJW und benötigen dafür drei Stunden. Außerdem lesen Sie in einem Buch über Erbrecht zusätzlich drei Stunden die Grundzüge nach. Wenn Sie es schaffen, Ihre Lesegeschwindigkeit auch nur zu verdoppeln, dann sparen Sie an diesem Tag insgesamt bereits drei Stunden Zeit ein.

Über die tatsächlich zu erreichende Lesegeschwindigkeit gehen die Angaben und Erfahrungen auseinander. Wenn Sie davon ausgehen, dass ein Normalleser im Freibad etwa 100 Wörter pro Minute schafft, dann können Sie ohne größere Übung diese Leistung fast verdoppeln, wenn Sie konzentriert bei idealen Licht- und Temperaturverhältnissen ohne Lärmbeeinflussung lesen. Vergegenwärtigen Sie sich diese Zahl bitte noch einmal: Allein durch die Schaffung optimaler Umweltbedingungen können Sie die drei Stunden Zeit aus unserem Beispiel bereits einsparen. Wenn das kein Ansporn ist!

Doch damit nicht genug. Die Anhänger des dynamischen Lesens, das oft auch als selektives oder diagonales Lesen bezeichnet wird, erhöhen mit bestimmten Techniken die Lesegeschwindigkeit noch einmal drastisch. Dabei dürfen Sie von einer Steigerung um das Zehnfache ausgehen, d.h. statt der 100 Wörter des Normallesers werden nun 1000 Wörter pro Minute erfasst. In unserem Beispiel bedeutet das: Während ein Durchschnittsleser in sechs Stunden insgesamt 36.000 Wörter verarbeitet, schafft ein Leseprofi dieselbe Menge in 36 Minuten.

Häufig wird an dieser Stelle eingewandt, dass es sich um eine reine Zahlenspielerei handle, da nur wenige Menschen es in dieser Disziplin zu absolutem Profitum bringen würden. Doch es gibt genügend Interessierte, die es ohne langes Training mühelos geschafft haben, ihre Lesegeschwindigkeit auf etwa 500 Wörter pro Minute zu erhöhen. Und das lohnt sich allemal. Angenommen Sie lesen für den Rest Ihres Lebens eine Tageszeitung. Wenn Sie in den nächsten fünfzig Jahren statt täglich einer Stunde nur noch 15 Minuten darin schmökern müssen, entspricht das immerhin einer Zeitersparnis von etwa 570 Tagen. Sie sparen also über eineinhalb Jahre, ohne dass Sie schlechter informiert wären!

Werfen wir noch einen kurzen Blick auf die übrigen gängigen „Gegenargumente". Sie beschränken sich im Wesentlichen auf folgende drei Kritikpunkte:

- Was bei einem Roman tadellos klappt, funktioniert bei einem juristischen Text noch lange nicht.
- Die neue Technik muss erst gelernt und trainiert werden. Das dauert einige Wochen.
- Niemand weiß, ob das alles wirklich funktioniert.

Der letzte Einwand ist schlichtweg falsch. Das können Sie sehr einfach selbst prüfen, indem Sie die Sache einfach einmal ausprobieren. Bemühen Sie in diesem Fall – auch als Jurist – ein kleines Rechenexempel. Angenommen Sie haben vor dem Examen eine 40-Stunden-Woche und müssten die ganze Zeit über lesen. Wenn Sie nun allein durch das Einhalten der äußeren Idealbedingungen und einer Prise Konzentration Ihre Lesegeschwindigkeit verdoppeln, dann müssen Sie nur noch zwanzig Stunden aufwenden. Oder anders ausgedrückt: Sie können in derselben Zeit problemlos das Doppelte lernen. Ist es dieses Resultat nicht wert, dafür drei bis vier Wochen Training in Kauf zu nehmen?

Tipp: Wie Sie später noch ausführlich erfahren werden, hat sich das menschliche Gehirn im Laufe der Evolution darauf spezialisiert, in plastischen Bildern zu denken. Ein zu lesender Text besteht jedoch aus einer abstrakten Aneinanderreihung von Buchstaben und Zahlen. Ihr Gehirn muss daher bei jedem Lesevorgang eine absolute Hochleistung vollbringen, um diesen eigentlich „künstlichen" Denkvorgang fehlerfrei zu absolvieren. Das gelingt nur, wenn Sie beim Lesen vollkommen konzentriert sind. Fehlt es an dieser notwendigen Konzentration, stellen Sie hinterher nur frustriert fest, dass Sie zwar eine halbe Stunde gelesen haben, können sich jedoch an keine Einzelheiten des Textes mehr erinnern. Kommt Ihnen dieses Phänomen bekannt vor?

---

2. Wie liest man eigentlich?

Wieso kann man seine Lesegeschwindigkeit eigentlich steigern und dadurch effektiver lesen? Die Antwort ist relativ einfach. Sie haben in der Schule lesen gelernt. Und auf genau dieselbe Weise lesen Sie auch heute noch. Sie haben Ihre Lesetechnik seither nicht weiterentwickelt. Leider ist diese Art des Lesens nicht besonders effektiv.

Ihr Lesetempo hängt beispielsweise davon ab, wie viele Worte Ihr Auge pro Minute aufnehmen kann und wie viele davon wiederum von Ihrem Gehirn verarbeitet werden. Das was man unter dem Begriff „Lesen" versteht, also die Rezeption durch die Augen, läuft in einem ganz bestimmten Rhythmus ab. Wenn Sie jetzt diese Zeilen hier lesen, dann tun Sie das nicht etwa mit einer kontinuierlichen Bewegung, sondern Ihr Auge springt von einem Haltepunkt zum nächsten. Sie erfassen dabei dasjenige, was Ihr Auge an den jeweiligen Haltepunkten aufnimmt. Das kann – je nach Übung – ein Buchstabe (Kindergartenkind), eine Buchstabengruppe (Leseanfänger), ein Wort (Erstklässler) oder sogar eine Wortgruppe (fortgeschrittener Leser) sein. Somit haben Sie bereits das Geheimnis gelüftet:

- Je mehr Worte Sie pro Haltepunkt aufnehmen, desto weniger Haltepunkte machen Sie.
- Je weniger Haltepunkte Sie machen, desto schneller lesen Sie.
- Je schneller Sie lesen, desto mehr Zeit sparen Sie ein.

Um das zu erreichen, müssen Sie über Ihre Lesegewohnheiten, die Sie sich selbst in der Grundschule antrainiert und seither nicht mehr verbessert haben, Folgendes wissen:

- Fast alle Leser leiden unter der Gewohnheit des inneren Mitsprechens, d. h. der gelesene Text wird – zumindest in Gedanken – leise mitgesprochen. Auf diese Weise lernt man nämlich als Kind lesen. Logischerweise kann Ihre Lesegeschwindigkeit mit dieser Methode aber niemals schneller sein als Ihre Sprechgeschwindigkeit. Dabei könnten Auge und Gehirn einen Text wesentlich schneller verarbeiten, wenn er nicht mitgesprochen wird. Denn die Sprechgeschwindigkeit wird von verschiedenen Faktoren erheblich gebremst, etwa durch das Formulieren der einzelnen Worte, durch das Setzen von Betonungen und Sprechpausen sowie das unverzichtbare Atemholen. Alle diese Faktoren sind aber für das Lesen an sich völlig überflüssig.
- Ebenso wie Sie Lesen gelernt haben, indem Sie zunächst einzelne Buchstaben zu Worten und diese Worte später zu Sätzen zusammengesetzt haben, formulieren Sie auch heute noch beim Lesen einen Text, indem Sie Worte für Wort aneinanderreihen.
- Meist bewegen Sie Ihren Kopf beim Lesen mit dem Textverlauf leicht von links nach rechts.
- Der erste Haltepunkt der Augen liegt gewohnheitsmäßig vor dem ersten Wort der Zeile.
- Sie springen oft zurück auf bereits vorher Gelesenes. Diesen Vorgang nennt man „ Regression".

- Sie fangen einfach an zu lesen, ohne sich zuvor Gedanken über die notwendigen Vorarbeiten gemacht zu haben.
- Grafiken, Tabellen oder Schaubilder werden übergangen, weil es ohnehin mehr als ausreichend erscheint, wenn man sich mit dem verwirrenden Textinhalt auseinander setzen muss.

Vielleicht wenden Sie jetzt ein, dass die ganze Sache doch schon deshalb nicht richtig funktionieren kann, weil mit der Steigerung des Lesetempos die Erfassung des Gelesenen selbst abnimmt. Diese Hypothese stimmt aber nicht. Dass Sie etwas geistig nicht erfassen, kann Ihnen umgekehrt ebenso bei gemächlichem Lesetempo passieren. Erinnern Sie sich bitte daran, wann Sie das letzte Mal eine ganze Lehrbuchseite aufmerksam gelesen haben und danach trotzdem – unabhängig vom Schwierigkeitsgrad des Stoffes – nicht mehr wussten, was Sie eigentlich gerade gelesen haben. Dasselbe wird Ihnen bei leichter Literatur sicherlich schon über ganze Kapitel eines Romans hinweg passiert sein. Der Schlüssel zum guten Lesen liegt in der Konzentration, die Sie für diesen Vorgang aufbringen müssen. Stimmt diese Konzentration, können Sie das Tempo beim Lesen problemlos erhöhen.

Neuere Untersuchungen zur Lesegeschwindigkeit von Schülern (Stichwort: PISA-Studien) legen übrigens die Schlussfolgerung nahe, dass die Lesegeschwindigkeit maßgeblich davon abhängt, ob jemand gerne liest oder nicht. Und ob jemand gerne liest hängt seinerseits davon ab, ob er mit relativ hohem Lesetempo unterwegs ist oder nur langsam vorankommt. Sie sehen, dass man kann an dieser Stelle einen positiven Kreislauf in Gang setzen kann: Eine positive Einstellung zum Lesen führt zu einem höheren Lesetempo, das wiederum den Spaß am Lesen steigert, was wiederum zu schnellerem Lesen führt.

3. Die Technik im Detail

Beginnen Sie zunächst damit, die optimalen physischen Voraussetzungen für das Lesen zu schaffen. Wie Sie wissen, ist dabei die Wahl der optimalen Beleuchtung ein zentraler Gesichtspunkt.

Sofern Sie ein druckfrisches Buchexemplar erworben haben, sollten Sie es zum Lesen vorbereiten, indem Sie den Buchrücken gleichmäßig aufweichen. Dadurch vermeiden Sie zum einen, dass der Rücken nur an einer Stelle gebrochen wird und sich dort alsbald die Seiten lösen, und zum anderen, dass das Druckerzeugnis jedes Mal sofort wieder zuklappt, wenn Sie es beiseite legen, um etwas aufzuschreiben. Streichen Sie dazu von der Mitte des Buches her nach vorne und nach hinten etwa alle zwanzig bis fünfundzwanzig Seiten an der Heftung mit dem Zeigefinger die Seiten nieder. Ebenso gut können Sie sich auch vom Umschlag zur Mitte hin arbeiten. Vermeiden Sie aber, den Buchrücken mittels roher Gewalt zu brechen.

Besonders wichtig sind die exakten Vorbereitungen für das Lesen. Wenn Sie einen juristischen Fachartikel verstehen und lernen wollen, dürfen Sie ihn nicht wie bisher einfach nur durchlesen, sondern sollten einige kurze Vorfragen stellen, bevor Sie starten.

Fragen Sie sich zunächst ganz kurz, warum Sie diesen Artikel lesen wollen und warum. Die Antworten auf diese beiden Fragen nach dem Ziel und dem Zweck Ihres Tuns werden Ihnen leicht fallen und Sie nicht mehr als 30 Sekunden kosten. Vorausgesetzt natürlich, dass Sie Ihre „Hausaufgaben" im ersten Kapitel dieses Buches auch wirklich erledigt haben.

Haben Sie sich Ziel und Zweck ins aktive Gedächtnis gerufen, stellen Sie anschließend einige einfache Fragen über den Artikel an sich selbst, ehe Sie mit der Lektüre beginnen, beispielsweise:

- Um welchen Stoff handelt es sich überhaupt?
- Habe ich bereits irgendwelche Kenntnisse auf dem Gebiet?
- Was für Antworten erwarte ich mir auf diese oder jene offene Frage?
- Tipp: Falls Sie von dem zu lesenden Lernstoff bisher noch überhaupt nichts gehört haben, dann nehmen Sie einfach die Überschrift des Artikels bzw. Buches oder Kapitels und wandeln Sie diese in zwei oder drei ganz einfache Frage um. Halten Sie diese so einfach wie möglich. Wenn also die Überschrift „Die Förderung erneuerbarer Energien im Lichte der Warenverkehrsfreiheit" lautet, könnten Sie sich zum Einstieg die folgenden einfachen Fragen stellen: Was sind erneuerbare Energien? Was bedeutet Warenverkehrsfreiheit? Was haben beide Begriffe miteinander zu tun?

Danach versuchen Sie, sich über den Artikel bereits so viele Vorinformationen wie nur möglich zu verschaffen. Hilfreich erweisen sich dabei einige der nachstehenden Fragen:

- Wer ist der Verfasser? Ist er bereits durch andere Fachpublikationen bekannt? Wenn ja: Habe ich schon etwas von ihm gelesen? Sagt mir sein Stil zu? Vertritt er ständig Mindermeinungen?
- Was sagt der Titel über das zu Erwartende aus?
- Wie ist das Inhaltsverzeichnis gegliedert?

- Aus welchen bekannten Quellen wird zitiert?
- Ist das Werk überhaupt noch aktuell (Veröffentlichungsdatum)?

Erst danach beginnen Sie mit dem eigentlichen Lesen des Textes. Dabei gehen Sie mit folgender Lesetechnik vor: Legen Sie das Buch vor sich auf den Tisch. Blättern Sie um, indem die linke Hand über die Seiten an die rechte obere Ecke des Buches fasst. Schon nach kurzer Zeit wird dieser Bewegungsablauf vollkommen automatisch ablaufen.

Nehmen Sie Ihre rechte Hand (Linkshänder umgekehrt) zu Hilfe und setzen Sie die Fingerspitzen unter die erste Zeile, die Sie lesen wollen. Lassen Sie die Finger nun gleichmäßig von links nach rechts über das Papier gleiten und zwar mit einer Geschwindigkeit von etwa einer Sekunde pro Zeile. Ihr Auge wird dieser mechanischen Hilfe automatisch folgen und Sie werden augenblicklich einige Verbesserungen feststellen:

- Die Gewohnheit des inneren Mitsprechens wird erheblich reduziert. Um der Geschwindigkeit Ihrer Finger folgen zu können, werden Sie in Gedanken immer weniger Worte sagen. (Hinweis: Ihr Ziel ist dabei das merkliche Reduzieren des inneren Mitsprechens. Es ganz abschalten zu wollen, würde Sie anfangs wahrscheinlich nur frustrieren, denn das klappt nicht sofort, sondern man braucht dazu sehr viel Übung.)
- Sie beginnen nicht mehr jedes einzelne Wort, sondern pro Blickspanne gleich eine ganze Wortgruppe zu erfassen.
- Kopfbewegungen sind beim Lesen hinderlich und verschwinden von selbst, weil Sie keine Zeit mehr dafür haben.
- Da Ihre Blickspanne nun eine ganze Wortgruppe erfassen kann, wird der erste Haltepunkt Ihrer Augen bewusst auf das zweite oder dritte Wort der Zeile verlagert.
- Die Haltepunkte Ihres Auges pro Zeile werden konsequent verringert. Und zwar von den normalerweise üblichen sechs bis acht auf zwei Haltepunkte.
- Das Zurückspringen der Augen auf bereits Gelesenes wird praktisch ausgeschaltet. Passiert es Ihnen dennoch, fällt es Ihnen sofort auf und Sie merken, dass Ihre Konzentration nachgelassen hat.

Natürlich kann im Rahmen dieses Buches nicht auf alle Fragen des dynamischen Lesens eingegangen werden. Das ist auch nicht nötig, denn es gibt eine Fülle von Literatur zu diesem Thema. Wer von den hier beschriebenen Anfangsübungen überzeugt ist, kann daher jederzeit tiefer einsteigen. Und seien Sie nicht zu ungeduldig mit sich selbst. Nur stetes

Training bringt Sie zu dem gewünschten Erfolg. Immerhin lernen Sie das Lesen ja in gewisser Weise völlig neu.

4. Und nach dem Lesen?

Sie können Ihre Effektivität noch weiter steigern und zwar unabhängig davon, ob Sie die oben vorgestellte Methode nutzen oder nicht. Halten Sie nach jeder Lektüre einen Moment inne und gehen Sie daran, Ihre vorher gestellten Fragen zu beantworten. Dabei erweist es sich als besonders wichtig, dass Sie Ihr Ziel und den Zweck klar abgesteckt haben, bevor Sie zu lesen beginnen. Wenn Sie sich nicht eingehend auf diese Weise motiviert haben, werden Sie ein Kapitel nur desinteressiert lesen und deshalb auch weniger behalten.

Skizzieren nach der Lektüre auf einem Blatt Papier die Grundstruktur des Textes, die Sie während des Lesens zu erfassen versucht haben. Juristische Literatur ist generell nach dem Schema aufgebaut, dass zunächst ein Oberbegriff definiert wird und von diesem ausgehend immer mehr Unterbegriffe und Details erläutert werden.

Wenn Sie in einem Lehrbuch einen Abschnitt über Verträge lesen, dann gehen Sie zunächst vom Oberbegriff „Vertrag" aus. Darauf basierend werden Ihnen die Unterbegriffe „synallagmatische Verträge", „einseitig verpflichtende Verträge" und „unvollkommen zweiseitig verpflichtende Verträge" nahe gebracht. Anschließend müssen Sie zum Verständnis den Begriff „Willenserklärung" und dessen Bedeutungsgehalt erfassen. Der Tatbestand einer Willenserklärung lässt sich in einen objektiven und einen subjektiven Tatbestand unterteilen, wobei in letzterem Fall der Unterbegriff „Erklärungsbewusstsein" umstritten ist. Schließlich landen Sie bei den Details, also bei der Frage, nach welcher Theorie bzw. Rechtsauffassung das Erklärungsbewusstsein unverzichtbare Mindestvoraussetzung einer Willenserklärung ist oder nicht.

Sie sollten diese Textstruktur beim Lesen immer im Auge behalten. Zum einen können Sie damit elegant das Problem umgehen, dass Sie plötzlich gar nicht mehr wissen, was und warum Sie etwas gerade lesen. Zum anderen lassen sich auf diese Weise ganz nebenbei Skizzen anfertigen, die der Kontrolle des aufgenommenen Stoffes und seiner Struktur dienen. Wie Sie noch sehen werden, behalten Sie Strukturen sofort länger im Gedächtnis als jedes Detail. Versuchen Sie also nach jedem wichtigen Kapitel, eine stammbaumartig verzweigte Skizze vom Sinn und Gehalt des Textes anzufertigen. Bleiben Sie dabei aber immer möglichst kurz und prägnant.

Vielfach hat Ihnen der Autor diese Arbeit bereits abgenommen. Freuen Sie sich über jede Grafik, jede Tabelle und jedes Schaubild. Denn Ihr Gehirn kann mit solchen Bildern viel mehr anfangen als mit abstrakten Texten. So unglaublich es klingen mag: Besonders diese Hilfen werden von Lesern häufig ignoriert und einfach überblättert.

Tipp: Übergehen Sie niemals Grafiken, Schaubilder oder Tabellen, ohne deren konkrete Bedeutung zu hinterfragen. Meist erleichtern sie Ihnen das Verständnis des Textes auf bequeme Art und Weise. Nutzen Sie diese Möglichkeit der Wissensvertiefung konsequent.

Machen Sie es sich zur festen Gewohnheit, nach jeder Lektüre nochmals über das Gelesene nachzudenken. Nutzen Sie Ihr geistiges Potential, indem Sie den Inhalt noch einmal bewusst reflektieren. Malen Sie Übersichten, schreiben Sie die Leitsätze des Textes heraus. Tun Sie das auch dann, wenn Sie der Meinung sind, ohnehin alles verstanden zu haben. Nur auf diese Weise gewährleisten Sie, dass sich die neue Methode in Ihr Gedächtnis einprägt. Und nur wenn diese für Sie zur Selbstverständlichkeit geworden ist, können Sie damit problemlos in den Situationen arbeiten, in denen es darauf ankommt. Außerdem erreichen Sie dadurch, dass der neue Stoff die erste Hürde Ihres Gedächtnisses überspringt und sogleich vertieft gespeichert wird. Sie werden zu dieser Thematik im nächsten Kapitel noch ausführlich alles Wissenswerte erfahren.

Wird Ihnen ein Abschnitt trotz mehrmaligen Durchdenkens nicht klar, merken Sie sich das mit einem Fragezeichen an. Lesen Sie dann weiter. Oftmals erschließt sich der Sinn noch aus den nachfolgenden Ausführungen. Falls nicht, kehren Sie zu der markierten Stelle zurück und versuchen nochmals, ihren Inhalt zu ergründen. Sollte es immer noch nicht klappen, lesen Sie das Problem einfach in einem anderen Buch nach.

Sie dürfen nicht vergessen, dass so manches „Lehrbuch" nicht unbedingt wirklich geschrieben wurde, um Sie etwas zu lehren, sondern aus ganz anderen Gründen. Für Fachaufsätze gilt das gleich dreifach. Kommt es bei einem bestimmten Werk daher vor, dass sich der Inhalt für Sie nicht vernünftig ohne ständiges Querlesen erschließen oder verstehen lässt, dann ist es in Ihrem jetzigen Stadium als Lehrbuch schlicht ungeeignet. Manchmal ergibt es sich, dass man das Buch dann vor dem Examen vorzüglich zum Wiederholen nunmehr bekannter Problempunkte nutzen kann, manchmal auch nicht. Scheuen Sie sich niemals davor, ein für Sie unverständlich geschriebenes Buch gegen ein besser verständliches auszutauschen. Es ist wesentlich vorteilhafter, den Einstieg in die Problemkreise des Mietrechts innerhalb von drei Stunden mittels einer für die Mitglieder herausgegebenen und gut lesbaren Informationsbroschüre eines Mieterschutzvereins zu finden, als sich tagelang frustriert durch eines der anerkannten dicken Standardlehrwerke zu beißen, ohne dabei einen vernünftigen Überblick der Materie zu gewinnen.

Und wann immer Sie etwas lesen, das mit Jura zu tun hat, sei es ein Skript, ein Lehrbuch, eine Kommentarstelle, ein Urteil oder ein Zeitungsartikel, sollte für Sie als angehenden Rechtswissenschaftler unbedingt gelten: Denken Sie kritisch darüber nach!

Ein Wort zum Lesen auf dem Bildschirm, eBook-Reader oder Smartphone. Natürlich ist es heute unvermeidbar, dass juristische Fachtexte online gelesen werden. Im Hinblick auf das Lernen sollten Sie dazu allerdings Folgendes wissen:

– Untersuchungen zeigen, dass der gleiche Text auf einem Monitor etwa drei- bis fünfmal langsamer gelesen wird, als wenn er auf Papier gedruckt ist. Die Gründe dafür sind noch nicht geklärt.

– Im Gegensatz zu gedruckten Texten werden auf einem Monitor dargestellte Texte von den meisten Lesern nicht im herkömmlichen Sinn „gelesen", sondern gescannt. Das bedeutet, dass der Leser auf der Suche nach Schlüsselwörtern ist, dem Sinngehalt des Textes aber bis zu dem Moment, an dem er ein Schlüsselwort erkennt, praktisch kaum oder gar keine Bedeutung beimisst.

– Viele Online-Texte werden von zahlreichen Elementen zum Navigieren, bunten Grafiken oder gar Werbebannern flankiert. Dadurch wird selbstverständlich ein Teil der Konzentration des Lesers vom Text selbst abgelenkt.

– Die Lesegeschwindigkeit scheint extrem davon abhängig zu sein, wie der Text formatiert wurde. Während man die meisten Parameter nicht ändern kann, sollte man zumindest die Schriftgröße auf 12 Punkt einstellen.

– Schließlich gaben überraschend viele Probanden an, dass sie zwar gerne auf einem eBook-Reader, nicht aber auf dem Monitor lesen. Zwar ist unklar, warum das so ist, allerdings scheint das Lesen von Fachartikeln auf dem Bildschirm nicht gerade motivationsfördernd zu sein.

> **Tipp:** Wenn Sie die Wahl haben, sich einen Text, den Sie nicht sofort per PC weiterverarbeiten müssen, entweder in der klassisch gedruckten Form oder aber auf dem Monitor zu Gemüte zu führen, spricht lerntechnisch einiges für die Papierlösung.

5. Schnellkurs im Unterstreichen

Einen völlig anderen Teilaspekt Ihrer Lesegewohnheiten bildet das Stichwort „unterstreichen". Sinnvolle Unterstreichungen dienen der optischen Gliederung eines Textes und erleichtern dadurch die Rezeption des Stoffes. Sie nehmen visuell sofort wahr, welche Ausführungen besonders wichtig für Sie sind. Und genau an dieser Stelle liegt die hohe Hürde für Sie als Student oder Referendar. Sie müssen nämlich ganz alleine entscheiden, was denn nun zu unterstreichen sinnvoll ist und was nicht.

Diese Entscheidung ist für Juristen doppelt schwierig. Rechtswissenschaftliche Skripten und Lehrbücher vermitteln ohnehin bereits konzentriertes Wissen, d. h. sie bestehen im Regelfall ausschließlich aus wichtigen Informationen und enthalten nur wenig überflüssigen Ballast. Oft werden Sie deshalb der Versuchung erliegen, ein Skript komplett von A bis Z zu unterstreichen, möglichst noch in verschiedenen Farben. Nach einer solchen Marathonanstrengung sind Sie allerdings im Prinzip wieder genauso weit wie vorher. Tatsächlich haben Sie sogar einen Rückschritt gemacht. Denn wenn Sie lesen und alles unterstreichen brauchen Sie nicht nur sehr lange, sondern Sie verschenken auch die Vorteile, die Sie sich zuvor mit dem dynamischen Lesen und der damit verbundenen Steigerung Ihres Lesetempos erworben haben.

Um die sinnvolle Kennzeichnung eines Textes mittels Unterstreichungen zu erreichen, bleibt Ihnen folglich nur die Möglichkeit sich darauf zu konzentrieren, allein die entscheidenden Schlüsselworte eines Abschnitts zu unterstreichen. Das genügt auch völlig.

Unter dem Rechtsbindungswillen versteht man ein ausdrückliches oder konkludentes Verhalten, das für einen objektiven Betrachter den Schluss zulässt, dass eine rechtliche Bindung gewollt ist.

Wie heißt das Schlüsselwort dieses Satzes?

Das Schlüsselwort heißt ....

Auch wenn es Ihnen zunächst noch schwer fallen sollte, sich auf ein einziges Schlüsselwort festzulegen, so ist es in unserem Beispiel das Wort „objektiv", das Sie wählen sollten. Denn entscheidend für den objektiven Tatbestand einer Willenserklärung ist der objektive Betrachter. Die gesamte Aussage des Satzes steht und fällt allein mit der Tatsache, ob es sich um einen objektiven oder subjektiven Betrachter handelt.

Beginnen Sie umgehend damit, sich auf das Unterstreichen der maßgebenden zentralen Begriffe zu beschränken, anstatt ganze Sätze hervorzuheben. Nur so können Sie künftig auf den ersten Blick feststellen, welchem Ausdruck in einem Textabschnitt die entscheidende Bedeutung zukommt. Kennzeichnen Sie jedoch den ganzen Satz, müssen Sie bei jeder Lektüre wieder von vorne beginnen und erneut nach dem Schlüsselwort suchen. Sie sehen, dass es wesentlich mehr für Sie bringt, wenn Sie weniger als bisher unterstreichen. Das wird Ihnen allerdings zunächst schwer fallen. Der Grund liegt in der Tatsache, dass Sie verständlicherweise Angst davor haben, etwas Wichtiges beim Unterstreichen zu vergessen, wenn Sie nur noch einzelne Worte markieren. Umgekehrt haben Sie natürlich die Gewissheit, alles Bedeutende gekennzeichnet zu haben, wenn Sie einen seitenlangen Abschnitt vollständig unterstrichen haben. Aber wie Sie selbst erkennen, ist diese Sicherheit ebenso trügerisch wie nutzlos.

> **Tipp:** Wenn Sie einen wichtigen Satz oder Absatz kennzeichnen wollen, dann unterstreichen Sie ihn nicht, sondern markieren die Textstelle mit einem (farbigen) Strich am Seitenrand.

VII. Wirkungsvoller Schreiben

1. Warum Sie mitschreiben

Auch eine verbesserte Schreibtechnik hilft Ihnen dabei, viel Zeit zu sparen und Ihre Produktivität zu steigern. Sie haben bisher in den Vorlesungen bzw. Arbeitsgemeinschaften immer automatisch Mitschriften angefertigt. Um Ihren Aufzeichnungsstil effektiver zu gestalten ist es von Vorteil, sich in Ruhe durch den Kopf gehen zu lassen, warum Sie eigentlich Niederschriften anfertigen. Sind Sie sich darüber im Klaren? Was schreiben Sie eigentlich auf? Und was nicht? Versuchen Sie bitte, sechs gute Gründe für das Führen von Protokollen in Vorlesungen oder Arbeitsgemeinschaften zu finden, ehe Sie weiterlesen.

Grund 1: ....

Grund 2: ....

Grund 3: ....

Grund 4: ....

Grund 5: ....

Grund 6: ....

Obwohl die nachfolgenden Vorschläge keinerlei Anspruch auf Vollständigkeit erheben, lassen sich als Hauptmotive für das Anfertigen von Mitschriften in etwa anführen:

- Wenn Sie etwas aufschreiben, lernen Sie es dabei bereits. Sie werden dadurch zum Mitdenken gezwungen.
- Schreiben ist aktives Tun. Dabei lernen Sie wesentlich mehr, als wenn Sie sich durch den Vortragenden nur passiv „berieseln" lassen.
- Schreiben zwingt Sie zur Konzentration.
- Um das Gehörte sinnvoll in gekürzter Form aufschreiben zu können, müssen Sie sich bereits mit dem Sinn des Gesagten auseinander setzen.
- Sie können anhand Ihrer Mitschrift jederzeit das Festgehaltene wiederholen oder vertiefen.
- Meist hat der Vortragende seine Ausführungen strukturiert und durchdacht. Sie bekommen quasi umsonst den Aufbau des Themenbereiches und die Übersicht darüber geschenkt.
- Der Vortragende weist Sie ebenfalls zum Nulltarif auf die Hauptprobleme des Rechtsgebietes hin.
- Schließlich können Sie Ihren Aufzeichnungen manchen wertvollen Hinweis auf etwaige Lieblingsthemen des Vortragenden entnehmen, falls dieser irgendwann Mitglied einer Prüfungskommission sein sollte. Gleiches gilt für den minder schweren Fall, dass eine Klausur von ihm gestellt wird.

2. Formelle Hilfen

Um zu einer effektiveren Schreibweise zu gelangen, müssen Sie zunächst lernen, die äußere Form Ihrer Aufzeichnungen zu verbessern. In diesem Punkt sind Sie wahrscheinlich bereits durch eigene Überlegungen zu sehr guten Ergebnissen gelangt. Trotzdem sollten Sie sich kurz mit den anschließenden Ratschlägen zur Verbesserung der Formalien auseinander setzen:

- Nehmen Sie keine Hefte für Ihre Aufzeichnungen, sondern lose Blätter. In einem Heft können Sie Ihre Notizen nicht flexibel überarbeiten. Obwohl dieser Rat auf den ersten Blick selbstverständlich zu sein scheint, wird er von vielen Studenten nicht beherzigt.
- Nehmen Sie sich zu Beginn der Vorlesung oder Arbeitsgemeinschaft die zehn erforderlichen Sekunden Zeit, um auf dem ersten Blatt den Namen der Vorlesung bzw. Arbeitsgemeinschaft, das Datum, den Namen des Dozenten und die laufende Seitenzahl zu vermerken. Sie können später ergänzte Seiten mit Zwischennummern (z. B. 4a) problem-

los dazwischen heften. Außerdem sehen Sie dem Katastrophenfall, dass Ihnen einmal ein Ordner auseinander fällt und zweihundert Blätter wild durcheinander segeln, künftig relativ gelassen entgegen.

- Heften Sie alle neuen Mitschriften einmal wöchentlich in Ihren Ordner mit den gesammelten Notizen an der richtigen Stelle ab. Nichts ist lästiger, als bei einer Hausarbeit genau zu wissen, dass das Problem „actio pro socio" in der Handelsrechtsvorlesung vor drei Wochen besprochen wurde, Sie die entsprechende Niederschrift aber in einem Berg von Zetteln nicht mehr wiederfinden können.

- Leisten Sie sich immer den Luxus, die Mitschriften der vorangehenden Stunde dabeizuhaben. Einerseits können Sie dann durch einen kurzen Überblick sofort den Anschluss finden. Andererseits geben viele Dozenten nochmals einen kurze Zusammenfassung über die letzte Veranstaltung, die Sie äußerst Gewinn bringend dazu nutzen können, anhand Ihrer Aufzeichnungen zu überprüfen, ob Sie alles Wesentliche mitbekommen haben. Auf diese Weise lassen sich verbliebene Lücken ideal ergänzen und schließen.

- Sparen Sie niemals mit Papier. Lassen Sie viel Platz auf jeder Seite, um gegebenenfalls genügend Raum für Ergänzungen zur Verfügung zu haben.

- Überlegen Sie sich, ob Sie aus Gründen der Übersichtlichkeit alle Blätter nur einseitig beschriften wollen.

- Erstellen Sie gleich am ersten Tag ein Inhaltsverzeichnis und halten Sie es auf dem aktuellen Stand.

- Gliedern Sie Ihre Mitschriften übersichtlich (Absätze, Überschriften, Schaubilder). So prägt sich die Struktur des Textes bereits anhand der Optik ein.

- Dem Beispiel eines Kollegen, welcher das Kunststück fertig brachte, die gesamte Gesellschaftsrechtsvorlesung eines Semesters als Miniatur auf sieben Seiten zu bannen, sollten Sie selbst bei vorhandener Lupe nicht nacheifern.

Da Sie Ihre Schreibgeschwindigkeit nicht einfach beliebig steigern können, ohne dass Form und Leserlichkeit des Festgehaltenen darunter leiden, gilt es, das Tempo auf andere Weise zu erhöhen. Verwenden Sie doch einfach einige Abkürzungen oder Symbole für ständig wiederkehrende Begriffe. Das Wort „Definition" können Sie etwa mit einem großen „D" abkürzen. Wollen Sie dies optisch zusätzlich gewichten, dann können Sie den Buchstaben ja einfach einkreisen. Für „Problem" nehmen Sie ein „P", Schlussfolgerungen markieren Sie mit einem kleinen Pfeil am Seitenrand. Ihrem Erfindungsreichtum sind hier keine Grenzen gesetzt. Wenn Sie täglich mit Ihren Abkürzungen arbeiten, wird Ihnen das neue System in Fleisch und Blut übergehen und eine Menge Zeit einsparen. Für den Anfang kann es aber nicht schaden, wenn Sie sich am ersten Tag die Bedeutung Ihrer Abkürzungen auf einem gesonderten Blatt notieren.

Tipp: Versuchen Sie, halbwegs leserlich zu schreiben. Falls Sie angesichts einer besonders langweiligen Veranstaltung in Versuchung geraten, sich als Zeichenkünstler zu betätigen, tun Sie dies bitte auf einem separaten Blatt. Der Grund: Nichts ist aus lerntechnischer Sicht demotivierender, als wenn Sie später Ihre Mitschriften nicht mehr entziffern können oder anhand eines halbseitigen abstrakten Gemäldes sofort sehen, dass Sie sich damals in der Vorlesung bei diesem Thema zu Tode gelangweilt haben.

3. Materielle Hilfen

Das Hauptproblem beim Erstellen von Aufzeichnungen besteht darin, dass Sie selbständig entscheiden müssen, was Ihnen wichtig erscheint und was nicht. Leider stehen Sie hier vor einer großen praktischen Hürde. Sie können nämlich nicht immer mit der Unterstützung durch Ihre Dozenten rechnen. Diese werden Ihnen grundsätzlich immer sagen, dass gerade die eigene Vorlesung bzw. Arbeitsgemeinschaft die allerwichtigste sei und dass selbstverständlich gerade die heute zur Sprache kommenden Problemkreise unsere gesamte Rechtsordnung tragen. Wie können Sie diesen Konflikt befriedigend für sich lösen?

Seien Sie sich darüber im Klaren, dass Sie umso weniger aktiv Mitdenken können, je mehr Sie aufschreiben. Denn beim Schreiben müssen Sie sich selbstverständlich auf Ihre Notizen konzentrieren und verpassen damit andere Dinge, die gerade erklärt werden. Andererseits verführt der didaktische Stil mancher Dozenten leicht dazu, sich geistig „auszuklinken". Versuchen Sie gerade deshalb, folgende Punkte möglichst immer aus dem jeweiligen Vortrag herauszufiltern:

– Worum geht es eigentlich? Die zentralen Aussagen lassen sich bereits aus den Überschriften bzw. der Gliederung entnehmen.
– Notieren Sie zu diesen zentralen Aussagen die jeweiligen Schlüsselworte, d. h. die Kernaussagen.
– Halten Sie Fachbegriffe und Definitionen fest. Oft genügt es, diese als solche zu kennzeichnen und sie dann bei der Nacharbeit mittels eines Lehrbuchs oder Kommentars zu ergänzen.

- Daten und Namen sollten Sie sofort festhalten, da diese sonst besonders leicht und schnell wieder vergessen werden.
- Wo immer es möglich ist, gilt: Formulieren Sie das Gehörte in eigenen Worten. Diese Denkaufgabe fordert Ihrem Gedächtnis alles ab und lässt Sie Inhalte sofort abspeichern.
- Plastische Beispiele dienen dem besseren Verständnis und helfen beim Verankern im Gedächtnis. Skizzieren Sie diese möglichst knapp aber prägnant. (Nähere Erläuterungen hierzu finden Sie in den folgenden Kapiteln.)

Tipp: Versuchen Sie immer, den roten Faden zu finden, denn dessen Kenntnis erleichtert das Lernen enorm. Es gibt ihn öfter, als man oft annehmen möchte. Gleicht eine Vorlesung einem Sammelsurium von Details, dann vergewissern Sie sich, ob der betreffende Dozent nicht (Co-) Autor eines Kommentares ist und deshalb diese Fülle an Einzelheiten auflistet. Den roten Faden finden Sie dann ganz einfach anhand der Gliederung des Kommentars bzw. eines entsprechenden Lehrbuchs.

Da Ihre Mitschriften naturgemäß nicht vollständig sein werden, lohnt es sich, sie möglichst bald zu überarbeiten und zu ergänzen. Lerntechnisch wäre es sogar ideal, diese Arbeit noch am selben Tag durchzuführen, spätestens jedoch am folgenden Tag. Wenn Sie Ihre Notizen nach den oben erwähnten Gesichtspunkten möglichst effektiv erstellen, werden Sie sich schon bald wundern, wie schnell das Überarbeiten und Wiederholen des Lernstoffs geht.

Tipp: Falls Sie sich einmal (z. B. wegen Krankheit) einige Mitschriften von Kommilitonen leihen und kopieren, dann sollten Sie diese Kopien nicht einfach nur abheften, sondern sie durcharbeiten und dabei in Ihr persönliches Mitschriftenschema übertragen. Ansonsten werden diese Kopien für Sie immer Fremdkörper darstellen, mit denen Sie sich nur extrem schwer anfreunden können.

Zum Schluss noch eine Anregung, die ich persönlich für wichtig halte. Niemand kann so herrlich unverständliche Bandwurmsätze formulieren wie Juristen. Warum? Weil wir es während der Ausbildung so lernen. Ich verzichte jetzt bewusst auf ein Beispiel, das uns eine ganze Druckseite kosten würde. Schlagen Sie einfach die nächste Fachzeitschrift auf und lesen Sie ein beliebiges Urteil. Lernen fällt aber umso leichter, je verständlicher der Lerngegenstand dargestellt wird. Und ein solch hohes Verständnis erreichen Sie am besten durch kurze Sätze. Achten Sie daher bei Ihren eigenen Aufzeichnungen darauf, sie so kurz und knackig wie möglich zu halten. Das Risiko, dass Sie dadurch später einen monotonen Schreibstil entwickeln, geht bei Juristen gegen null.

VIII. Störungen ausschalten

1. Äußere und innere Störungen

Um effektiv arbeiten und lernen zu können, müssen Sie sicherstellen, dass Sie in Ihrer Konzentration möglichst wenig gestört werden. Denn nur wenn Sie absolut ungestört sind, können Sie sich vollkommen auf Ihre Lernarbeit konzentrieren. Als leicht zu merkende Faustregel gilt dabei: Eine Stunde ungestörte Lernarbeit entspricht in etwa dem, was man ansonsten in drei Stunden (mit gelegentlichen Störungen) schafft. Anders ausgedrückt: Sollte es Ihnen gelingen, sich täglich drei Stunden völlig ungestört auf Ihre Lernarbeit konzentrieren zu können, dann entspricht das einem normalen Arbeitspensum von neun Stunden.

Warum ist das so? Wissenschaftliche Untersuchungen zur Arbeitsproduktivität zeigen, dass Arbeitnehmer, die an ihrem Arbeitsplatz mit dauernden alltäglichen Unterbrechungen wie Telefonanrufen oder Besuchen von Kunden bzw. Kollegen zu kämpfen haben, an einem normalen Arbeitstag mit acht Stunden so viel Arbeit erledigen, wie ungestört arbeitende Kollegen in zwei bis drei Stunden schaffen. Denn die Unterbrechungen kosten nicht nur Zeit, sondern man muss sich danach jedes Mal erneut konzentrieren und die Zusammenhänge der gerade bearbeiteten Aufgabe aufs Neue verdeutlichen. Es gibt daher nicht wenige Juristen, die tatsächlich gerne am Wochenende ins Büro gehen, wenn sie völlig ungestört arbeiten können. Andere setzen sich sehr früh an den Schreibtisch bzw. nutzen gezielt die Abendstunden, um dem (Zitat:) „Telefonterror" zu entgehen.

Selbstredend besteht das gleiche Problem beim Erlernen komplexer juristischer Strukturen. Bevor wir uns mit der Lösung näher beschäftigen, wollen wir vorweg einen genaueren Blick auf den Begriff „Störung" werfen. Grundsätzlich gibt es zwei Arten von Störungen, äußere und innere.

Während Sie beispielsweise die Lehre vom Streitgegenstand begreifen wollen, läutet Ihr Handy. Es ist Kommilitone Laber, der mit Ihnen unbedingt die Vorkommnisse bei der gestrigen Castingshow diskutieren will. Eine gute Stunde später wissen Sie dann zwar den neuesten Klatsch aus einem halben Dutzend Internetforen, brauchen nun aber dringend eine Erholungspause. Sie wurden das Opfer einer äußeren Störung. Endlich zurück an Ihrem Schreibtisch, meldet gleich darauf Ihr Magen lautstark seinen Protest gegen die obligate Frühjahrsdiät an. Dies führt dazu, dass Sie sich nach zwanzig Minuten stillen, aber dafür umso heftigeren Kampfes geschlagen geben und zum Kühlschrank eilen. In diesem Fall hat Sie eine innere Störung vom Lernen abgehalten.

Sie sehen auf den ersten Blick, dass Ihnen innere Störungen auf sehr direktem Wege gegenübertreten und Sie sich diesen darum ebenso geradlinig stellen müssen. Wenn Sie sprichwörtlich vor Hunger nicht mehr denken können, müssen Sie etwas essen. Wenn Sie die letzte Nacht durchgemacht haben, müssen Sie schlafen. Anders sieht es hingegen bei den äußeren Störungen aus. Diese schleichen sich oft als unmerkliche Zeitdiebe in Ihren Tagesablauf ein und Sie werden sich ihrer erst dann bewusst, wenn Sie abends wieder einmal unzufrieden mit sich selbst sind. Gehen Sie sofort daran, eine Strategie zur Abwehr von lästigen Unterbrechungen zu entwickeln.

2. Das Störungsprotokoll

Um gegen Störungen wirksam vorgehen zu können, müssen Sie diese genau kennen. Ermitteln Sie zunächst Ihren Status quo. Legen Sie sich ein Blatt Papier mit einer Stundeneinteilung zurecht und halten Sie darauf schriftlich jede Störung fest. Wichtig für die anschließende Analyse ist es, neben der Art der Störung, dem Störer und der Uhrzeit auch die exakte Dauer der Unterbrechung aufzuzeichnen. Wertvolle Hinweise erhalten Sie aus Ihrer Analyse zur Tageszeiteinteilung, die Sie jetzt erneut zu Rate ziehen können. Führen Sie Ihr Störungsprotokoll wenigstens eine Woche lang. Wahrscheinlich erkennen Sie bereits nach zwei oder drei Tagen, dass bestimmte Störer permanent wiederkehren. Gehen Sie die Liste nach einer Woche präzise durch und ordnen Sie die einzelnen Störungen nach ihrer Häufigkeit. Nun kennen Sie den Ist-Zustand. Bestimmen Sie nun den gewünschten Soll-Zustand. Ihr Ziel wird hier in etwa lauten: Konsequentes Ausschalten von Störungen aller Art während der Lernphase.

An dieser Stelle eine Warnung an alle PC-Freaks: Wer es sich zum Ziel setzt, die Störungen nicht per Stift und Zettel, sondern mittels einer Software-Lösung ermitteln zu wollen, wird dabei irgendwann zwangsweise bei einem der zahllosen Programme landen, mit denen man professionell ein Zeitprotokoll seiner Arbeit erstellen kann. Falls Sie dieses Protokoll tatsächlich präzise führen, werden Sie darüber entsetzt sein, wie wenig effektive Arbeitszeit und wie viel Leerlauf sich darauf zeigen. Auf diesen Praxisschock sollten Sie vorbereitet sein, denn anders als bei jeder Papierlösung, hält die Software die Arbeitszeit bzw. Störungen wirklich sekundengenau fest. Um sich tiefen Frust zu ersparen, sollten Sie sich vergegenwärtigen, dass es – wie oben bereits besprochen – völlig normal ist, wenn Sie anfangs nur auf Produktivitätszeiten von zwei bis drei Stunden pro Tag kommen.

Im Folgenden erfahren Sie, wie Sie gegen die einzelnen Störer effektiv vorgehen können.

3. Störungen durch Anrufe

Nach der ersten Situationsanalyse stellen Sie mit neunzigprozentiger Wahrscheinlichkeit fest, dass der schlimmste permanente Störer Ihr Telefon ist. Dieses Phänomen hat sich in den letzten Jahren drastisch verschlimmert, da man heute mittels Handy immer und überall erreichbar ist. Doch es gibt einige Tricks, um mit der Geißel der Telekommunikation erfolgreich fertig zu werden:

– Sofern Sie einen Festnetzanschluss haben, gilt die Regel: Gehen Sie während Ihrer selbst gewählten Lernzeiten nicht ans Telefon. Sollten Sie in einer Wohngemeinschaft leben, so bitten Sie Ihre Mitbewohner darum, die Namen und Nummern der Anrufer zu notieren, damit Sie später zurückrufen können. Klären Sie vorweg mit Ihren Hausgenossen, welche Personen (z. B. Familienmitglieder) das Privileg genießen, Sie auch während Ihrer Lernzeiten unterbrechen zu dürfen. Seien Sie dabei sparsam! Alle anderen Personen rufen Sie nach getaner Lernarbeit konsequent zurück.

– Sofern Sie alleine wohnen, hilft Ihnen über diese Klippe ein Anrufbeantworter hinweg. Diese Investition zahlt sich auf jeden Fall aus.

– Sollten Sie zu der Sorte von Menschen gehören, die bei dem Kniff mit dem Anrufbeantworter aus Gewissensgründen schlaflose Nächte verbringen müssten, dann seien Sie wenigstens konsequent genug, während Ihrer Lernzeit einfach gar nicht mehr ans Telefon zu gehen. Schließlich geht es um Ihren Arbeitserfolg, den Sie verbessern wollen.

– Falls Sie ausnahmsweise doch einmal gestört worden sind, sagen Sie Ihrem Gesprächspartner freundlich aber bestimmt, dass Sie ihn später zurückrufen werden.

– Machen Sie es sich zur Gewohnheit eine kleine Liste neben dem Telefon liegen zu haben, auf der Sie Folgendes vermerken: Was will ich/er/sie? Warum? Auf welche Weise? Von wem? Versuchen Sie Telefongespräche dadurch effektiver zu gestalten, dass Sie sich diese Fragen immer wieder stellen.

- Früher konnten Personen mit ausgeprägter Telefonitis ihre Telefongewohnheiten häufig mit dem simplen Kunstgriff ändern, sich einen Gebührenzähler anzuschaffen. Aus lerntechnischer Sicht ist dies ist im Zeitalter der Flatrates heute leider nur noch selten möglich.

Die vorgenannten Grundsätze gelten selbstverständlich auch für den Umgang mit Ihrem Handy. Hier kommen jedoch noch einige schwer wiegende Dinge hinzu:

- Nehmen Sie einen Anruf nicht entgegen, so kann es sein, dass Ihre eigene Mailbox Sie von diesem Moment an im Minutentakt aus der Konzentration klingelt. Hier bleibt Ihnen nur die Alternative: Entweder Sie schalten das Handy ganz ab oder Sie kapitulieren vor der Technik.

- Die psychische Hemmschwelle, nicht ans Handy zu gehen, liegt noch viel höher als beim herkömmlichen Telefon. Das liegt vor allem daran, dass Sie sich Ihr Handy ja gerade deshalb zugelegt haben, um immer und überall erreichbar zu sein. In diesem Fall müssen Sie die – zugegeben schwere – Arbeit auf sich nehmen und sich darüber klar werden, welches Ziel Ihnen während der Lernphase wichtiger ist: Das Lernen selbst oder die permanente Erreichbarkeit.

- Hinzu kommt das Problem, dass man bei einem Handyanruf stets versucht ist, zumindest kurz auf dem Display nachzusehen, wer denn eigentlich gerade anruft. Allein dieser Blick wirft Sie aber vollkommen aus Ihrer Konzentration. Forschungen zum Telefonieren am Steuer haben ergeben, dass der Blick auf das Display bei einem eingehenden Anruf zu den gefährlichsten Momenten beim Autofahren gehört. Denn in dieser Sekunde konzentriert man sich ausschließlich nur noch auf das Ablesen des Displays und nicht mehr auf den Straßenverkehr. Dieses Ergebnis lässt sich unverändert auf Ihre Lernarbeit übertragen: Sobald Sie das Display ablesen, reißt Ihre Konzentration aufs Lernen vollkommen ab.

- Besonders gute Freunde und Familienangehörige sind meist extrem hartnäckig, falls Sie auf dem Handy nicht erreichbar sind. Sprechen Sie mit diesen Personen daher offen darüber, dass Sie beim Lernen nicht ans Handy gehen. Mitunter stoßen Sie dabei sogar auf Verständnis, allerdings leider nicht immer.

- Die einfachste Lösung wäre natürlich, das Handy während des Lernens abzuschalten. Was allerdings den meisten Menschen extrem schwer fällt, weil diese sogleich ein mulmiges Gefühl der Unerreichbarkeit überkommt. Warum ist das so? Tatsächlich machen Sie sich in dem

Moment, in dem Sie Ihr Handy abschalten, nicht nur für Anrufer unerreichbar, sondern Sie koppeln sich nach Ihrer eigenen (zumindest unbewussten) Vorstellung praktisch vollständig von der Umwelt ab und grenzen sich damit aus Ihrem sozialen Umfeld aus. Extrem ausgedrückt: Sie überkommt plötzlich ein starkes Gefühl von Einsamkeit. Diesen weitreichenden emotionalen Zusammenhang sollten Sie sich bewusst machen, denn wenn Sie ihn kennen, verliert er sofort erheblich an seinem Schrecken.

4. Störungen durch Social Media

Um möglichen Missverständnissen vorzubeugen: Ich gehöre nicht zu denjenigen, die Social Media verdammen oder sie für reine Verdummung halten. Ich bin sogar der Meinung, dass die extrem restriktive Haltung vieler Lehrender gegenüber Social Media im Endeffekt kontraproduktiv ist. Aber es geht an dieser Stelle nicht um eine Grundsatzdebatte darüber, wie sich Social Media wirksam zum Lernen einsetzen ließe, sondern schlicht um die Problematik des Minimierens von Störungen.

Störungen entstehen in diesem Bereich überwiegend dadurch, dass man über Neuigkeiten in Foren, Newsgroups, eingehende Fotos oder Videos sowie Blogbeiträge und Sportergebnisse benachrichtigt wird, meist auf dem Smartphone. Diese Störungen haben im Prinzip dieselben Auswirkungen wie die oben angesprochenen Anrufe, weshalb man ihnen theoretisch auch auf dieselbe Weise entgegenwirken kann. Es gibt aber drei grundsätzliche Unterschiede, die man kennen sollte:

- Wer Mitglied in einer Newsgroup oder ein Follower (von wem auch immer ist), dem wird das Gefühl vermittelt, dass er ganz exklusiv zu einem besonders ausgewählten Personenkreis gehört. Diese Exklusivität schmeichelt dem menschlichen Selbstwertgefühl und es ist daher extrem schwierig, sich dieser Wirkung wieder zu entziehen. Ein Umstand, auf den in anderem Zusammenhang seit mehr als einem halben Jahrhundert in jedem halbwegs guten Verkaufsseminar ausführlich eingegangen wird.
- In selbst gegründeten Netzwerken, die man beispielsweise mit einigen anderen lernwilligen Kommilitonen ins Leben gerufen hat, entsteht ein sehr starker Gruppenzwang, auf jede noch so banale Mitteilung sofort antworten zu müssen. Ansonsten keimt sehr schnell die Angst auf, man könnte aus der Gruppe ausgeschlossen werden.
- Nicht zu vergessen: Wer drei Wochen lang die eingehenden Nachrichten konsumiert, schafft dadurch eine feste Gewohnheit.

Übrigens: In den letzten Jahren haben mehrere wissenschaftliche Untersuchungen belegt, dass die extreme Nutzung von Social Media süchtig machen kann. Unterbindet man für die Betroffenen die weitere Nutzungsmöglichkeit, zeigen diese die gleichen körperlichen Entzugserscheinungen wie beispielsweise alkoholkranke Personen. Eine Befragung unter Arbeitgebern förderte außerdem zu Tage, dass der stetig zunehmende Umgang von Mitarbeitern mit Social Media während der Arbeitszeit samt der dazu gehörenden unliebsamen Nebenerscheinungen wie etwa dem Cyber Mobbing, das derzeit größte Problem in deutschen Unternehmen darstellt. Tendenz weiter steigend.

5. Störungen durch Besucher

Störer Nummer drei sind ungebetene Besucher. Besonders während der Studienzeit sind Sie nicht davor gefeit, dass Ihre Kommilitonen zu jeder Tages- und Nachtzeit bei Ihnen auf ein Schwätzchen hereinschauen. Das ist dann riskant, wenn zu Ihrem Bekanntenkreis viele Studenten aus anderen Semestern und Studiengängen zählen, die ihre Prüfungen zu anderen Zeiten als Sie selbst ablegen. Gehen Sie bei ungebetenen Gästen wie folgt vor:

- Während Ihrer Lernzeit gilt: Öffnen Sie die Tür erst gar nicht! Wenn Ihnen das als zu hart erscheint, dann überdenken Sie nochmals Ihre Absicht, effektiver arbeiten zu wollen. Schenken Sie im Übrigen dem nachfolgenden Punkt acht besondere Aufmerksamkeit.
- Besuchen Sie lieber andere als umgekehrt. Sie haben dabei den großen Vorteil, dass Sie dies während Ihres Leistungstiefs tun können. Außerdem können Sie kommen und gehen, wann Sie es wollen.
- Sollte trotzdem einmal ein ungebetener Gast Ihre Türschwelle überschritten haben, dann achten Sie darauf, dass er sich nicht setzt. Denn sobald jemand sitzt, ist er nur noch unter Aufbietung größter Anstrengungen wieder loszuwerden.

6. Störungen durch Bekannte

Weitere Störer sind Studien- oder Referendarskollegen, die Sie an allen erdenklichen Plätzen vom Arbeiten abhalten wollen. Etwa wenn Sie in der Bibliothek sitzen, um für Ihre Hausarbeit die Geheimnisse des Mangelfalles im Unterhaltsrecht zu ergründen. Kaum haben Sie die ersten drei Zahlen addiert, fragt Sie Kommilitone Martin, ob Sie nicht mit ihm auf einen Sprung in die Cafeteria kommen wollen, um dort die Verwendung der Düsseldorfer Tabelle ausführlich zu erörtern. Oder die Kollegen überreden Sie, nach der Arbeitsgemeinschaft für Referendare mit zum Stammtisch zu kommen, wo Sie dann bis kurz vor Mitternacht bleiben, statt sich die längst fällige Akte zu Gemüte zu führen und das entsprechende Urteil zu entwerfen.

Natürlich ist es nützlich, wenn Sie von Martin einen guten Tipp zur Lösung der Hausarbeit erhalten. Andererseits werden Sie mit deren Lösung nicht sehr weit kommen, wenn Sie sich aus diesem Grund von jedermann bei der Arbeit stören lassen und den Großteil des Vormittags in der Cafeteria verbringen. Lernen Sie an dieser Stelle etwas von Rechtsanwälten und Ärzten, indem Sie sich Sprechzeiten einrichten. Gehen Sie dabei folgendermaßen vor:

- Bestimmen Sie selbst eine Zeitspanne für den Gedankenaustausch.
- Achten Sie darauf, dass diese nicht in Ihr Leistungstief fällt. Sonst können Sie der Unterhaltung über das Problem womöglich nicht wie gewünscht folgen und der angestrebte Nutzen bleibt aus.
- Sagen Sie Martin also, Sie würden gerne ausführlich mit Ihm über die Verwendung der Düsseldorfer Tabelle diskutieren, aber nicht jetzt, sondern beispielsweise in einer Stunde.
- Notieren Sie sich vor dem Treffen auf einem Blatt Papier alle Fragen, die Sie zu diesem Problem noch haben und nehmen Sie den Zettel auch wirklich mit. Nur auf diese Weise können Sie kontrollieren, ob alle wichtigen Unklarheiten angesprochen werden.
- Der Zettel mit dem Fragenkatalog hat auch noch einen anderen Vorteil: Sie erkennen dann sofort, ob Martin wirklich über das Thema Düsseldorfer Tabelle mit Ihnen reden wollte oder dieses Stichwort nur vorgeschoben hat, um in aller Ruhe ein belangloses Schwätzchen mit Ihnen zu halten.
- Natürlich können Sie Ihre Fragen theoretisch auch in Ihr Smartphone eintippen. Das hat aber zwei Nachteile: Erstens konzentrieren Sie sich in diesem Fall mehr auf den Vorgang des Tippens als auf den Sinngehalt der eigentlichen Frage, was lerntechnisch nicht wünschenswert ist. Zweitens ist das Risiko hoch, anschließend in eine Diskussion über die neuesten Trends auf dem Handymarkt oder die beste Softwarelösung verwickelt zu werden, statt sich mit den Problemen der Hausarbeit auseinanderzusetzen.
- Kehren Sie anschließend möglichst schnell zu Ihrer Arbeit zurück und notieren Sie sich die interessantesten Ideen. Zum privaten Gedankenaustausch verabreden Sie sich besser außerhalb der von Ihnen festgesetzten Lernzeiten.

- Langatmige bzw. unerwünschte Gespräche lassen sich recht schnell beenden, wenn Sie ganz offen sagen: „Ich muss jetzt wieder zurück zur Arbeit, denn ich habe noch viel zu tun."
- Eine weitere Gewinn bringende Möglichkeit, überflüssigen Störungen von Kollegen aus dem Weg zu gehen, ist die Delegation von Aufgaben. Dazu gleich noch mehr im nächsten Abschnitt.

7. Störungen kann man auch nutzen

Aus dem ungebetenen Besuch von Freunden und Kollegen können Sie allerdings auch Nutzen für Ihre eigene Lernarbeit ziehen. Dazu müssen Sie diese Personen konstruktiv in das Geschehen einbinden. Das funktioniert meist relativ einfach.

Angenommen Sie haben sich soeben durch den Dschungel der Entreicherung geschlagen. Prompt kommt Ihr Freund Schmidt vorbei. Binden Sie diesen nun in Ihre Lernarbeit ein. Fragen Sie nach seinen Ansichten zu den einzelnen Theorien. Erzählen Sie ihm das Kernproblem in allen Details. Eine bessere Wiederholung des Gelernten als diese praktische Anwendung im Gespräch gibt es nicht. Ist Schmidt ebenso wissbegierig wie Sie selbst, wird sich zweifellos eine interessante Unterhaltung entspinnen. Wollte er Sie andererseits nur mit Belanglosigkeiten langweilen, wird er sich umgehend verabschieden und zum nächsten Bekannten weitereilen.

8. Keine Angst vor Einsamkeit

Vielleicht haben Sie bei der Lektüre des Vorstehenden ein flaues Gefühl verspürt und darüber nachgedacht, dass Sie auf diese Weise womöglich vereinsamen könnten. Keine Sorge, diese Angst ist völlig unbegründet! Ihre Freunde werden Ihre neue Zeiteinteilung respektieren. Sie werden Ihren Wunsch nach ungestörter Arbeitszeit nicht nur verstehen, sondern alsbald beginnen, Ihrem Vorbild nachzueifern. Sie werden also keineswegs vereinsamen, sondern künftig sogar mehr Zeit für andere Aktivitäten zur Verfügung haben. Denn wer seine Zeit nicht mit unnützen Dingen vertrödelt und während seiner Lernphasen ein Vielfaches von einst schafft, der bekommt als Belohnung ein schönes Zeitguthaben geschenkt, das er nach seinem Belieben frei nutzen kann.

9. Ein ungewöhnlicher Selbsttest

Werfen Sie nun noch einen Blick auf einen Störer, der noch vor wenigen Jahren den absoluten Spitzenplatz innehatte, wenn es um die Frage der Ausschaltung von selbst hervorgerufenen Störungen ging. Auch wenn er mittlerweile zunehmend vom Internet abgelöst wird, spielt dieser immense Zeitfresser, in dem viele Menschen jedoch nichts anderes als ein ganz alltägliches Vergnügen sehen, nach wie vor eine große Rolle. Die Rede ist von Ihrem Fernsehapparat. Nur zu leicht erliegen Sie der Versuchung, auf den ominösen Knopf zu drücken. Leider erfordert es dann die Erbietung schier unvorstellbarer Kräfte, um die Flimmerkiste wieder auszuschalten. Es ist eine der interessantesten Erscheinungen unserer Zeit, dass sich manche Menschen oft stundenlang von Sendungen berieseln lassen, von denen sie eigentlich keine einzige wirklich sehen wollen. Selbstverständlich beklagen sich diese Zeitgenossen anschließend lautstark über das miese Programm.

Sollten Sie sich zwischen den vorstehenden Zeilen wieder erkannt haben, schlage ich Ihnen ein bemerkenswertes Experiment vor, durch das Sie in jedem Fall zu erstaunlichen Ergebnissen gelangen werden. Wetten Sie mit sich selbst auf Ehre und Gewissen, ob es Ihnen gelingt, zwei Wochen lang ohne Fernseher auszukommen. Ziehen Sie den Netzstecker, packen Sie das Gerät in einen Karton und verstauen Sie diesen möglichst unerreichbar. Am besten stellen Sie ihn im Keller eines Bekannten unter, bevor dieser seinen 14-tägigen Urlaub antritt. Seien Sie darauf gefasst, dass die ersten drei bis vier Tage sehr kritisch werden können. Doch nach einer Woche hören diese „Entzugserscheinungen" auf und Sie stellen verwundert fest, dass Sie plötzlich eine Unmenge Zeit haben, um andere Dinge zu tun. Sofern Sie irgendwann Ihr Fernsehgerät wieder anschließen, werden Sie den Apparat nicht nur mit völlig anderen Augen sehen, sondern er wird Sie in Zukunft auch keine wertvolle Lernzeit mehr kosten.

> **Tipp:** Führen Sie diesen Selbsttest innerhalb der nächsten 12 Wochen durch. Das Ergebnis wird Sie garantiert überraschen – auf die eine oder andere Weise.

Zur Motivation oder zumindest, um Sie nachdenklich zu machen: Statistisch sah im Jahr 2013 jeder Deutsche täglich dreieinhalb Stunden fern. Zum Vergleich: In den USA ist der Fernsehkonsum in der letzten Dekade stark rückläufig und von früher mehr als sieben auf nunmehr fünf Stunden und 11 Minuten (2013) gesunken. Was dort zu der vergleichsweise interessanten Schlagzeile geführt hat, dass das klassische Fernsehen wohl im Sterben liegen würde. Selbst wenn Sie weit unter dem statistischen Wert liegen sollten und es beispielsweise durchschnittlich nur auf eine Stunde TV-Konsum pro Tag bringen, sind das sieben Stunden pro Woche bzw. 30 Stunden im Monat bzw. 365 Stunden im Jahr. Letzteres entspricht fünfzehn vollen Tagen. Doch selbst eine Stunde mehr Lern- oder Freizeit täglich ist bereits ein guter Motivator.

10. Außer Konkurrenz: Surfen im Internet

Vielleicht haben Sie bei der vorstehenden Aufzählung der Störungen einen Punkt vermisst, der Sie persönlich am allermeisten vom Lernen abhält. Die Rede ist vom Surfen im Internet. Dieser Aspekt wurde bei der obigen Auflistung ganz bewusst weggelassen, denn im Regelfall handelt es sich dabei gar nicht um eine Störung Ihrer Lernarbeit. Vielmehr fangen Sie damit erst gar nicht an, sondern surfen stattdessen erst einmal für einige Zeit (oder Stunden) auf dem Datenhighway. Es geht in diesem Fall also nicht darum, Unterbrechungen der Lernarbeit effektiv zu verhindern, sondern mit dieser überhaupt erst einmal anzufangen. Näheres dazu finden Sie an anderer Stelle unter dem Stichwort „Aufschieben".

11. Starten Sie möglichst früh

Um Störungen effektiv ausschalten zu können, müssen Sie zunächst festlegen, welche Zeit des Tages Sie mit Lernen verbringen und damit störungsfrei halten wollen. Natürlich haben Sie die Antwort ohne langes Nachdenken gefunden: Sie werden die Zeitabschnitte zum Lernen wählen, in denen Ihr Leistungspotential am höchsten ist. Umgekehrt legen Sie in Zeitabschnitte mit niedrigem Leistungsvermögen alle täglichen Routinearbeiten. Diese Zeiten haben Sie im Rahmen des Zeitmanagements bereits ermittelt. Sie dienen Ihnen als Grundlage zum Aufstellen Ihrer Tagespläne.

Zusätzlich können Sie noch einen weiteren Kunstgriff anwenden. Wie Sie bereits wissen, entspricht eine Stunde ungestörter Lernarbeit in etwa dem, was man ansonsten in drei Stunden (mit gelegentlichen Störungen) schafft. Wenn es sich daher mit ihrem persönlichen Lern- und Tagesrhythmus vereinbaren lässt, sollten Sie einmal darüber nachdenken, morgens eine Stunde früher aufzustehen. Nutzen Sie diese Stunde, um konzentriert zu lernen. Sie sind dann Ihren Kollegen praktisch schon um drei Stunden Arbeit voraus. Allein dieser Gedanke motiviert enorm.

Übrigens: Nach einer Umfrage arbeiten 70 % der Führungskräfte in Deutschland auch während ihres Urlaubs. Meistgenannter Grund dafür: Im Urlaub könne man in Ruhe arbeiten und werde nicht andauernd gestört.

IX. Die Kunst des Delegierens

Sie wissen, dass die Ihnen bis zum Examen zur Verfügung stehende Zeit begrenzt ist. Selbst wenn es Ihnen bis zur Lektüre der Anmerkungen zur Tagesproduktivität vielleicht noch erstrebenswert erschien, so wollen Sie von nun an täglich keine 24 Stunden mehr arbeiten. Lernen können Sie nur selbst und niemand kann Ihnen diese Arbeit abnehmen. Doch Sie sind in der Lage, auf einfache Weise eine Menge Zeit und Energie für die jeweilige Vorbereitung einzusparen. Das Zauberwort heißt Delegation. Dieser Kniff ist keineswegs nur Managern vorbehalten, sondern bringt Ihnen vor allem als Jurastudent oder Rechtsreferendar enormen Gewinn.

Angenommen Sie wollen das Gebiet „Arbeitsrecht" in den Griff bekommen. Als Grundlage dient Ihnen ein gutes Lehrbuch, das den gesamten wichtigen Stoff anhand von acht größeren Fällen anschaulich erläutert. Wie gehen Sie nun am besten vor?

Niemand kann Ihnen das Lernen selbst abnehmen. Den gewünschten Stoff müssen Sie sich also selbst aneignen. Die Vorarbeiten dazu können Sie jedoch vorzüglich von anderen erledigen lassen. Schließen Sie sich mit drei Gleichgesinnten zu einer Lerngruppe zusammen und teilen Sie den Lernstoff auf. Jeder Einzelne von Ihnen hat dann lediglich noch zwei Fälle vorzubereiten. Die Zielvorgabe lautet, dass der Betreffende anschließend in diesem Aufgabengebiet absolut fit sein muss. Wird Ihnen also der Bereich „Urlaub" zugeteilt, müssen Sie sich selbstverständlich über alle Fragen exakt informieren, die in „Ihren" beiden Fällen aufgeworfen werden. Halten Sie Ihre Ergebnisse in Form von Arbeitsblättern fest. Das dient der eigenen Verständniskontrolle und gleichzeitig als wichtige Arbeitsgrundlage für Ihre Kollegen.

Am Tage der Arbeitskonferenz tragen Sie dann gegenseitig Ihre Lösungen vor. Die Vorteile dieser Arbeitsweise liegen auf der Hand:

- Sie sparen enorm viel Zeit, da Sie nur einen Teil des Stoffes selbst aufarbeiten müssen. Den Rest erhalten Sie in Form von Arbeitsblättern bereits übersichtlich und verständlich gegliedert vorgelegt. Sie müssen ihn dann „nur" noch lernen.
- Sie üben sich ganz nebenbei in der Kunst der freien Rede. Dies wird Ihnen nicht erst im späteren Berufsleben wichtige Pluspunkte einbringen, sondern Sie vor allem auch in den mündlichen Examensprüfungen ruhig und souverän wirken lassen. Und hier zählt jedes Zehntel.
- Die Darlegung der eigenen Fälle für die Kollegen ist für Sie Lernen und Wiederholen in Reinform.

- Der bevorstehende feste Termin der Arbeitskonferenz lässt Ihnen keine Zeit für Ausreden. Sie sind gezwungen, sich sofort an die Arbeit zu machen.
- Außerdem wird jede Form der Selbsttäuschung ausgeschaltet. Denn Sie werden alles daran setzten, sich vor Ihren Kommilitonen gut aus der Affäre zu ziehen und den Stoff daher wirklich gründlich durcharbeiten.

Sie können Ihre Mitstreiter zu Höchstleistungen veranlassen, wenn Sie sie entsprechend motivieren. Darum:

- Zeigen Sie deutlich auf, welche Vorteile die Zusammenarbeit für jeden von Ihnen bringt.
- Sparen Sie nicht mit Lob.
- Motivieren Sie sich für weitere Aufgaben durch eine anschließende Belohnung, beispielsweise mit einem gemeinsamen Essen oder einem Kinobesuch.

Aus solchen spontanen Lerngruppen entstehen oft feste Arbeitsgruppen, die sich regelmäßig zur Besprechung bestimmter Problemkreise treffen. Erstellen Sie für jedes Treffen einen Arbeitsplan nach folgendem Muster:

- Welches Thema ist für den nächsten Termin vorzubereiten?
- Warum ist es wichtig, gerade dieses Thema vorzubereiten?
- Welchen Umfang soll die Darstellung haben?
- Wer macht was?
- Welcher exakte Termin wird festgelegt?

Gegen die Methode des Delegierens wird oft eingewandt, man würde seine Kommilitonen dadurch quasi ausnutzen, indem man Arbeiten auf sie verteilt, die man sonst selbst erledigen müsste. Das ist Unsinn. Es handelt sich lediglich um eine Arbeitserleichterung, die auf Gegenseitigkeit beruht. Jedes Mitglied Ihrer Arbeitsgruppe profitiert in gleichem Maße von den durch die anderen geleisteten Vorarbeiten. Für jeden von Ihnen bleiben es im vorgenannten Beispiel acht Fälle aus dem Arbeitsrecht, die gelernt werden müssen. Aber ebenso hat jeder nur noch zwei davon bis ins letzte Detail vorzubereiten.

> **Tipp:** Im Rahmen einer Arbeitsgruppe sammeln Sie wertvolle Erfahrungen für späteres Teamwork. Eine Eigenschaft, die auf dem Arbeitsmarkt eine zentrale Bedeutung hat.

Allerdings müssen Sie beim Delegieren eine Prämisse beachten, gegen die in der Praxis ständig verstoßen wird und die das wirksame Delegieren deshalb zu der in der Überschrift angesprochenen Kunst macht. Sie müssen nämlich diejenigen Personen, auf die Sie Lernarbeit delegieren wollen, extrem sorgfältig aussuchen. Glauben Sie nicht, dass das selbstverständlich wäre. Sie werden in Ihrem späteren Berufsleben auf Schritt und Tritt lebenden Beispielen begegnen, bei deren Auswahl gegen diese Prämisse verstoßen wurde. Fangen Sie deshalb früh damit an, sich in dieser Kunst zu üben, auch wenn Ihnen dabei anfangs Fehler unterlaufen werden. Sie werden daraus für Ihr späteres (Berufs-) Leben enormen Gewinn ziehen können.

Drittes Kapitel

Gedächtnistraining

I. Eine riskante Denkfalle

Machen Sie sich hier und jetzt von einem gefährlichen Denkfehler frei, den Sie noch aus Ihrer Schulzeit mit sich herumschleppen. Es handelt sich dabei um die weit verbreitete Auffassung, Sie könnten etwas von einem Professor oder Arbeitsgemeinschaftsleiter lernen. Das stimmt so leider nicht. Ein Lehrer kann die Materie der Vollstreckungsgegenklage gut aufbereiten, sie plastisch machen und zusätzlich wiederholen. Aber wirklich lernen können Sie diese Materie ausschließlich selbst. Nur Sie allein sind in der Lage, sich den Stoff dauerhaft in Ihrem Gedächtnis einzuprägen. Selbst der beste Pädagoge der Welt kann Ihnen diese Arbeit nicht abnehmen. Denn er hat keinen Zugriff auf Ihr Gedächtnis. Sie sind der einzige Mensch, der diese Arbeit verrichten kann.

Machen Sie deshalb noch heute Schluss mit der Schutzbehauptung, Sie könnten etwas nur deshalb nicht verstehen, weil der jeweilige Dozent so furchtbar schlecht wäre. Das ist nichts weiter als eine billige Ausrede. Natürlich macht es Ihnen keinen Spaß, die Niederungen der Zwangsvollstreckung von einem „Langeweiler" vermittelt zu bekommen. Aber Sie dürfen trotzdem die Verantwortung für Ihren eigenen Lernerfolg nicht auf andere abwälzen. Sonst legen Sie Ihr weiteres juristisches Schicksal völlig in die Hände Ihrer Dozenten.

> **Tipp:** Allein Sie selbst sind für Ihren eigenen Lernerfolg verantwortlich. Übernehmen Sie von diesem Moment an Ihre persönliche Verantwortung und stehen Sie dazu. Nutzen Sie diese als Basis für Ihr weiteres Tun und handeln Sie entsprechend.

Der Glaube, jemand würde einem schon ausreichende Rechtskenntnisse beibringen, basiert auf einer passiven Einstellung. Lernen ist jedoch ein aktiver Vorgang. Um das notwendige Examenswissen müssen Sie sich deshalb selbst aktiv bemühen. Das gilt selbstverständlich nicht nur im Hinblick auf universitäre Veranstaltungen, sondern ebenso für jedes Repetitorium, welches Sie besuchen.

II. Lernpsychologie

Sie streben nach mehr Lernerfolg. Das größte Hindernis dabei ist Ihrer Meinung nach Ihr löchriges Erinnerungsvermögen. Bitte nehmen Sie sich eine Minute Zeit und beantworten Sie schriftlich die folgende und scheinbar einfache Frage: Wodurch zeigt sich ein schlechtes Gedächtnis?

Ein schlechtes Gedächtnis zeigt sich dadurch, dass ....

....

....

....

Nehmen Sie sich noch einen weiteren Moment Zeit und definieren Sie für sich den Begriff „lernen".

„Lernen" bedeutet für mich, dass ich ....

....

....

....

Fast alle Menschen glauben, ein schlechtes Gedächtnis zeige sich darin, dass man etwas vergisst, was man einmal gelernt hat. Aus diesem Grund legen auch Sie selbstverständlich größten Wert darauf, sich juristisches Fachwissen einmal sorgfältig und übersichtlich anzueignen. Dieser gedankliche Ansatzpunkt ist jedoch falsch. Ihr Gedächtnis ist ein einzigartiges Wunderwerk mit einer schier unbegrenzten Speicherkapazität. Sie vergessen praktisch nichts von dem, was Sie jemals aufgenommen haben. Das glauben Sie nicht? Wahrscheinlich haben Sie bereits selbst am eigenen Leib erfahren, dass Ihnen nach Jahren plötzlich die Bedeutung einer lateinischen Vokabel wieder einfällt. Oder dass Sie aus heiterem Himmel einige Verse aus einem längst vergessen geglaubten Gedicht aufsagen können. Oder Sie erinnern sich frühmorgens völlig unerwartet an die Namen der Hauptdarsteller Ihrer Lieblingskindersendung. Das gesamte Wissen, welches Sie in Ihrem Leben ansammeln, ist in Ihrem Gedächtnis zumindest latent vorhanden.

Es gibt einige Verfahren, die Ihnen den Zugriff zu diesem latenten Wissen ermöglichen. Beispielsweise können Sie sich unter Hypnose an praktisch alles erinnern, was Sie jemals erlebt haben, sogar an Ihre eigene Geburt.

Wenn wir sagen, wir hätten etwas vergessen, meinen wir normalerweise etwas ganz anderes damit. Es geht um die Frage, wie wir am besten Zugriff auf bereits vorhandenes Wissen erhalten können. Vergessen heißt also in diesem Fall nichts anderes als Unauffindbarkeit. Die Information ist zwar vorhanden, steht Ihnen aber nicht nach Wunsch zur Verfügung, weil Sie nicht an sie herankommen.

Die strafrechtliche Definition des Begriffes „Gewahrsam" befindet sich regelmäßig schon nach dem ersten Lernen in Ihrem Kopf. Das konkrete Problem liegt nun aber darin, dass Sie diese Begriffsbestimmung dort nicht nach Ihrem Belieben abrufen können.

Sie können diese Schwierigkeiten heute in ähnlicher Weise plastisch mit dem Internet vergleichen. Dort ist eine unendliche Fülle an Informationen vorhanden. Theoretisch können Sie zu jedem Thema eine kompetente Auskunft erhalten, sofern Sie die exakte Internet-Adresse kennen oder Ihnen die richtige Stichwort-Kombination für die Suchmaschine einfällt.

Sie haben an dieser Stelle bereits eine wichtige Erkenntnis im Hinblick auf effektiveres Lernen gewonnen. Es geht für Sie primär darum, den Vorgang des Vergessens auszuschalten. Lernen heißt also weniger, permanent neue Dinge aufzunehmen, als vielmehr dafür zu sorgen, auf bereits bekannte Dinge weiterhin Zugriff zu haben. Überlegen Sie: Wenn Sie Zugriff auf alles hätten, was Sie allein im letzten Jahr „gelernt" haben, bräuchten Sie sich wahrlich keine Sorgen um Ihr Examen zu machen. Mit der verbesserten Aufnahme von Informationen haben wir uns in den vorhergehenden Kapiteln schon ausführlich beschäftigt. Nunmehr wollen wir auf den Schlüssel für erfolgreiches Lernen eingehen und dieser lautet: Sie müssen sich bemühen, einmal Gelerntes so in Ihrem Gedächtnis zu verankern, dass es dort jederzeit gefunden und abgerufen werden kann. Dieser Kampf gegen das Vergessen wird Sie nun im weiteren Verlauf näher beschäftigen.

III. Die Funktionsweise Ihres Gedächtnisses

1. Die Aufnahme von Informationen

Zum besseren Verständnis wollen wir zunächst einen Blick auf die Funktionsweise Ihres Gedächtnisses werfen. Wie gelangt eine Information eigentlich in Ihren Kopf? Was geschieht dort mit ihr? Und: Bearbeitet Ihr Gedächtnis die aufgenommenen Informationen vielleicht ganz eigenständig weiter, ohne dass Sie sich dessen bisher bewusst waren?

Während Sie diesen Satz lesen stürmen pro Sekunde mehrere Millionen Informationen auf Sie ein. Diese werden Ihnen von Ihren Sinnesorganen übermittelt. Wie bereits an anderer Stelle angesprochen, speichert Ihr Gehirn die Ihnen zufließenden Daten erst einmal ab – und zwar prinzipiell unabhängig davon, wie wichtig diese sind. Der Bratenduft aus der Küche und das Quietschen von Autoreifen unter Ihrem Zimmerfenster werden etwa ebenso wahr- und aufgenommen wie die Ausführungen zur Informationsaufnahme, die Sie gerade lesen. Der Grund hierfür ist einleuchtend: Würden Sie sich diese Informationen nicht eine gewisse Zeit lang merken, könnten Sie damit nichts anfangen. Denn einzelne isolierte Informationen helfen Ihnen meist nicht weiter.

Sie speichern beispielsweise momentan die einzelnen Buchstaben und die sich daraus ergebenden Worte dieses Abschnitts ab. Andernfalls könnten Sie keinen zusammenhängenden Satz, ja nicht einmal ein einzelnes Wort in seiner Bedeutung verstehen. Der Sinngehalt des Textes würde sich Ihnen niemals erschließen, wenn Sie nur abstrakte Buchstabenfolgen aufnehmen würden.

Da von den vielen Informationen, die pro Sekunde auf Sie einstürmen, nur ganz wenige wirklich wichtig sind, „vergessen" Sie die übrigen Eindrücke schon nach kurzer Zeit wieder. Wie Sie bereits wissen, heißt „vergessen" in diesem Sinn, dass Sie diese Informationen in Ihrem Gedächtnisfundus wegen mangelnder Bedeutsamkeit so einlagern, dass Sie unter normalen Umständen keinen Zugriff mehr darauf haben. Anders ist das aber, wenn Sie sich etwa unter Hypnose erinnern sollen. Dann fällt Ihnen prompt wieder ein, welcher Duft aus der Küche zu Ihnen ins Zimmer drang und wie warm es an diesem Tag war.

Nehmen Sie als plastischen Vergleich einen Computer. Wenn Sie ein wichtiges Dokument wie etwa Ihre BGB-Hausarbeit unter dem Dateinamen „BGB-HA" speichern und sich diesen merken, können Sie den Text jederzeit wieder aufrufen. Wenn Sie ihn unter der Kennung „01001010" mit mehreren tausend anderen ähnlich bunt durcheinander benannten Dateien auf einer Festplatte speichern, werden Sie schwerlich jemals wieder darauf zugreifen können. Ihr Gedächtnis macht es im Prinzip ebenso. Nur ist es dabei jedem Computer um Millionen von Rechenoperationen überlegen.

2. Die Struktur Ihres Gedächtnisses

Alle von Ihnen aufgenommenen Informationen gelangen zunächst in Ihr **Ultrakurzzeitgedächtnis**. Dort bleiben Sie lediglich für einige Sekunden.

Danach sind sie nicht mehr abrufbar. Das ist auch gut so. Wenn Sie sich permanent an einige Tausend Informationen pro Sekunde erinnern würden, gäbe das ein völliges Chaos in Ihrem Kopf.

Ihr Ultrakurzzeitgedächtnis hat aber noch eine weitaus wichtigere Funktion, die Sie im Rahmen Ihrer Lektüre ganz besonders interessiert. Es ist nämlich gleichzeitig eine Art Filter. Dieser überprüft die unzähligen eingehenden Sinneseindrücke ständig daraufhin, ob sie wichtig genug sind, um in die nächste Stufe Ihres Gedächtnisses Einzug halten zu dürfen. Und damit sind wir auch schon am entscheidenden Punkt angekommen. Ihre Aufgabe für effizienteres Lernen besteht zunächst einmal darin, den Filter Ihres Ultrakurzzeitgedächtnisses in der Weise zu umgehen, dass alle wichtigen Lerninformationen durchgelassen werden und nicht schon nach wenigen Sekundenbruchteilen wieder verschwinden.

Die Lösung dieses Problems können Sie generell auf zwei verschiedenen Wegen erreichen:

- Die aufgenommene Information muss sich von allen anderen dadurch abheben, dass Sie sich für sie ganz besonders interessieren. Das ist etwa immer dann der Fall, wenn sie zur Erreichung eines von Ihnen bereits vorher selbst gesteckten Ziels dient.
- Die Information lässt sich mit einer bereits bekannten und gespeicherten Erinnerung in Zusammenhang bringen. Dieser Vorgang wird in der Psychologie als Assoziation bezeichnet.

Falls Ihnen das jetzt zu abstrakt war, ein ganz einfaches Beispiel. Angenommen, Sie kaufen sich ein tolles Paar neue Schuhe oder ein schickes Handy. Was passiert in den nächsten Tagen? Richtig, Ihnen fallen genau diese Schuhe bzw. dieses Handy plötzlich bei anderen Personen ganz häufig auf. Der Grund liegt darin, dass der Filter in Ihrem Ultrakurzzeitgedächtnis jetzt genau weiß, dass dieses Paar Schuhe bzw. dieses Handy für Sie wichtig sind. Daher lässt er die Information „meine Schuhe" bzw. „mein Handy" jetzt passieren und sortiert sie nicht mehr einfach nur aus, wie er das mit anderen Schuhen und Handys weiterhin zu Hunderten macht.

Hat die Information diesen ersten Filter überwunden, steht ihr der schwierigste Teil aber noch bevor. Sie gelangt nun ins **Kurzzeitgedächtnis**. Dieses behält sie aber nur für etwa einen Tag, dann wird sie automatisch wieder „vergessen". Anschließend können Sie die Information ebenfalls nicht mehr abrufen. Sie müssen also versuchen, die Information auch über diesen Filter hinweg zu transportieren, um sie weiterhin griffbereit im Kopf zu haben. Und das ist der eigentliche Knackpunkt, bei dem Sie es als Student oder Referendar normalerweise mangeln lassen. Trösten Sie sich: Es geht praktisch allen Menschen so. Doch Sie wollen ja Ihren Lernerfolg steigern. Was also ist zu tun? Für die Antwort auf diese Frage ist es von entscheidender Bedeutung, dass Sie sich über das zugrunde liegende Problem in seinem gesamten Umfang wirklich im Klaren sind.

Angenommen Sie beschäftigen sich einen Tag lang konzentriert und gründlich mit allen Fragen zur Widerklage. Stunden später gehen Sie zufrieden schlafen, der Stoff „sitzt". Sie haben die Informationen zum Thema „Widerklage" in Ihr Kurzzeitgedächtnis befördert. Aber Vorsicht! Sie glauben jetzt, Sie hätten die Materie „gelernt" und nehmen sich anderntags einen neuen ZPO-Bereich vor. Ihr Kurzzeitgedächtnis beginnt allerdings spätestens nach vierundzwanzig Stunden ganz von selbst damit, das von Ihnen erworbene Wissen „zu löschen". Genau genommen wartet es gar nicht einen Tag lang, sondern startet sofort mit der Tilgung der neuen Materie. Die Kenntnis dieses Vorgangs ist immens wichtig. Weitere Einzelheiten hierzu erfahren Sie im fünften Abschnitt dieses Buches.

Erinnern Sie sich an die Behauptung gleich zu Beginn dieses Buches? Sie wurden am Anfang Ihrer Lektüre darauf hingewiesen, dieses Buch mehrmals lesen zu müssen, wenn Sie die darin enthaltenen Anregungen wirkungsvoll umsetzen wollen. Nun kennen Sie den Grund für diese Behauptung. Ihr Kurzzeitgedächtnis hat längst erfolgreich damit begonnen, die von Ihnen in den ersten beiden Abschnitten aufgenommenen Informationen wieder zu löschen. Neurologen haben übrigens herausgefunden, dass es sich beim Vergessen keineswegs um einen passiven Vorgang handelt, wie man annehmen könnte, sondern dass unser Gehirn äußerst aktiv daran arbeitet, um Dinge zu vergessen.

Tipp: Es bringt Sie keinen Millimeter weiter, wenn Sie sich über das Vergessen ärgern. Versuchen Sie stattdessen, es als das zu sehen, was es wirklich ist: Der Beweis dafür, dass Ihr Gedächtnis hervorragend arbeitet. Denn das gezielte Vergessen ist ein wichtiger Bestandteil des Lernens, auch wenn es Ihnen momentan nicht sehr erstrebenswert erscheinen mag.

Was Sie letztlich wirklich erreichen wollen ist, auch diesen zweiten Filter zu umgehen und die Informationen vom Kurzzeitgedächtnis direkt in Ihr **Langzeitgedächtnis** zu transportieren. Und dort sollen sie jederzeit abrufbar aufbewahrt werden. Dieses Ziel erreichen Sie am schnellsten, indem Sie immer konsequent mit den beiden nachfolgend erörterten Strategien arbeiten, die Ihnen ein solides Fundament für Ihren Lernerfolg bieten.

IV. Die beiden Grundpfeiler des effektiven Lernens

1. Der dreiteilige Lernvorgang

Um einen besseren Eindruck vom Ablauf des Lernens zu erhalten, greifen Sie am besten zu einem Trick. Trennen Sie jeden Lernvorgang gedanklich in drei gleich große Teile:

- Die Motivationsphase.
- Die Informationsaufnahme.
- Die Belohnungsphase.

Das Entscheidende ist: Jede dieser drei Phasen ist für den Lernvorgang gleich wichtig, obwohl die Informationsaufnahme fast Ihre gesamte Zeit in Anspruch nehmen wird. Das bedeutet nichts anderes, als dass Sie mit sehr geringem Aufwand Ihren Lernerfolg steigern können, wenn Sie den beiden anderen Phasen von nun an die gebührende Aufmerksamkeit schenken.

2. Motivation

Fast alle Studenten und Referendare beginnen mit dem Lernen, ohne sich jemals genau damit auseinander gesetzt zu haben, warum sie dies eigentlich tun. Dieser Fehler wird Ihnen nicht unterlaufen. Bereits zu Beginn Ihrer Lektüre haben Sie erfahren, dass es für das Lernen von entscheidender Bedeutung ist, welche persönlichen Ziele Sie sich bewusst gesetzt haben. Darüber hinaus haben Sie sich mit Ihrem persönlichen Lernzweck auseinandergesetzt. Diese Vorbereitung, das willentliche Konzentrieren auf die gesetzten Ziele und den Zweck, ist wichtiger als das Lernen selbst. Sie müssen diese Vorarbeiten daher im Idealfall bei jedem Lernvorgang aufs Neue leisten. Stellen Sie sich also immer kurz die Frage, wozu Sie ein bestimmtes Themengebiet erlernen wollen. Sollte Ihnen darauf einmal keine passende Antwort einfallen, müssen bei Ihnen sofort die Alarmglocken schrillen.

Die Beschäftigung mit der strafrechtlichen Abgrenzung von Täterschaft und Teilnahme lohnt sich demgemäß nur, wenn Sie zuvor kurz den Sinn dieser Tätigkeit klar gemacht haben. Schreiben Sie dann beispielsweise auf einen kleinen Zettel, dass dieser Themenbereich zentraler Gegenstand für die bevorstehende Klausur in der Strafrechtsübung ist. Das schriftliche Fixieren hilft Ihnen dabei, sich während der Niederschrift einen Moment lang vollkommen auf Ihr Ziel zu konzentrieren. Aber selbst dann, wenn Sie sich den Sinn Ihres Tuns nur kurz in Gedanken vergegenwärtigen, bevor Sie mit der Informationsaufnahme starten, haben Sie schon viel gewonnen.

Wenn Sie sich Ihre Ziele und den Lernzweck wie empfohlen regelmäßig vor Augen führen, werden Sie bald keinerlei Motivationsprobleme mehr kennen. In der Motivationsforschung teilt man Ziele übrigens in unterschiedliche Gruppen ein. Dabei treten einige sehr interessante Gesichtspunkte zu Tage, die für jedes Motiv gelten:

– Spezielle Motive sind immer besser als allgemeine. Nehmen Sie sich deshalb nicht nur pauschal vor, Ihre Seminararbeit im Deliktsrecht einfach zu bestehen, sondern legen Sie die exakte Punktzahl fest, die Sie erreichen wollen.
– Vergegenwärtigen Sie sich fortwährend, warum Sie eigentlich gerade ein bestimmtes Rechtsgebiet lernen. Warum ist Erbrecht wichtig? Was haben Sie davon, wenn Sie wissen, in welchem Zeitpunkt eine Willenserklärung als zugegangen gilt?
– Wenn Sie etwas für sich selbst zur Erreichung Ihres eigenen Zieles tun und dabei Spaß haben, kann Sie nichts aufhalten. Wenn Sie umgekehrt etwas nur deshalb tun, weil Sie es laut Studienordnung tun müssen, wird es Ihnen nichts als lästig sein.

Wie können Sie diese zentralen Erkenntnisse nun in die Praxis umsetzen? Probieren Sie doch einmal die nachstehenden Vorschläge aus:

– Suchen Sie immer nach den positiven Aspekten. Vor allem dort, wo Sie diese zunächst nicht vermuten würden. Selbst das gefürchtete Hypothekenrecht wird interessant und spannend, sobald Sie entdecken, dass ein solches juristisches Gebilde auch auf dem Grundstück Ihres Nachbarn lastet.
– Fragen Sie jemanden, den Sukzessivlieferungsverträge so unwahrscheinlich interessieren, warum das so ist. Im Regelfall erhalten Sie eine so fundierte Antwort, dass Sie die ganze Sache plötzlich selbst hochinteressant finden und mehr darüber wissen wollen.
– Arbeiten Sie mit motivierten Menschen zusammen. Dieses Teamwork wirkt auch auf ihre Motivation ansteckend. Umgekehrt sollten Sie unmotivierte, destruktive Charaktere aus Ihrem Arbeitsplan verbannen. Es ist allein Ihre Entscheidung, mit wem Sie arbeiten wollen.

- Motivieren Sie sich optisch. Listen Sie täglich auf, was Sie geleistet haben. Einige Stichworte im Kalender genügen. Diese optische Kontrolle spornt Sie besonders an. Sie haben zu diesem Thema schon viele Anregungen in dem entsprechenden Abschnitt über die Planung erhalten.
- Eifern Sie den großen Wissenschaftlern nach, die von der Neugier getrieben wurden. Entfachen Sie Ihren Wissensdrang und blicken Sie hinter die Kulissen der Juristerei. Interessieren Sie sich für Rechtsgeschichte, verfolgen Sie Entwicklungen von Rechtsfiguren und der Rechtsprechung. Hauchen Sie trocken erscheinenden Gebieten Leben ein, indem Sie den damit untrennbar verbundenen Personen Aufmerksamkeit schenken. Begeistern Sie sich für die „Grabenkämpfe", die zwischen einzelnen Professoren, den verschiedenen Senaten der Obergerichte oder zwischen den Obergerichten selbst toben.
- Versuchen Sie immer, sich selbst Fragen zu stellen und diese anschließend zu beantworten. Die Aufforderung Ihres AG-Leiters, die heutige Stunde zu Hause zu wiederholen, wird bei Ihnen nur wenig Energie freisetzen. Wenn Sie aber von sich selbst verlangen, einige Antworten auf noch offene Fragen über die Thematik der Erteilung eines Erbscheines zu finden, werden Sie den Stoff viel konzentrierter nacharbeiten.

Tipp: Ihr Gedächtnis leistet immer nur das, was Sie ihm abverlangen. Seien Sie deshalb nicht zu zögerlich, sondern fordern Sie es.

Zur Motivation gehört noch ein weiterer wichtiger Aspekt. Wie Sie bereits wissen, filtert Ihr Gedächtnis sofort alle eingehenden Reize. Dabei werden die ankommenden Informationen an den vorhandenen Zielen gemessen und dementsprechend abrufbar gespeichert – oder nicht. Um Informationen besser aufnehmen zu können, sollten Sie also dafür sorgen, dass Sie Ihrem Gedächtnis auch tatsächlich entsprechende Ziele vorgeben.

Michael liest beispielsweise ein Buch über Aktienrecht. Das Thema interessiert ihn eigentlich überhaupt nicht. Paula hingegen besitzt selbst einige Aktien. Sie ist motiviert, denn sie möchte in Zukunft mehr über dieses Thema wissen. Michael liest 30 Seiten und stellt dann fest, dass er in den letzten zwei Stunden praktisch nichts behalten hat. Paula hingegen speichert bereits beim ersten Durchlesen viele Informationen im Gedächtnis. Die von ihr aufgenommenen Reize werden sofort an ihrem Ziel gemessen. Das Interesse, das sie dem Aktienrecht entgegenbringt, lässt die eingehenden Informationen den Filter des Ultrakurzzeitgedächtnisses passieren.

3. Belohnung

Sie müssen aber nicht nur Vorarbeiten leisten, wenn Sie etwas effektiv lernen wollen. Genauso wichtig ist eine gute Nachbereitung. Die präzise Erfassung Ihrer Ziele ist die Voraussetzung für die reibungslose Überwindung des Filters „Ultrakurzzeitgedächtnis". Ebenso können Sie die auf diese Weise bereits erlangten Informationen dem Filter „Kurzzeitgedächtnis" entziehen, wenn Sie mit ständigen Belohnungen arbeiten. Selbstverständlich haben Sie bereits davon gehört, dass man sich für jede juristische Lernarbeit belohnen sollte. Die Schwierigkeit dieses Systems besteht allerdings darin, die richtige Art der Gegenleistung zu wählen.

Welche Anforderungen müssen Sie nun an eine effektive Belohnung stellen? Lernexperimente haben gezeigt, dass als Belohnung grundsätzlich bereits das Wissen um die Richtigkeit des eigenen Verhaltens ausreicht. Die bloße Erkenntnis, dass Sie auf eine Frage die richtige Antwort gegeben haben, genügt daher bereits als wirksame Belohnung. Allerdings müssen Sie noch eine zusätzliche Hürde überwinden, damit das System perfekt funktioniert. Die Bestätigung der Antwort als richtig muss nämlich möglichst umgehend erfolgen. Anders ausgedrückt: Sie müssen sich sofort belohnen. Und genau hier liegt eine Hauptschwierigkeit beim Lernen. Die meisten Belohnungen erfolgen nämlich naturgemäß nicht sofort, sondern werden nur mehr oder weniger vage in Aussicht gestellt. Das hat zur Folge, dass diese Belohnungen keinerlei Wirkung auf Ihr Lernverhalten haben.

Sie empfinden es nicht als Belohnung, wenn Sie sich durch die „Mephisto-Entscheidung" des Bundesverfassungsgerichts wühlen und Ihnen als einziger Trost für diese Anstrengung lediglich der Gedanke bleibt, dass Sie damit in fünf Jahren in Ihrem Examenszeugnis vielleicht Ihren Schnitt um drei Hundertstel heben können. Das Problem ist deutlich: Die Aussicht auf eine bessere Examensnote kann Ihre Motivation steigern, sie versagt aber als Belohnung. Darum können Schüler beispielsweise nicht mit der Aussicht auf gute Noten im Zeugnis dazu gebracht werden, den Stoff für die Chemieprüfung der nächsten Woche besser zu verstehen. Denn eine Belohnung in weiter Ferne versagt, sie wird lerntechnisch nicht wirksam. Man könnte auch sagen: Gelernt wird nur das, was sofort befriedigende Resultate für den Lernenden bringt. Als solches Resultat genügt bereits das Wissen um die richtige Antwort, die man gegeben hat. Wenn die Antwort nun noch von einer dritten Person als richtig bestätigt wird, vervielfacht sich diese Belohnung für den Lernenden.

„Wie kann man das erreichen?" fragen Sie nun. Eigentlich relativ einfach. Ein hervorragender Weg ist die Arbeitsgruppe. Fragen und Antworten werden im Rahmen des Teamworks erläutert, Sie erhalten ein permanentes Feedback. Natürlich erkennen Sie sofort, welche entscheidende Bedeutung die sorgsame Auswahl Ihrer Mitstreiter in diesem Fall hat.

Alternativ können Sie für Ihre alltägliche Arbeit eine ganz besondere Geheimwaffe zur Hand nehmen: Die Karteikarte. Auf einer Seite steht die Frage, auf der anderen die entsprechende Antwort. Weil dieses Lernmittel so ungeheuer praktisch und effektiv ist, erfahren Sie im nächsten Abschnitt noch mehr Details über seine Anwendung.

Beherzigen Sie bitte die folgenden Anmerkungen:

- Ein fernes Ziel ist als Belohnung zu wenig. Nur sofortiger Erfolg ist ein ausreichender Ansporn für Ihr Gedächtnis. Sie belohnen sich beispielsweise wesentlich effektiver mit einer zweiminütigen Pause am Ende eines zu lesenden Abschnitts über Verwaltungsakte als mit der Aussicht auf eine Englandreise in den nächsten Semesterferien.
- Sie müssen Ihre Erfolge ständig kontrollieren. Feiern Sie besser täglich das von Ihnen bewältigte Pensum mit einem Glas Mineralwasser als jeden Monat einmal groß Essen zu gehen.
- Viele kleine Erfolge sind besonders effektiv. Entschädigen Sie sich für jede richtige Antwort mit einem Gummibärchen, anstatt sich erst nach getaner Lernarbeit eine ganze Tüte davon zu genehmigen.
- Art oder Form der Belohnung sind generell unerheblich. Sie müssen sich daher nicht immer mit einem Stück Schokolade belohnen. Für das sofortige Erfolgserlebnis genügt es Ihrem Gedächtnis bereits, dass Sie erfahren, dass die von Ihnen gegebene Antwort richtig war. Das bietet Ihnen zwei riesige praktische Vorteile: Sie schonen Ihren Geldbeutel und außerdem noch Ihre schlanke Linie.

> **Tipp:** Die praktische Bedeutung der Belohnungsphase wird völlig unterschätzt. Das liegt daran, dass die Mehrheit der Lernenden davon ausgeht, dass der Lernvorgang mit dem Ende der Informationsaufnahme abgeschlossen wäre. Ist er aber nicht! Daher lässt sich durch den bewussten Einsatz der Belohnungsphase mit minimalem Aufwand ein maximales Resultat für Ihren Lernerfolg erzielen.

4. Zusammenfassung

Arbeiten Sie konsequent mit dem erfolgreichsten Gespann der Lernpsychologie:

- Motivieren Sie sich vor jeder anstehenden juristischen Arbeit.
- Belohnen Sie sich nach jeder getanen juristischen Arbeit.

Skizzieren Sie jetzt bitte auf einem Blatt Papier kurz graphisch die einzelnen Phasen jedes Lernvorgangs. Sie haben dazu eine Minute Zeit.

V. Der Kniff mit der Lernkartei

Natürlich kennen Sie das Hilfsmittel „Karteikarte" nur zu gut. Jurastudenten scheinen auf den ersten Blick vorbildlich mit diesem als optimal geltenden Lernmittel umzugehen. Aber das gilt nur vordergründig. Viele angehende Juristen legen zwar Hunderte von Karten und Dutzende von Karteikästen an, ziehen aber nicht ein einziges Mal die Vorteile daraus, die ihnen dieses System eigentlich wirklich bietet. Sie verwenden die Karteikarte lediglich als Hilfsmittel zur Informationsaufnahme. Wie Sie allerdings wissen, ist dieser Input nur der erste Schritt auf dem Weg zum Erfolg. Der tatsächliche Knackpunkt folgt erst später, wenn es darum geht, die Informationen nicht wieder zu vergessen. Werfen wir nun einen Blick auf die Vorteile, die Ihnen das Lernen mit Karteikarten bietet.

Zunächst sind Karteikarten deshalb so interessant, weil Sie diese selbst anlegen müssen. Nur von solchen selbst gemachten Karten soll hier die Rede sein. Sie haben beim Anfertigen der Karten folgende Vorteile:

- Sie lernen, aus Lehrbüchern und Skripten die wesentlichen Aussagen von den unwesentlichen zu unterscheiden.
- Sie erwerben die Fähigkeit, ausführliche Informationen in prägnante Kurzform zu bringen.
- Sie wiederholen beim Niederschreiben bereits den Stoff, den Sie beim vorangegangenen Lesen aufgenommen haben.
- Sie können sich mit Hilfe der Karteikarte optimal belohnen. Schreiben Sie dazu auf die Vorderseite eine juristische Frage und auf die Rückseite die entsprechende Lösung. Um Ihre Antwort zu überprüfen, müssen Sie lediglich die Karte umdrehen. Sie erfahren also sofort, ob Sie mit Ihrem Ergebnis auf der richtigen Fährte waren.

Bei der Anfertigung von Karteikarten ist es wichtig, dass Sie einige Grundregeln beachten. Der oberste Grundsatz lautet: Sie dürfen pro Karte nicht zu viele Informationen aufschreiben. Ansonsten wird diese unübersichtlich und bringt Ihnen keine Lernvorteile mehr. Am besten wäre es, den Stoff in möglichst kleine Teile zu zerlegen, etwa in einzelne Fragen und Antworten. Schreiben Sie dazu die Frage auf die Vorderseite der Karteikarte, die Antwort auf die Rückseite.

Dieses System bietet Ihnen den zusätzlichen Vorteil, dass Sie beim Wiederholen die Karte nach einer richtigen Antwort nicht noch einmal abfragen müssen, sondern auf dem Stapel „gewusst" ablegen können. Das ist Ihnen jedoch nur dann möglich, wenn Sie auf der Karte nur eine Frage stehen haben. Sind darauf zehn verschiedene Fragen vermerkt und wussten Sie nur eine einzige Antwort nicht, müssen Sie trotzdem die gesamte Karte repetieren. Sie machen sich in diesem Fall unnütze Arbeit, denn neun der zehn Antworten wissen Sie ja ohnehin bereits. Die Folge davon ist nicht nur ein enormer Zeitverlust. Sie büßen außerdem schnell den Spaß an der Sache ein. Statistisch gesehen werden Sie fast immer eine von zehn Fragen nicht beantworten können. Deshalb bleiben es auch immer gleich viele Karten, die Sie wiederholen müssen. Der Anblick des sich nie verändernden Stapels frustriert Sie auf Dauer. Können Sie andererseits jede Karte bei Seite legen, die Sie gewusst haben, nimmt der Stapel des Unwissens ständig ab. Dieses andauernde Erfolgserlebnis motiviert Sie schon rein optisch permanent. Außerdem hat man den Vorteil, dass man sein Lerntempo völlig frei gestalten kann.

Eine häufig für das Vokabellernen eingesetzte Variante der Lernkartei, mit der man aber auch Definitionen oder mnemotechnische Merkbilder hervorragend wiederholen kann, ist die Unterteilung des Karteikastens mit Trennblättern in fünf (für mnemotechnische Merkbilder genügen auch vier) einzelne Fächer. Das Lernen funktioniert dann folgendermaßen:

- Stellen Sie die ersten dreißig Karteikarten mit Definitionen in das erste Fach der Kartei.
- Nehmen Sie nun eine Karte nach der anderen und beantworten Sie die dort gestellten Fragen.
- Bei einer richtigen Antwort stecken Sie die Karte ins zweite Fach, bei einer falschen Antwort kommt die Karte erneut hinten ins erste Fach.
- Ob Sie eine Antwort als richtig oder falsch einstufen, liegt in Ihrem eigenen Ermessen. Insofern gilt: War Ihre Lösung nicht präzise, nutzt es Ihnen wenig, Sie dennoch als „gewusst" durchgehen zu lassen. Denn spätestens beim nächsten Wiederholvorgang wird diese Karteikarte dann unweigerlich wieder im ersten Fach landen.
- Nach dem ersten Durchgang füllen Sie das erste Fach mit neuen Karten auf. Neben diesen befinden sich auch weiterhin die Karten mit den beim ersten Durchgang falsch gegebenen Antworten darin. Nehmen

Sie jetzt wieder eine Karte nach der anderen und gehen Sie wie oben beschrieben vor.

- Die im zweiten Fach gelandeten Karten wiederholen Sie später nach demselben Prinzip: Können Sie die richtige Antwort erneut geben, wandert die Karte ins dritte Fach. Ist die Antwort falsch, stellen Sie die Karte zurück ins erste Fach.
- Das Grundprinzip bleibt also stets gleich.
- Wann Sie die Karten aus den einzelnen Fächern wiederholen, bleibt prinzipiell Ihnen überlassen. Beim Vokabellernen geht man beispielsweise regelmäßig so vor, dass ab dem zweiten Fach wöchentlich wiederholt wird. Falls Sie die Kartei also zum reinen Auswendiglernen von Definitionen nutzen, können Sie sich an dieser Vorgabe orientieren.
- Falls Sie die Kartei nutzen, um systematische Zusammenhänge oder mnemotechnische Merkbilder zu lernen, sollten Sie die Wiederholungen an Ihre Vergessenskurve anpassen. Das heißt, dass die Wiederholungen am besten am ersten, am neunten und am dreißigsten Tag nach dem Lernen erfolgen sollten. Warum das so ist, erfahren Sie später ausführlich, wenn Sie sich näher mit Ihrer Vergessenskurve beschäftigen.

Mit Karteikarten lassen sich exzellent Definitionen erlernen, da hier eine Aufteilung in Frage und Antwort besonders gut möglich ist und es auf die wörtliche Beherrschung der Begriffsbestimmungen ankommt. Natürlich sind sie auch zur Aneignung von jedem anderen Lernstoff geeignet.

Allerdings erkennen Sie sofort, wo der Nachteil dieser Methode liegt. Wenn Sie auf diese Weise ein „klassisches Lehrbuch" aufschlüsseln wollen, brauchen Sie dafür enormes Durchhaltevermögen. Hier bietet sich aber eine weitere Möglichkeit an, um Zeit zu sparen. Bei einem kompletten Lehrbuch gehen Sie am besten so vor:

- Zerlegen Sie den wichtigen Inhalt des Buches in kleine Häppchen.
- Übernehmen Sie diese Teile anschließend als Lückentext auf Ihre Karteikarten.
- Für jedes Schlüsselwort setzen Sie eine leere Klammer.
- Anschließend notieren Sie die gesuchten Schlüsselworte auf der Rückseite der Karte.
- Anschließend notieren Sie die gesuchten Schlüsselworte auf der Rückseite der Karte.
- Ergänzen Sie die gesuchten Worte dann während des Wiederholens.

Und hier ein Beispiel:

Vorderseite der Karte	Rückseite der Karte
Die Grundrechte werden unterteilt in (...) und (...).	(Menschenrechte) (Bürgerrechte)
Die Menschenrechte lassen sich in vier Bereiche gliedern, in (...), in (...), in (...) und in (...).	(Freiheitsrechte) (Gleichheitsrechte) (Unverletzlichkeitsrechte) (Soziale Rechte)

Beachten Sie bitte: Weggelassen werden immer nur die Schlüsselworte. Außerdem müssen Sie eine klare Trennung von wichtigen und unwichtigen Informationen treffen. Ansonsten ist die Gefahr groß, dass Sie sich in Nebensächlichkeiten verzetteln. Diese Trennung erreichen Sie problemlos, indem Sie den zu bearbeitenden Textabschnitt in kleine Fragen und Antworten aufspalten. Sie erhalten dann schnell einen Überblick, welche Informationen für Ihre künftige Lernarbeit bedeutsam sind.

Im vorstehenden Beispiel wurden die Informationen zusätzlich bewusst auf zwei verschiedene Karten verteilt. Nur auf diese Weise lassen sich die oben geschilderten Vorteile des Systems erhalten. Vielleicht scheint Ihnen das geschilderte Verfahren auf den ersten Blick umständlicher zu sein, als wie bisher möglichst viele Details auf eine einzige Karte zu bannen. Doch Sie wissen mittlerweile: Nur andauernder Erfolg gibt Ihnen das permanente Gefühl der Befriedigung, das Sie brauchen, um beim Lernen konsequent am Ball zu bleiben. Es ist unter normalen Umständen oft schwierig, unablässig für Erfolgserlebnisse zu sorgen, sofern Sie ohne Gruppenarbeit für sich alleine lernen müssen. Mit Hilfe der beschriebenen Karteikartenmethode können Sie jedoch erreichen, dass Sie sich kontinuierlich belohnen. Jede richtige Antwort, die Sie geben und deren Richtigkeit Sie sofort überprüfen können, ist ein Schritt zu größerem Lernerfolg.

Tipp: Lernen ist individuell. Während viele angehende Juristen die Arbeit mit der Lernkartei geradezu lieben, können manche damit rein gar nichts anfangen. So ist es auch mit manch anderen Lernmethoden wie beispielsweise mit dem Anfertigen von Mindmaps oder dem Einsatz von Lernsoftware. Ob die jeweilige Methode für Sie persönlich geeignet ist oder nicht, müssen Sie selbst ausprobieren und entscheiden. Wichtig ist, dass Sie sich überhaupt mit der Verbesserung Ihres Lernerfolges auseinandersetzen.

VI. Die wichtigsten Fragen in Ihrem Leben

Für die Aufnahme jedes Lernstoffes kommt es entscheidend darauf an, ob Ihr Interesse für das jeweilige Thema geweckt ist. Sie müssen alles dafür tun, um diese Neugier in Ihrem Inneren zu entfachen. Es gibt eine sehr einfache und überaus wirkungsvolle Methode, um diese Absicht zu verwirklichen: Fragen Sie!

Als Kind taten Sie automatisch das Richtige. Sie haben Ihre Umwelt permanent mit der Frage „warum" in Atem gehalten. Warum? Weil Sie lernen wollten! Doch niemand gibt gerne zu, dass er auf Dauer nicht in der Lage ist, alle Ihre wichtigen und schlauen Fragen nicht beantworten zu können. Darum brachte man Ihnen bei, dass sich die Frage nach dem „warum" nicht geziemt und Sie mussten nach einiger Zeit resigniert aufgeben, weiter Fragen zu stellen. Heute stellt sich die Situation für Sie anders dar: Sie wissen, wie wichtig Fragen für Ihr Lernen und Denken sind. Gewöhnen Sie es sich deshalb ruhig wieder an, konsequent den Sinn hinter allem und jedem zu erfragen. Das gilt besonders für juristische Zusammenhänge. Da Ihre momentane Umwelt es auch jetzt sehr schnell leid sein wird, ständig Ihre Fragen zu beantworten, müssen Sie wohl oder übel dazu übergehen, sich die Antworten in den meisten Fällen selbst zu besorgen. Lehrbücher, Zeitschriften, Bibliotheken und das Internet sind nur einige Hilfsmittel, das gewünschte Hintergrundwissen aufzubauen.

Tipp: Einige wenige kurze Worte sollten für Sie künftig zu den wichtigsten Arbeitsmitteln beim Lernen werden, nämlich die Fragen: Warum? Wozu? Weshalb?

Gerade als Rechtswissenschaftler sollten Sie niemals aufhören, diese Fragen zu stellen, auch wenn Ihnen so mancher Mitmensch – Jurist oder Nichtjurist, Anwalt, Richter, Beamter, Politiker, Mandant oder Gesetzgeber – deutlich zu verstehen geben wird, dass diese kritische Denkweise nicht immer gern gesehen ist.

Probieren Sie es aus. Zum Start genügen Ihnen bestimmt folgende Anregungen:

- Mitte 2013 hat das Land Mecklenburg-Vorpommern ein dort seit 1999 geltendes Gesetz zum Schutz der Verbraucher (mit 6 Paragraphen) wieder abgeschafft. Berühmt war dieses Gesetz wegen seines Namens geworden. Er sollte ursprünglich „Rinderkennzeichnungs- und Rindfleischetikettierungsüberwachungsaufgabenübertragungsgesetz" lauten, wurde dann aber auf Grund aufkeimender öffentlicher Kritik auf „Rindfleischetikettierungsüberwachungsaufgabenübertragungsgesetz" gekürzt. Was spricht Ihrer Meinung nach für einen Gesetzesnamen mit 86 bzw. 63 Buchstaben, was dagegen?
- Kennen Sie das EEG (Erneuerbare-Energien-Gesetz)? Versuchen Sie einmal, einen Aufsatz von einem unabhängigen (also weder bei einem Konzern noch beim Bundesumweltministerium beschäftigten) Juristen zu finden, der dieses Gesetz für sinnvoll hält. Viel Spaß dabei!
- Als Herr Eder mit seinem Lehrling Pumuckl in München eine Schreinerei eröffnen möchte, wird ihm von der zuständigen Handwerkskammer mitgeteilt, dass er dabei künftig mehr als 2000 Gesetze, mehr als 3000 Rechtsverordnungen und mehr als 85.000 Einzelvorschriften zu beachten habe, die allesamt Handwerksbetriebe betreffen. Sehen Sie in dieser Regelungswut eher einen Fluch oder einen Segen?
- Wissen Sie eigentlich, was die EU in den nächsten Jahren auf dem Gebiet des Zivilrechts alles reformieren will? Nein? Sollten Sie aber! Lesen Sie dazu den immer noch aktuellen Artikel „Europäisches Zivilrecht – die nächsten Etappen" (ZEuP 2011, 451 ff.). Sie werden definitiv überrascht sein!
- Essen Sie Ihre Pommes an der Imbissbude eigentlich im Sitzen oder im Stehen? Was mich das angeht? Gar nichts. Aber die Finanzverwaltung will es wissen. Nachzulesen in einer Entscheidung des BFH (Urteil vom 30.06.2011, Az. V R 35/08, BFHE 234, 491) zur Umsatzbesteuerung von Speisen an Imbissbuden und Kioskständen. Ist diese Rechtsprechung in Ihren Augen praxistauglich?
- Nehmen Sie einen Zettel und skizzieren Sie darauf, welchen Sinn Ihrer Meinung nach das Bundesgesetzblatt hat. Lesen Sie zu dieser Frage in den nächsten Tagen den kurzen (!) Aufsatz von Zuck, NJW 2002, 3066 f. Sie werden anschließend sicherlich etwas überrascht sein und garantiert neue Erkenntnisse gewonnen haben.

– Für alle echten Forscher unter Ihnen, hier der ultimative Tipp für einige spannende Stunden in neuerer Deutscher Rechtsgeschichte. Haben Sie schon einmal über das Gesetzgebungsverfahren hinsichtlich des „Gesetzes zur Modernisierung des Schuldrechts" gehört, das am 01.01.2002 In Kraft getreten ist? Falls nicht: Schreiben Sie in Stichpunkten auf einem Zettel auf, wie Ihrer Meinung nach der Gang des entsprechenden Gesetzgebungsverfahrens ausgesehen haben müsste. Versuchen Sie dann, die Historie des gesamten Verfahrens nachzulesen. Wundern Sie sich nicht, wenn Sie dabei auf die Jahreszahl 1978 stoßen! Wie lange glauben Sie, hätte ein Abgeordneter wohl gebraucht, um den kompletten Gesetzesentwurf zu lesen? Wie lange hatten die Abgeordneten damals tatsächlich dazu Zeit? Wie viele Änderungsvorschläge hat der Bundesrat am 09.11.2001 gefordert? In welcher Zeitspanne wurden die Änderungen eingearbeitet? Sie werden über die Antworten staunen!

VII. Die Programmierung des Lernstoffes

Jeder Lernvorgang lässt sich in drei Abschnitte einteilen, die Motivationsphase, die Informationsaufnahme und die Belohnungsphase. Mit dem Motivieren, dem „vorher", und dem Belohnen, dem „nachher", haben Sie sich bereits beschäftigt. Dazwischen liegt die eigentliche Speicherung der Informationen im Gehirn. Die nächsten beiden Kapitel beschäftigen sich ausführlich mit der effektiveren Gestaltung dieses Speicherprozesses und enthalten für Sie eine Menge Hinweise, wie Sie diesen Vorgang für sich selbst verbessern können. Vorweg bereits ein kurzer Blick auf das zu Grunde liegende Prinzip.

Nachdem Sie einen juristischen Stoff erarbeitet haben, müssen Sie ihn sinnvoll abkürzen. Der Konzentration einer großen Anzahl von Informationen auf ein einziges prägnantes Kürzel kommt dabei zentrale Bedeutung zu. Mit diesem System sind Sie seit Ihrer Geburt erfolgreich, wahrscheinlich ohne es zu wissen. Denn überall wird mit Abkürzungen gearbeitet. Die verblüffendste Form davon ist die Sprache. Denken Sie bitte darüber nach, was das Wort „Tisch" eigentlich bedeutet. Es ist nichts anderes als ein geniales Kurzwort für eine komplizierte Ansammlung von Materie, das allgemein anerkannt ist. Aber nicht nur Worte, sondern auch Zahlen sind nichts weiter als Abkürzungen. Gleiches gilt natürlich auch für Verkehrszeichen. Sie merken sich Zeit Ihres Lebens alle erdenklichen Erscheinungen in Kürzeln. Nichts anderes gilt im rechtlichen Bereich.

Vergegenwärtigen Sie sich bitte, was der Begriff „Mord" für Sie als Student oder Referendar bedeutet. An diesem Beispiel sehen Sie besonders deutlich, wie perfekt dieses System funktioniert. Während der „Normalverbraucher" sich darunter gerade mal eine „Leiche" vorstellen kann, rattert bei Ihnen wie auf Kommando einiges mehr durch die Gehirnwindungen: Wahrscheinlich fällt Ihnen der Streit um die Systematik der Tötungsdelikte ein, einige der Mordmerkmale, das Stichwort „lebenslänglich" und letztlich sicherlich auch noch „§ 28 StGB". Jeder dieser Gedanken bildet für sich gesehen wiederum nichts anderes als ein Kürzel für weitere Sachverhalte. So steht die Abkürzung „Heimtücke" für Stichworte wie Argund Wehrlosigkeit und das Problem der „feindseligen Willensrichtung". Vergegenwärtigen Sie sich, dass unsere gesamten Gesetzestexte im Prinzip nichts anderes darstellen, als eine Anhäufung von Abkürzungen. Die einzige Besonderheit dabei ist, dass sie gezielt für Juristen formuliert sind. Dieses Ergebnis nennt man schlicht und einfach Fachsprache.

Mit diesem alltäglichen System vor Augen wird nun auch verständlich, worum es in den folgenden Kapiteln geht. Es macht für Sie wenig Sinn, sich unendlich viele einzelne Details abstrakt merken zu wollen. Streben Sie stattdessen immer nach einer griffigen Abkürzung, mit der Sie die Einzelheiten in Ihrem Gedächtnis verknüpfen können. Reduzieren Sie komplizierte und langatmige Sachverhalte auf ein originelles und treffendes Kürzel. Ein solches Symbol können Sie schneller und effektiver in Ihrem Gehirn speichern als umständliche juristische Details.

Falls Sie sich in diesem Zusammenhang dafür interessieren, wie das „Speichern" und „Abrufen" von Informationen in Ihrem Gehirn genau von statten geht, sind Sie leider auf Vermutungen angewiesen. Diese Frage konnte von der Wissenschaft bisher nicht abschließend geklärt werden. Im Gegenteil, die Rätsel um Kapazität und Funktionsweise des menschlichen Gedächtnisses scheinen immer größer zu werden. Angenommen Sie lesen oder hören das Wort „Bürgschaft". Ihre Sinne nehmen diese Information auf und leiten sie in das korrespondierende Feld im Gehirn weiter. Die Informationsverarbeitung, besser gesagt die Kurzspeicherung, erfolgt im Inneren der Schläfenlappen Ihres Gehirns sowie in den angrenzenden Teilen des Hypothalamus. Die Langzeitspeicherung findet anschließend vor allem in den Vorderschläfenlappen statt. Dort befindet sich sozusagen Ihr Langzeitgedächtnis. Allerdings gehen die wissenschaftlichen Meinungen spätestens an dieser Stelle weit auseinander. So deuten viele Anzeichen darauf hin, dass Ihr Verstand alle Sinneseindrücke zunächst in unterschiedlichen Regionen Ihres Gehirns verarbeitet, um sie erst anschließend wieder zu einem Gesamteindruck zusammenzusetzen. Hier steht die Forschung erst am Anfang, über die entsprechenden Einzelheiten spekulieren und diskutieren die damit befassten Experten heftig. Eines jedoch steht fest: Ihr Gehirn ist ebenso einzigartig wie Ihr Fingerabdruck. Während Sie diese Zeile hier lesen, beanspruchen Sie in dieser Sekunde ganz andere Regionen Ihres Gehirns als es Student Laber, Referendarin Schwätzer, Richter Seibel oder Rechtsanwältin Plauder tun. Mit dieser Beobachtung korrespondiert auch die Feststellung der Lernpsychologen, dass sich bei zehn Studenten mit der Zeit auch zehn verschiedene Lernstrategien herausbilden. Sie ist auch der Grund dafür, warum Ihnen dieses Buch eine Fülle von Anregungen bieten möchte, ohne dass eine der vorgestellten Methoden als die absolut richtige hervorgehoben wird. Denn Sie alleine sind letztlich in der Lage, Ihren persönlichen Lernstil zu kreieren. Voraussetzung ist, dass Sie die existierenden Techniken kennen und in der Praxis testen.

> **Tipp:** Ihr Lernverhalten ist vollkommen individuell. Sie sind deshalb selbst dafür verantwortlich, die besten Lernstrategien für sich zu finden. Diese Arbeit kann und wird Ihnen niemand abnehmen.

Einige besonders wirkungsvolle Lernmethoden begegnen Ihnen im nun folgenden Kapitel.

Viertes Kapitel

Einführung in die Mnemotechnik

I. Was ist Mnemotechnik?

Die Mnemotechnik ist ein relativ junger Forschungszweig. Man fasst unter diesem Begriff eine Vielzahl von Tricks zusammen, die das gemeinsame Ziel haben, dem Lernenden jederzeit auf spielerische und einfache Art und Weise die Erinnerung an bestimmte Fakten und Daten zu ermöglichen. Auf den folgenden Seiten erhalten Sie einen ersten Einblick in die schier unerschöpflichen Möglichkeiten, die sich Ihnen mit dieser Methode bieten. Entscheiden Sie selbst, welche Anregungen Sie aufgreifen und anwenden wollen oder ob es sich für Sie sogar lohnt, weiter gehende Literatur zu diesen Punkten zu studieren.

Während Sie sich mit Mnemotechnik beschäftigen, ist es hilfreich, wenn Sie dabei folgende Grundregeln im Hinterkopf haben:

- Versuchen Sie bitte nicht, künftig alles und jedes unbedingt in ein mnemotechnisches Schema pressen zu wollen. Gerade anfangs ist die Versuchung groß, sich auf diese Weise mit aller Macht Dinge merken zu wollen, die man ohne mnemotechnischen Umweg sogar viel einfacher und schneller im Gedächtnis behalten hätte.
- Setzen Sie sich nicht unter Stress! Es ist nicht Ihr Ziel, sich mit amtierenden (oder ehemaligen) Gedächtnisweltmeistern messen zu wollen.
- Die folgenden Beispiele dienen Ihnen als Orientierungshilfe. Nehmen Sie sich immer eine Minute Zeit, um in aller Ruhe zu überlegen, ob Sie nicht spontan auf eine andere Merklösung kommen, die Ihnen besser im Gedächtnis bleibt. Sie wissen ja: Lernen ist ein individueller Vorgang.

Schließlich ist an dieser Stelle noch eine ausdrückliche Warnung angebracht: Erinnern Sie sich an die Grundregel, die im ersten Kapitel unter der Überschrift „Die Macht der Stille" angesprochen wurde. Juristen stehen im Gegensatz zu manch anderen Studiengängen (z. B. Medizin) mit Merkhilfen aller Art auf Kriegsfuß. Es gilt beispielsweise als ehrenrührig (und ist in manchen Bundesländern ausdrücklich verboten!), systematische Kommentierungen in den bei Klausuren bzw. im Staatsexamen verwendeten Hilfsmitteln (Gesetzestexte, Kommentare etc.) stehen zu haben. Natürlich ist es völliger Unsinn, von jemandem, der während seiner Ausbildung und in seinem späteren Berufsleben jeden Tag über systematische Zusammenhänge nachdenkt, zu fordern, seine Arbeitsmaterialien unsystematisch zu kommentieren. Aber das ist nun einmal die Realität. Lassen Sie daher die Ergebnisse für sich sprechen, statt sich lang und breit über die von Ihnen unternommenen Anstrengungen zur Verbesserung Ihres Gedächtnisses auszulassen und sich ständig dafür rechtfertigen zu müssen.

II. Die Macht der Bilder

1. Geistige Bilder, Skizzen und Fotos

Beginnen wir mit der klassischen Methode, mit der sich Gedächtniskünstler weltweit so viel Respekt verschaffen. Klassisch ist sie deshalb, weil sie von einem Griechen namens Simonides von Keos bereits um das Jahr 500 v. Chr. eher zufällig entdeckt wurde. Simonides war aufgrund eines – laut Cicero göttlich gesteuerten – Zufalls der einzige Überlebende eines tragischen Unglücks, bei dem die Decke eines Festsaals eingestürzt war. Es gelang ihm mit Hilfe seiner bildlichen Vorstellungskraft, sich an die Sitzordnung im Festsaal zu erinnern und somit maßgeblich zur Identifizierung der Opfer beizutragen.

Wenn Sie die Definition des Bundesverfassungsgerichts zum Begriff der „allgemeinen Gesetze im Sinne von Artikel 5 GG" wiedergeben wollen, die Sie letzte Woche mit den bisherigen Methoden gelernt haben, werden Sie dabei regelmäßig auf große Schwierigkeiten stoßen. Ihr Gedächtnis lässt Sie wahrscheinlich im Stich. Sollen Sie aber die Mona Lisa beschreiben, so wird Ihnen dazu garantiert eine ganze Menge einfallen, ohne dass Sie dazu unbedingt den Louvre aufsuchen müssen. Denn diese Dame taucht vor Ihrem geistigen Auge als Bild auf, das Sie betrachten und studieren können. Warum ist das so?

Dem menschlichen fällt es relativ einfach, sich an ein klares und deutliches Bild zu erinnern. Ihr visuelles Gedächtnis ist von Natur aus hoch entwickelt. Andererseits fällt Ihnen die Erinnerung an eine abstrakte Definition zunächst einmal äußerst schwer. Aus dieser Erkenntnis sollten Sie sofort Nutzen ziehen. Das geht sehr leicht. Die Grundregel hierbei lautet:

Je detaillierter und plastischer Sie sich ein Bild von etwas vorstellen, desto leichter können Sie dieses Bild im Gedächtnis abspeichern und später wieder abrufen.

Wenn Sie sich also die Besetzung des Bundesverfassungsgerichts merken wollen, dann ersetzen Sie die abstrakte gesetzliche Definition durch ein möglichst plastisches Bild. Lassen Sie dazu die entsprechende Anzahl Richter in ihren Roben einfach vor Ihrem geistigen Auge Platz nehmen und verhandeln. Konzentrieren Sie sich einen Moment lang ausschließlich auf diese Vorstellung. Im entspannten Zustand gelingt Ihnen dies übrigens wesentlich schneller als in der Alltagshektik. Noch besser ist es natürlich, wenn Sie sich ganz wörtlich ein Bild von dem Begriff machen, den Sie sich merken wollen. Versuchen Sie einfach, auf einer Karteikarte eine kleine Zeichnung von der Besetzung des Bundesverfassungsgerichts anzufertigen. Sie müssen dazu kein Künstler sein. Auch Strichmännchen erfüllen bereits den gewünschten Zweck.

Wie Sie längst bemerkt haben, habe ich dieses Beispiel nicht zufällig gewählt. Denn vor Ihrem geistigen Auge ist spontan ein Bild aus einem TV- oder Pressebericht aufgetaucht, das unsere obersten Verfassungshüter bei der Verkündung einer wichtigen Entscheidung zeigt. Sie sehen also, dass Sie mit dieser Methode auch bisher schon unbewusst gearbeitet haben, sie aber wahrscheinlich nur selten oder gar nicht gezielt einsetzen.

Eine andere vorzügliche Möglichkeit besteht darin, entsprechende Abbildungen beispielsweise aus Zeitschriften auszuschneiden. Besonders im zivil- und strafrechtlichen Bereich werden viele Themen mit sehr drastischen und eindringlichen Abbildungen illustriert, um Leser bzw. Zuschauer anzulocken. Nutzen Sie diese Möglichkeiten und denken Sie bitte daran: Der Zweck heiligt hier die Mittel!

Selbstverständlich stehen Ihnen im modernen Internetzeitalter ungeahnte Quellen offen, um sich sprichwörtlich ein Bild von einer Sache zu machen. Sollte Ihnen beispielsweise zur Frage der Besetzung des Bundesverfassungsgerichts kein spontanes Bild eingefallen sein, dann surfen Sie doch einfach auf dessen Homepage und sehen sich dort unsere obersten Verfassungshüter an.

2. Die Filmmethode

Eine verfeinerte Variante des oben dargelegten Verfahrens stellt die Filmmethode dar. Dabei konzentrieren Sie sich nicht allein auf ein bestimmtes statisches Bild, sondern lassen gleichsam wie im Kino einen richtigen Film vor Ihrem geistigen Auge ablaufen. Dieses Verfahren eignet sich besonders für die Verinnerlichung von Leitfällen, wie sie etwa im Strafrecht allgegenwärtig sind. Stellen Sie sich beispielsweise bis ins letzte Detail vor, wie der gekaufte Killer hinter der Hecke auf sein Opfer lauert, das gerade in der Sonntagsmesse weilt. Kaum verlässt der Ahnungslose die Kirche, legt der Täter an und drückt ab. Natürlich tritt exakt in jenem Moment der Pastor vor dem Kirchenportal auf das Opfer zu, um ihm die Hand zu reichen und wird von der Kugel niedergestreckt. Mit diesem Film vor Augen werden Sie die Bedeutung der aberratio ictus, dem Fehlgehen der Tat, nie mehr vergessen. Für den Fall, dass Sie dieses Beispiel für geschmacklos halten, sollten Sie unbedingt den Punkt III. besonders sorgfältig lesen.

Bilder sind natürlich gerade dann besonders hilfreich, wenn Ihnen bisher noch jede klare Vorstellung zur behandelten Problematik fehlt. Wenn Sie beispielsweise die Leitsätze der berühmten Nassauskiesungsentscheidung (BVerfGE 58, 300) für schwer verdaulich halten, kann sich das in dem Moment ändern, in dem Sie zufällig eine Kiesgrube entdeckten, bei der dieses Verfahren angewandt wird. Plötzlich haben Sie bildlich vor Augen, worum es geht und können daher auch die Schlussfolgerungen des BVerfG viel besser verstehen und zuordnen.

3. Die Verknüpfung von Bildern

Sobald Sie nun ein klares und detailliertes Bild vor sich haben, ist es sehr einfach, damit andere Bilder zu verknüpfen. Zunächst einmal ein ganz allgemeines Beispiel, um die entsprechende Vorgehensweise vorzustellen.

Angenommen Sie wollen sich dauerhaft die Worte Kartoffelsalat und Marsmensch merken. Dazu müssen Sie lediglich die zwei passenden Bilder miteinander verknüpfen. Sie könnten sich also ganz deutlich vorstellen, wie ein kleines grünes Männchen in einer großen Schüssel voll Kartoffelsalat sitzt. Diese Vorstellung haben Sie nun gespeichert und können sie jederzeit aus Ihrem Gedächtnis abrufen. Jedes Mal erscheinen dabei die beiden Dinge vor Ihrem geistigen Auge, die Sie sich merken wollten, nämlich die Begriffe Kartoffelsalat und Marsmensch.

Als nächstes wollen Sie sich nun spielerisch mehrere Worte einprägen. Auch das ist kein Problem. Alles was Sie tun müssen ist, die fünf dazugehörigen Bilder miteinander zu verknüpfen. Versuchen Sie es gleich selbst mit den nachstehenden Begriffen und vergessen Sie dabei nicht den Grundsatz: Je detaillierter und plastischer Sie sich diese Bilder vorstellen, desto leichter können Sie diese im Gedächtnis behalten.

Tisch – Computer – Auto – Ziege – Hut

Vielleicht haben Sie in Ihrer Phantasie gerade einen massiven Holztisch erscheinen lassen, auf dem ein Computer steht. Der Bildschirm zeigt in voller Größe ein Auto. An dessen Steuer sitzt eine Ziege, die einen grünen Hut auf dem Kopf hat. Fraglos gibt es noch tausend andere denkbare Lösungen. Aber darauf kommt es nicht an. Entscheidend ist, dass Sie persönlich sich an die Begriffe erinnern können. Schließen Sie deshalb nun die Augen und sagen Sie alle fünf Worte noch einmal auf.

Na also, das klappt ja ohne Schwierigkeiten. Natürlich funktioniert das Abrufen der Bilder auch rückwärts. Wenn Sie also zuerst an den Hut denken, dann wird Ihnen sofort die Ziege einfallen, die ihn trägt. Sie haben sicherlich längst erkannt, dass man dieses Spielchen gnadenlos erweitern kann. Tatsächlich lassen sich mit etwas Übung leicht zwanzig beliebige Worte merken. Manche Menschen haben solchen Spaß an der Sache, dass sie sich sogar hundert und mehr Begriffe einprägen und spezielle Kennwortreihen dazu entwickeln. Für Sie soll hier aber zunächst allein entscheidend sein, dass Sie das System verstanden haben, welches es Ihnen künftig ermöglicht, Informationen schnell abzuspeichern und im Gedächtnis zu behalten.

Falls Sie noch etwas üben wollen, testen Sie das neue Verfahren doch einfach an den folgenden Wortreihen. Viel Spaß!

Ball – Boot – Berg – Baum – Blitz

Wiese – Kirche – Lokomotive – Pyramide – Vogel

Rose – Vampir – Fernseher – Bierkrug – Maus

Natürlich bietet diese Methode ungeahnte Möglichkeiten im Hinblick auf die Aneignung von juristischem Fachwissen. Sie können sich auf diese Weise nicht nur bestimmte Details merken, sondern beispielsweise sämtliche von Ihnen mit einem Schlagwort versehenen Leitfälle zum Bürgschaftsrecht aneinander reihen. Ihrer Phantasie sind hier keinerlei Grenzen gesetzt. Damit Ihnen der Start mit dieser Methode noch leichter gelingt, enthält der nächste Abschnitt einen wichtigen weiterführenden Hinweis.

Übrigens: Die Mnemotechnik ist zwar eine junge Wissenschaft, die geschilderte Bildertechnik wurde aber schon im antiken Griechenland und im alten Rom mit großer Begeisterung praktiziert, um sich beispielsweise Redemanuskripte einzuprägen. Ein besonders interessantes Beispiel aus dem Mittelalter ist das um das Jahr 1470 entstandene Buch „Ars Memorandi" („Die Kunst des Gedächtnisses"), in dem der Text aller vier Evangelien in Form von detaillierten Merkbildern enthalten ist. Diese Merkbilder zeigen jeweils auf einer Seite die Abbildungen von Schlüsselwörtern aus dem jeweiligen Bibeltext, die zu einem – durchaus komplexen – Gesamtbild verwoben sind. Der Leser konnte sich anhand dieser Merkhilfe den Inhalt der zugehörigen Bibelstelle ins Gedächtnis einprägen, auch wenn er nicht lesen konnte.

Anschließend hat man auch versucht, Rechtstexte zu bebildern, was sich aber auf Dauer nicht durchgesetzt hat. Der Grund dafür ist der gleiche, warum sich auch heute Bücher und Manuskripte mit konkret vorgegebenen Bilderketten und ähnlichem nicht durchsetzen. Ihnen ist die Antwort längst klar: Lernen ist individuell! Daher sind fremde Vorgaben zwar eine gute Anregung, sie ersparen dem Anwender aber nicht das Lernen selbst und somit auch nicht die Entwicklung eigener Assoziationen.

III. Die Macht des Kuriosen

Wann immer Sie sich Bilder merken wollen, werden Sie feststellen, dass sich eine Vorstellung umso besser einprägt, je ausgefallener und kurioser sie ist. Ihr Gedächtnis kann ungewöhnliche Dinge wesentlich leichter behalten als die normalen Erscheinungen des täglichen Lebens. Aus eben diesem Grund wurde vorher bei der Schilderung der aberratio ictus auch nicht einfach irgendein Fall („T schießt auf O, trifft aber A"), sondern ein besonders außergewöhnlicher und damit auch ausgesprochen plastischer gewählt, der sich praktisch in Ihr Langzeitgedächtnis hineinbohrt. Beherzigen Sie diese Erscheinung, von der die gesamte Werbebranche lebt, und gestalten Sie Ihre Bilder und Filme so ausgefallen und detailliert wie möglich. Folgende Anregungen werden Sie dabei unterstützen:

- Suchen Sie immer nach möglichst ungewöhnlichen Leitfällen.
- Lassen Sie darin berühmte Persönlichkeiten, Bekannte oder Comicfiguren auftreten. Für Ihr Gedächtnis sind die Panzerknacker als Handelnde wesentlich einprägsamer als der blutleere „Täter T".
- Machen Sie Fälle an bekannten Kinoszenen oder realen Ereignissen fest. Je spektakulärer, desto besser. Sie können beispielsweise an einem guten Action-Blockbuster hervorragend die halbe Strafprozessordnung festzurren.
- Ordnen Sie jeder Sequenz ein möglichst bizarres Schlagwort als Fallnamen zu. Im vorgenannten Beispiel also nicht einfach „aberratio ictus", sondern „Sonntagsmessen-Fall" oder „Kirchenportalkiller-Fall".

Wenn Sie nun auf diese Weise ein kurioses Bild gespeichert haben, ist es natürlich nicht weiter schwierig, damit andere Bilder zu verknüpfen. Wie Sie dabei vorgehen müssen, haben Sie bereits im vorangegangenen Kapitel erfahren. Auf diese Weise können Sie um kuriose Dinge herum eine ganze Menge andere juristische Fakten speichern.

IV. Die Macht der Zahlen

Mit der soeben erörterten Methode lässt sich aber noch viel mehr anfangen. Lassen Sie uns das Reich der Zahlen betreten. Wie wir vorhin gesehen haben, kann sich unser Gedächtnis ohne größere Schwierigkeiten Bilder merken. Mit Hilfe dieser Erkenntnis gehen Sie nun konsequent gegen die Behauptung „iudex non calculat" vor. Denn auch das bei Juristen in der Regel eher gespannte Verhältnis zu Zahlen kann man nachhaltig verbessern. Alles, was Sie wissen müssen, um sich Zahlen dauerhaft zu merken, ist Folgendes:

- Insgesamt gibt es nur zehn Ziffern, nämlich 1 bis 9 und dazu die 0.
- Jede beliebige Zahl besteht aus einer oder mehrerer dieser Ziffern.
- Jeder Ziffer kann man einen oder mehrere Buchstaben aus dem Alphabet zuordnen.
- Aus den Buchstaben kann man Worte bilden.
- Diese Worte lassen sich als Bilder blitzschnell im Gedächtnis speichern.

Wenn Sie jetzt der Meinung sind, die Sache sei zu kompliziert, dann machen Sie doch die Probe aufs Exempel. Angenommen Sie wollten sich merken, dass das Schuldnerverzeichnis in § 915 ZPO geregelt ist. Um diese Zahl abstrakt im Gedächtnis zu verankern, muss man sie auswendig lernen und mehrfach wiederholen. Trotzdem sind die Chancen hoch, dass man sie nach zwei Wochen wieder vergessen hat. Ein plastisches Bild könnte man hingegen auf Anhieb im Kopf behalten. Füttern Sie deshalb jetzt Ihr geistiges Auge mit der Vorstellung, dass sich quasi als „Briefkopf" auf dem Schuldnerverzeichnis ein Pudel befindet. Stellen Sie sich diesen Pudel in allen Einzelheiten vor. Er war gerade beim Hundefriseur und sieht deshalb wie ein Zirkuspudel aus. Oder trägt er ein diamantenbesetztes Halsband? Hatten Sie vielleicht als Kind einen Pudel als Stofftier? Jedes Mal, wenn Sie nun den Begriff „Schuldnerverzeichnis" hören, wird in Ihrem Gedächtnis das damit verknüpfte Bild des Pudels auftauchen.

Und jetzt kommt der Trick an der ganzen Sache: Wenn Sie nämlich wissen, welchem Buchstaben welche Ziffer zugeordnet ist, dann erkennen Sie im Handumdrehen auch die Zahl, die das Wort „Pudel" verkörpert.

P = 9

U = keine Ziffer

D = 1

E = keine Ziffer

L = 5

Das Wort „Pudel" steht also für die Zahl 915. Wie Sie an diesem Beispiel sofort erkannt haben, werden nur den Konsonanten Ziffern zugeordnet. Die Vokale, also a,e,i,o,u sowie ei,ie,ä,ö,ü bleiben ohne Ziffer.

Es gibt in der Praxis viele verschiedene Möglichkeiten, welchen Konsonanten man welche Ziffern zuordnen kann. Für den praktischen Erfolg spielt es dabei keine Rolle, für welche Anordnung Sie sich entscheiden. Das folgende System ist ein von mir leicht abgewandelter Mastercode, der bereits aus dem 17. Jahrhundert stammt. Es bietet Ihnen daher die Gewähr, in der Praxis tausendfach auf Herz und Nieren getestet worden zu sein. Es lautet:

1 = D, T
2 = N
3 = M
4 = R
5 = L
6 = SCH, CH
7 = G, K, CK, Q
8 = V, F
9 = B, P
0 = C, S, ß, Z

Die einzige Voraussetzung für das Zahlenmerken ist also, dass Sie die entsprechende Ziffernzuordnung lernen müssen. Das gelingt Ihnen spielerisch innerhalb weniger Minuten. Dieser minimale Zeitaufwand sollte Ihnen eine wesentlich verbesserte Merkfähigkeit wert sein.

Sicherlich haben Sie sofort erkannt, dass die Schwierigkeit bei der ganzen Geschichte die Suche nach passenden Worten ist. Manchmal kann es schon einen Moment dauern, bis man zu einer Zahl einen passenden Begriff findet, der sich als geeignetes Bild schnell und problemlos verknüpfen lässt. Doch mit der Zeit werden Sie feststellen, dass Sie immer schneller werden.

Natürlich gibt es mittlerweile auch schon Software, mit der man sich die zu einer bestimmten Zahlenkombination passenden Worte anzeigen lassen kann. Das ist einerseits ungeheuer praktisch, hat andererseits aber zwei große Nachteile: Erstens müssen Sie sich an das vom Programmierer vorgegebene Zuordnungssystem halten. Sie werden aber sehr schnell feststellen, dass Sie Ihr Zuordnungssystem laufend verbessern und ganz auf Ihre persönlichen Gedächtnisvorlieben zuschneiden, wenn Sie bei dieser Technik am Ball bleiben. Zweitens ist es lerntechnisch ein gewisser Rückschritt, wenn Sie sich die Lösungen vorgeben lassen. Denn solche „fremden" Lösungen, die man sich nicht selbst ausgedacht bzw. erarbeitet hat, sondern nur ohne langes Nachdenken übernimmt, vergisst man wesentlich schneller als selbst erstellte Merkworte.

Das vorstehende Beispiel zeigt Ihnen darüber hinaus, wo die Grenzen bei der Verwendung mnemotechnischer Tricks liegen. In der ersten Euphorie würden viele Anwender nun dazu übergehen, sich alle möglichen Paragraphen anhand solcher Bilder merken zu wollen. Doch das lohnt sich nur bei entlegenen und selten gebrauchten Vorschriften wie etwa dem Schuldnerverzeichnis. Es wäre hingegen ebenso zeitraubend wie unsinnig, etwa § 433 BGB (Kaufvertrag) oder § 929 BGB (Übereignung) mit dieser Methode im Gedächtnis verankern zu wollen. Denn diese merken Sie sich schon nach einer Woche Studium durch die klassischen Lernmethoden der mehrmaligen Wiederholung und Anwendung ebenso problemlos.

V. Die Macht der Worte

Der nächste Lerntrick ist so einfach, dass es erstaunlich ist, wie wenige Studenten und Referendare damit arbeiten. Sie können ihn ohne jedes Vorwissen immer und überall anwenden. Es geht letztlich nur um Worte und deren Bedeutung. Jedem Wort wohnt eine bestimmte Bedeutung, ein exakter Sinngehalt inne. Wenn Sie sich diese Bedeutung nun für einen Augenblick wirklich bewusst machen, prägt sich der Sinn des Ausdrucks meistens ganz spielerisch in Ihr Gedächtnis ein.

Nehmen Sie als Beispiel die Dispositionsmaxime im Zivilprozess. Sie müssen nicht jahrelang Latein gebüffelt haben, um die Bedeutung des Begriffes „Disposition" zu kennen. Wem etwas zur Disposition steht, der kann darüber verfügen. Denken Sie notfalls an Ihren Dispokredit. Dispositionsmaxime heißt also nichts anderes als Verfügungsgrundsatz. Die Partei kann also im Zivilprozess über den Verfahrensgang und den Streitgegenstand verfügen.

„Das ist ja simpel", sagen Sie? Natürlich ist es simpel! Aber seien Sie ehrlich: Haben Sie sich diesen Zusammenhang jemals so plastisch überlegt wie gerade eben? Nutzen Sie diese einfache und wirkungsvolle Methode, um Ihren Lernerfolg rapide anzukurbeln. Konzentrieren Sie sich für einen kleinen Moment auf die einem Wort innewohnende Bedeutung. Denken Sie über den Sinngehalt nach. Wenn Ihnen diese Vorgehensweise zu einer Gewohnheit wird, dann schlägt Ihre Merkfähigkeit alsbald Saltos.

VI. Die Macht der Eselsbrücken

Diesen Trick kennen Sie gewiss, nutzen ihn aber viel zu selten. Dabei sind Ihrer Phantasie hier keine Grenzen gesetzt. Eselsbrücken können Sie sich beliebig für jede Situation schaffen und spielerisch merken. Ohne sich dessen bewusst zu sein, arbeiten Sie ständig mit solchen Gedächtnisstützen. Allein die zahllosen Abkürzungen für Gesetze sind in Wahrheit nichts anderes. Aber Kürzel werden nicht nur für Gesetze verwendet, sondern auch für Institutionen, Gerichte, Theorien und vieles mehr.

BGB, HGB, BGH, BVerfG, PVV, c.i.c., a.l.i.c., PKH, etc.

In der juristischen Fachsprache wird möglichst alles abgekürzt. Bleiben Sie aber nicht bei diesen altbewährten Dingen stehen, sondern gehen Sie einen Schritt weiter und reizen Sie die vielfältigen Möglichkeiten dieser Technik richtig aus. Erfinden Sie selbst prägnante Abkürzungen, um wichtige Informationen besser im Gedächtnis zu behalten. Wie Sie bereits wissen, lässt sich eine kuriose Abkürzung wie beispielsweise UEFA viel einfacher merken als das voll ausgeschriebene Original. So ist es auch wenig verwunderlich, dass nur wenige Fußballfreunde wissen, dass dieses Kürzel in Wahrheit für „Union Européenne de Football Association" steht.

Wagen Sie den Schritt aus der Passivität zur kreativen Schöpfung. Denken Sie sich Ihre eigenen Eselsbrücken aus und lassen Sie dabei Ihrer Phantasie freien Lauf. Dabei werden Ihnen die folgenden Techniken eine wirksame Hilfe sein.

1. Merkworte

Sie können sich vieles besser einprägen, indem Sie die einzelnen Anfangsbuchstaben von Begriffen zu einem Merkwort zusammenfügen. Die Voraussetzungen der Zwangsvollstreckung heißen beispielsweise *A*ntrag, *T*itel, *K*lausel und Zustellung. Die Kurzform lautet gemäß den Anfangsbuchstaben einfach „Antik + Zustellung".

Wollen Sie etwa im Handelsrecht die Prinzipien der Firma lernen, schreiben Sie den Begriff „Firma" dazu in eine achteckige Wabe. Und diese vier Buchstaben bilden jeweils den Anfang der gesuchten Prinzipien, nämlich *W*ahrheit, *A*usschließlichkeit, *B*eständigkeit und *E*inheit.

Selbst die Definition des Begriffs „Verfügung" prägt sich mit der – im ersten Moment seltsam erscheinenden – Abkürzung „ÜBAI" schnell in Ihrem Gedächtnis ein. Sie setzt sich aus den Anfangsbuchstaben der Worte *Ü*bertragung, *B*elastung, *A*ufhebung und *I*nhaltsänderung zusammen.

Zu den wenigen allgemein bekannten Merkworten in der Rechtswissenschaft gehört die Bezeichnung „PASTA" für die im Sachenrecht geltenden Grundsätze der *P*ublizität, *A*bstraktion, *S*pezialität, des *T*ypenzwangs und der *A*bsolutheit.

2. Abkürzungen und Formeln

Selbstverständlich können Sie alle Arten von eigenen Abkürzungen und Formeln erfinden. Wenn Sie etwa die Frage nach den Grundbegriffen der Kriminologie beantworten wollen, dann verankern Sie diese doch mit der Formel „VVV+V" in Ihrem Gedächtnis. Diese steht für die Anfangsbuchstaben der Grundbegriffe der Kriminologie, nämlich *V*erbrechen, *V*erbrecher und *V*erbrechenskontrolle, insbesondere *V*iktimologie. Diese kurze und griffige Formel haftet viel besser im Gedächtnis als jeder erläuternde abstrakte Text.

Eine weitere Formel können Sie sich zur Erinnerung an die Prozessvoraussetzungen im Zivilrecht basteln. Versuchen Sie doch einmal aus dem Stehgreif, auf Anhieb alle zehn Voraussetzungen zu nennen.

Die Voraussetzungen lauten:

....

....

....

....

....

....

....

....

....

....

Wie viele sind Ihnen eingefallen? Vergegenwärtigen Sie sich nun, wie die Voraussetzungen lauten. Als da wären:

- Zulässiger Rechtsweg
- Zuständigkeit, sachlich
- Zuständigkeit, örtlich
- Parteifähigkeit
- Prozessfähigkeit
- Prozessführungsbefugnis
- Rechtshängigkeit
- Rechtskraft
- Rechtsschutzbedürfnis
- Ordnungsgemäße Klageerhebung

Sie sehen auf Anhieb, dass die Voraussetzungen mehrfach mit demselben Buchstaben beginnen. Zusammengefasst lautet die Formel der Anfangsbuchstaben einfach: 3 (ZPR) + O. Dabei lässt sich das „O" ebenfalls gut merken, wenn Sie bedenken, dass es um die Prozessvoraussetzungen der ZPO geht. Machen Sie nun die Probe aufs Exempel. Wie viele Voraussetzungen können Sie nennen, wenn Sie die Formel 3 (ZPR) + O vor Augen haben? Das Ergebnis ist mehr als überzeugend. Noch dazu, wenn Sie sich vorstellen, wie gut diese Formel in Ihrem Kopf verankert wäre, wenn Sie diese erst einmal mehrfach wiederholt haben. Solche Abkürzungen sind allerdings nur eine Erscheinungsform unter den „Eselsbrücken".

3. Buchstaben als Merkhilfe

Mit bestimmten Buchstaben eines Wortes lassen sich noch andere Bedeutungen verknüpfen, die Ihnen das juristische Leben sehr erleichtern werden. Angenommen Sie wollten sich schon immer einmal dauerhaft merken, zu welchem Entwurf des BGB die „Protokolle" und zu welchem die „Motive" gehören. Sie müssen sich dazu nur an die Ihnen von Kindesbeinen an bekannte Reihenfolge des Alphabets halten. Führen Sie sich einmal ganz bewusst vor Augen, dass der Buchstabe „M" im Alphabet vor dem „P" steht. Schon ist die Lösung ein für alle Mal klar. Die „Motive" kommen vor den „Protokollen". Folglich sind die Motive die Begründung des ersten Entwurfes, die Protokolle hingegen gehören zum zweiten Entwurf.

Ebenso kommt im Gesellschaftsrecht die *A*uflösung der Gesellschaft vor deren *B*eendigung.

Aber nicht nur die alphabetische Reihenfolge von Buchstaben kann hilfreich sein. Manchmal helfen Buchstaben auch auf andere Weise weiter. Sie wollen beispielsweise künftig die Begriffe Zedent und Zessionar ohne langes Nachdenken immer richtig verwenden? Dann brauchen Sie sich nur zu merken: Der Zeden*t t*ritt ab.

Auch beim Heranziehen von Buchstaben als Merkhilfe gilt: Überlegen Sie immer, ob Sie nicht spontan auf eine eigene Merklösung kommen, die Ihnen viel besser im Gedächtnis haften bleibt. Ein ganz persönliches Beispiel für die Gültigkeit dieser These bietet etwa die Unterscheidung zwischen Rücknahme und Widerruf von Verwaltungsakten. Die dafür von einem Kommilitonen vorgeschlagene Verknüpfung „Rück*n*ahme bei rechts*w*idrigem VA, *W*iderruf bei recht*m*äßigem VA" mit dem Hinweis darauf, dass der Buchstabe „W" jeweils nur einmal pro Kombination vorkommen dürfe, brachte mir persönlich keinen Vorteil. Stellte ich mir jedoch vor, dass die Verwaltung (mangels Konkurrenz) Weltmeister im Widerrufen von Verwaltungsakten war, sah die Sache gleich anders aus. Die Weltmeisterschaft der Bürokraten hieß abgekürzt natürlich „WM". Diese Kombination machte schnell klar, dass der *W*iderruf zum recht*m*äßigen VA gehört. Nochmals: Dieses Beispiel soll Ihnen nur verdeutlichen, dass Lernen ein individueller Vorgang ist. Wenn Sie mit Sport nichts am Hut haben, wird Ihnen meine Merklösung wahrscheinlich genauso wenig bringen, wie mir damals der Vorschlag meines Kommilitonen.

Sie ahnen anhand dieser vier kleinen Beispiele, welche immensen Möglichkeiten Ihnen Eselsbrücken zu bieten haben. Seien Sie kreativ!

Mit dem Jonglieren von Buchstaben können Sie noch weitere Probleme lösen. Nehmen wir an, Sie kennen die Theorien zum Sinn und Zweck der Freiheitsstrafe, also die Stichworte Schuldausgleich, Spezialprävention und Generalprävention. Dazu wissen Sie noch, dass die Herren Feuerbach, Kant und von Liszt zu diesen Theorien gehören. Aber wer zu welcher? Versuchen Sie, eine Verbindung mit Hilfe der Buchstaben zu finden. Der letzte Buchstabe des Alphabets ist nicht nur in dem Wort Spezialprävention enthalten, sondern bildet auch das markante Zentrum des Namens Liszt. Den Gedanken des Schuld*a*usgleiches warf *Ka*nt ins Spiel, während *F*euerbach nur einen Buchstaben im Alphabet von seiner *G*eneralprävention entfernt ist. Und schon sind Theorie und Denker richtig zusammengesetzt.

Anhand des letzten Beispiels sehen Sie, dass man die einzelnen Methoden selbstverständlich beliebig miteinander kombinieren kann. Sie allein sind es, dessen Einfallsreichtum die Grenzen bestimmt.

4. Reime

Eine verfeinerte Variante des Merkens ist es, sich buchstäblich einen Reim auf etwas zu machen. Denn Rhythmik prägt sich während eines Lernprozesses besonders nachhaltig im Gedächtnis ein. Als zugkräftiges Exempel soll die einzige geschichtliche Jahreszahl dienen, die wirklich absolut jeder Schüler gelernt hat: „Drei, drei, drei – bei Issos Keilerei!"

Ebenso unumstößlich war einst der oberste Grundsatz für die §§ 765 ff. BGB, der da lautete: „Wer bürgt, wird gewürgt." Während dieser mittlerweile von der BGH-Rechtsprechung aufgeweicht wurde, gibt Ihnen wenigstens die folgende Haftungsregel durchaus noch eine weitgehend gültige Richtung vor: „Der Komplementär, der haftet sehr." Sie ist auch ein gutes Beispiel dafür, dass man eine solch einfache Regel nahezu unendlich variieren kann, je nachdem welche Variante sich beim Lernenden besser ins Gedächtnis gräbt. Zu den besten Variationen, die mir im Laufe der letzten Jahre begegnet sind, gehören unter anderem:

- „Der Komplementär haftet schwer."
- „Der Komplementär heult sehr."
- „Der Kommanditist, einfach glücklich ist."
- „Der Kommanditist hat sich verpisst."
- „Der Komplementär stürzt sich ins Meer."
- Oder ohne Reim: „Mein Kompliment dafür, dass sie haften."

5. Merkregeln

Auch griffige Merkregeln in anderer Form sind äußerst hilfreich. So lautet eine solche bei § 266 StGB (Untreue) für den Studenten schlicht: „Immer prüfen, nie bejahen." Mit dieser prägnanten Kurzformel lässt sich sehr bequem vom Ergebnis her argumentieren. (Anmerkung: Ob dieser Grundsatz angesichts der zahlreichen Verrenkungen des BGH auch noch für den Ausnahmefall gilt, dass in der Klausur die strafrechtliche Haftung eines Bankenvorstands zu prüfen ist, ist höchst umstritten.)

Sammeln Sie solche Merksätze auf einem gesonderten Blatt, das Sie vorne in Ihre Arbeitsmappe heften und gelegentlich in einem ruhigen Augenblick wiederholen. Denn der gezielten Wiederholung kommt auch im Rahmen der Mnemotechnik eine entscheidende Bedeutung zu.

6. Bleiben Sie wissbegierig

Wie Sie wissen erhebt dieses Buch keinen Anspruch auf Vollständigkeit. Bleiben Sie daher immer am Ball, wenn es um das Entdecken neuer Lernkniffe geht. Dabei können Sie so manche Überraschung erleben. Ich habe es mir beispielsweise vor vielen Jahren in den Kopf gesetzt, das Kalenderrechnen zu erlernen. Dabei geht es schlicht darum, zu einem beliebigen Datum den zugehörigen Wochentag zu ermitteln. Dafür gibt es unterschiedliche Lösungsmöglichkeiten. Ich habe mich für eine mnemotechnische Lösung entschieden, bei der man lange Bilderketten lernen musste. Das war mit erheblichem Aufwand und wochenlangem Training verbunden. Vor zwei Jahren stieß ich beim Schmökern in einer Buchhandlung auf das Werk eines begnadeten Mathematikers, der für das Kalenderrechnen eine – vergleichsweise – einfache Formel entwickelt hat. Um deren Anwendung zu erlernen, brauchte ich nicht einmal eine Stunde.

Daher mein Appell an Sie: Halten Sie auf Schritt und Tritt Ihre Augen nach möglichen Verbesserungen offen. Es lohnt sich.

VII. Die Macht der Übung

1. Praktische Anwendung als Erfolgsgeheimnis

Nichts hilft Ihnen beim Lernen mehr als permanente Übung. Sie sollten sich dabei mit einem Spitzensportler im Training vergleichen. Auch ein Weltmeister im Zehnkampf versucht, neue Erkenntnisse sofort in Handlungen umzusetzen. Erinnern Sie sich bitte an Ihre Kindheit. Wie haben Sie Fahrrad fahren gelernt? Kreuzen Sie die richtige Vorgehensweise bitte an.

( ) Ich lerne Fahrrad fahren, indem ich Bücher darüber lese, mir Fahrräder anschaue und andere beim Fahren beobachte.

( ) Ich lerne Fahrrad fahren, indem ich aufs Rad steige und es ausprobiere.

Natürlich haben Sie sich nicht für die erste Variante entschieden. Trotzdem würde das Ergebnis ganz anders aussehen, wenn man im vorhergehenden Beispiel statt des Radelns die Juristerei gewählt hätte. Dabei ist die Ausgangskonstellation die gleiche. Es gibt in der Lernpsychologie eine ungeschriebene Faustregel, an wie viel Prozent des Gelernten man sich nach einiger Zeit noch erinnern kann. Bitte schätzen Sie, wie der folgende Satz zu vervollständigen ist:

Man erinnert sich an .... % von dem, was man hört, an .... % von dem, was man hört und sieht, und an .... % von dem, was man im Rahmen einer Aktion angewendet hat.

> **Tipp:** Die wichtigste Form der Wiederholung ist die Anwendung. Üben Sie Ihr Wissen im Rahmen von Gesprächen, Klausuren und allen nur erdenklichen praktischen Situationen immer wieder ein.

Das Anwenden von Lerninhalten ist die beste Möglichkeit, diese dauerhaft im Gedächtnis zu verankern. Ihr Ziel lautet folglich, die von Ihnen gespeicherten Informationen so oft wie möglich anzuwenden und sie dadurch ständig zu wiederholen. Anwenden bedeutet nichts anderes als Training. Wenn Sie üben wollen, müssen Sie handeln, aktiv sein. Sofern Sie also momentan eine passive Lernhaltung an sich erkennen, sollten Sie diese aufgeben. Selbst Kleinigkeiten bringen Ihnen dabei schon entscheidende Vorteile:

- Das Aufschreiben von Stichworten und Definitionen hilft Ihnen, sich auf diese Schreibarbeit und den damit verbundenen Inhalt besser zu konzentrieren. Beschränken Sie sich also nicht auf gekaufte Skripten oder Kopien, sondern fertigen Sie eigene Mitschriften und Karteikarten an.
- Manche Gedächtniskünstler steigern ihre Konzentration bewusst dadurch, dass sie als Rechtshänder mit der linken Hand schreiben und umgekehrt. Sollte Ihnen die Idee gefallen, starten Sie heute Abend zum Einstieg einfach damit, sich als Rechtshänder mit der linken Hand die Zähne zu putzen.
- Erstellen Sie während jeder Vorlesung zumindest eine kurze schriftliche Inhaltsangabe der behandelten Thematik. Bleiben Sie keinesfalls ein passiver Zuhörer, sondern versuchen Sie, möglichst viele Querverbindungen zu bereits bekannten Dingen herzustellen.
- Selbst wenn Sie als Erstsemester noch recht wenig Fachwissen zum Verknüpfen haben, können Sie dennoch jede Menge Praxisbezüge zum Alltag herstellen.
- Versuchen Sie, zu allen rechtlichen Fragen kleine Skizzen und Schaubilder anzufertigen. Sie werden überrascht sein, auf welche Ideen Sie dabei kommen werden.
- Wenden Sie Ihr Wissen an, indem Sie bei allen erdenklichen Gelegenheiten über die neuen Informationen sprechen. Diskutieren Sie in Ihrer Arbeitsgruppe ausgiebig über juristische Fragen aller Art.

- Erläutern Sie im Rahmen der Arbeitsgruppe Ihren Kommilitonen eine juristische Fragestellung, die diesen noch unbekannt ist. Versuchen Sie, dabei alle sich ergebenden Probleme kurz anzusprechen.
- Wenn Sie einmal niemanden haben, mit dem Sie sich unterhalten können, sollten Sie sich nicht davor scheuen, ein ausgiebiges Selbstgespräch zu führen. Klingt zwar ein wenig verrückt, funktioniert aber gedächtnistechnisch hervorragend.

Das ständige Üben von Lerninhalten bringt Ihnen noch einen weiteren ungewöhnlichen Vorteil. Nehmen wir an, Sie sind normalerweise gezwungen, an Ihrem Schreibtisch zu lernen. Das ist eigentlich gut so. Allerdings assoziieren Sie alle gelernten Informationen auch mit Ihrer konkreten Lernumgebung, also Ihrem Schreibtisch oder Ihrem Zimmer. Es kann dann passieren, dass Ihnen später der Auslöser des mit der Information verknüpften Schreibtisches fehlt. Etwa wenn Sie das Gelernte an einem anderen Ort, beispielsweise in einem Prüfungssaal, aus Ihrem Gedächtnis hervorkramen wollen. Dem diesbezüglichen Ratschlag der Lernpsychologie, seine Lernumgebung ab und an zu wechseln, sind bei der Examensvorbereitung allerdings klare Grenzen gesetzt. Selbstverständlich können Sie versuchen, wahlweise zu Hause, in der Bibliothek und mit der Arbeitsgruppe bei Freunden zu lernen. Dadurch entfällt jedoch nicht automatisch die Verknüpfung zu einer bestimmten Lernumgebung. Denn um die aufgenommene Information dementsprechend „abstrakt" in Ihrem Gedächtnis speichern zu können, müssten Sie diese theoretisch an allen drei Orten zumindest einmal wiederholen. Das ist praktisch undurchführbar.

Sie können dieser Schwierigkeit aber einfach dadurch ein Schnippchen schlagen, dass Sie Ihr Wissen in allen erdenklichen Situationen anwenden. Denn in diesem Fall wiederholen Sie die Lerninhalte ja ebenfalls in verschiedenen Sachzusammenhängen und an verschiedenen Orten. Ihrem Gedächtnis genügt es dazu, dass Sie die entsprechenden Situationen vor Ihrem geistigen Auge entstehen lassen. Bringen Sie Ihr Auto oder Fahrrad also ruhig in Gedanken zur Reparatur, um sich mit den Aspekten des Werkunternehmerpfandrechts auseinander zu setzen.

Der oben angeführte Merksatz lautet übrigens vollständig: Man erinnert sich an 20 % von dem, was man hört, an 50 % von dem, was man hört und sieht, und an 90 % von dem, was man im Rahmen einer Aktion angewendet hat.

2. Kaufen Sie juristisch ein

Sie können Ihre Rechtskenntnisse ganz einfach dadurch vertiefen, indem Sie sich die abstrakten Regeln des Kauf- und Sachenrechts während Ihres nächsten Einkaufs ganz bewusst vor Augen halten und versuchen, sie praktisch anzuwenden. Wenn Sie sich also beispielsweise morgen beim Discounter zwei Büchsen Erbsen, Tiefkühlpizza und eine Zeitung holen, stellen Sie sich auf dem Weg durch den Laden gezielt folgende Fragen:

- Wer hat in diesem Geschäft das Hausrecht?
- Wer hat Gewahrsam an dem Haustürschlüssel in Ihrer Jackentasche? Was geschieht, wenn Ihnen der Schlüssel aus der Tasche fällt?
- Stellen die zwei Büchsen Erbsen im Regal schon eine „invitatio ad offerendum" dar?
- Was ist, wenn der Preis nicht richtig angeschrieben ist?
- Wer ist eigentlich Eigentümer der Sektflaschen, die zum Verkauf angeboten werden?
- Welche rechtlichen Möglichkeiten bestehen, wenn Sie auf dem soeben frisch gewischten Boden ausrutschen sollten?
- Was können Sie unternehmen, wenn Ihnen nach dem Genuss der Pizza speiübel wird, weil die Salami darauf verdorben war? Und was wäre, wenn Sie deshalb eine lange geplante Südamerikareise nicht rechtzeitig antreten könnten? Wie steht es um die Beweissituation in einem möglichen Prozess?
- Welche Verträge schließen Sie an der Kasse?
- Wie vollzieht sich die Übereignung der Zeitung juristisch?
- Müssen Sie die Kassiererin in Ihre Einkaufstasche sehen lassen, wenn Sie dazu aufgefordert werden?
- Wie sind wohl die Vertretungsverhältnisse der Angestellten organisiert?
- Wie läuft eigentlich das Bezahlen per EC-Karte aus juristischer Sicht ab?
- Was steht eigentlich auf der Rückseite des Kassenbons, den Sie beim Bezahlen mit der EC-Karte jedes Mal unterschreiben?
- Darf im Laden eigentlich eine Videoüberwachungskamera laufen?
- Handelt es sich um Unfallflucht, wenn Sie mit dem Einkaufswagen eine Delle in ein Auto machen, das vor dem Supermarkt geparkt ist und anschließend einfach weggehen?

Diese Fragen sollen Ihnen nur als Anregung dienen. Denn vielfach wird behauptet, dass man sein juristisches Wissen ja gar nicht in dem erforderlichen Maße anwenden könne. Das ist falsch. Zumindest in Gedanken sind Sie jederzeit in der Lage, überall Ihr rechtswissenschaftliches Know-how praktisch zu trainieren. Rufen Sie sich darum immer wieder ins Gedächtnis, dass Sie Lerninhalte am besten durch praktische Übung und ständige Anwendung speichern können.

> **Tipp:** Es ist lerntechnisch ein gewaltiger Unterschied, ob Sie abstrakt wissen, welche Rechtsgeschäfte Sie beim Kauf der Zeitung abschließen oder ob Sie in diesem Moment aktiv über jeden einzelnen Schritt nachdenken.

3. Aktives Mitlernen als Alternative

Machen Sie umgehend Schluss damit, sich in einer Vorlesung, einer Arbeitsgemeinschaft oder – für teures Geld – in einem Repetitorium einfach nur berieseln zu lassen. Denken Sie um! Wenn Sie die Veranstaltung sowieso besuchen, können Sie ebenso gut das Band der Passivität sprengen und stattdessen die Zeit zum aktiven Lernen nutzen.

– Motivieren Sie sich vor der Veranstaltung bewusst für 30 Sekunden.
– Rufen Sie sich Ihr Lernziel und Ihren Lernzweck ins Bewusstsein.
– Bleiben Sie geistig am Ball. Dadurch trainieren Sie Ihre Konzentrationsfähigkeit.
– Freuen Sie sich über jede Kleinigkeit, die Sie verstehen. Das Wissen um dieses Verständnis dient einerseits als Belohnung und motiviert Sie andererseits gleichzeitig zum Weitermachen.
– Schreiben Sie mit.
– Zeichnen Sie Skizzen und Übersichten.
– Auch wenn es Ihnen anfangs sehr schwer fällt: Stellen Sie Fragen, falls Ihnen etwas unklar ist.
– Belohnen Sie sich für den Besuch der Veranstaltung.
– Sprechen Sie mit Ihren Kommilitonen über das Gehörte, diskutieren Sie Ihre unterschiedlichen Standpunkte. Es geht dabei übrigens keineswegs nur ums Lernen (und schon gar nicht darum, den anderen von Ihrer Meinung überzeugen zu müssen.) Sie trainieren vielmehr durch diese Form der Kommunikation ganz unbewusst Ihre Social Skills, denen heute im Berufsleben immer größere Bedeutung zukommen.
– Arbeiten Sie den Stoff so bald wie möglich nochmals sorgfältig durch.
– Belohnen Sie sich für die Nacharbeit.
– Wenden Sie das Gelernte an und wiederholen Sie es.

Sobald Sie erst einmal damit begonnen haben, Ihre juristischen Kenntnisse auf diese Weise zu aktivieren, werden Sie diese positive Gewohnheit so schnell nicht wieder los.

Sicherlich ist Ihnen nicht entgangen, dass ich in diesem Buch versuche, Sie mit Hilfe von Fragen und Lückentexten zum aktiven Mitlernen anzuregen. Daher gleich die nächste Frage: Wie hoch war bisher Ihre Hemmschwelle hinsichtlich des aktiven Mitlesens?

Fünftes Kapitel

Aus der Trickkiste der Lernpsychologie

I. Vorbemerkung

Dieses Kapitel will Ihnen Anregungen geben, wie Sie aus den Erkenntnissen der Lernpsychologie für Ihren Lernalltag Kapital schlagen können. Nutzen Sie diese Möglichkeiten konsequent zu Ihrem Vorteil, wo immer das möglich ist. Wenn diese erst einmal Teil Ihrer Arbeitsroutine geworden sind, werden Sie auf diese unsichtbaren Helfer nie wieder verzichten wollen.

II. Die klassische Konditionierung

Den Namen Iwan Petrowitsch Pawlow kennen Sie bestimmt noch aus dem Biologieunterricht. Wahrscheinlich wissen Sie auch noch, welche Art von Experimenten der russische Nobelpreisträger an „seinen" Hunden durchgeführt hat. (Das gilt zumindest dann, wenn Sie sich die Versuchsanordnung bildlich vorgestellt bzw. in einem Schulbuch die entsprechenden Fotos gesehen haben. Die Mnemotechnik lässt grüßen!) Pawlow maß mit einer speziellen Vorrichtung die Speichelabsonderung der Tiere und entdeckte dabei Folgendes: Wenn er eine Glocke läuten ließ, reagierte der Hund auf das Geräusch zwar interessiert, auf die Speichelabsonderung hatte dies aber keinen Einfluss. Wurde dem Hund allerdings Nahrung angeboten, begann er sofort messbar zu „speicheln". Der Wissenschaftler ließ nun jedes Mal die Glocke ertönen, wenn er dem Tier Nahrung anbot. Natürlich sonderte der Hund dabei weiterhin Speichel ab. Schließlich ließ Pawlow nur noch die Glocke läuten, ohne Futter zu präsentieren. Der Hund reagierte jetzt auf den ursprünglich bedeutungslosen Glockenton ebenfalls mit einer Speichelabsonderung. Da der Glockenton dieses „Speicheln" bedingte, nannte ihn Pawlow „bedingten Reiz", die Reaktion darauf „bedingten Reflex".

Aus diesem Experiment der Verhaltensforschung können Sie künftig bei der juristischen Lernarbeit enormen Nutzen ziehen. Wie das geht? Machen Sie sich bewusst, dass jeder an sich neutrale Reiz sich in einen bedingten Reiz verwandeln lässt, der dann eine bedingte Reaktion auslöst. Bedingung heißt auf Lateinisch „condicio", daher spricht man bei diesem Verfahren von „Konditionierung". Schließen Sie jetzt den Kreis, indem

Sie sich vergegenwärtigen, was der Hund eigentlich für eine Leistung vollbracht hat: Er hat gelernt. Machen Sie sich diese fundamentale Erkenntnis zu Nutze und sorgen Sie dafür, dass bestimmte neutrale Reize für Sie ebenfalls einen Reflex bedingen.

Das könnte beispielsweise so ablaufen: Sie entrümpeln Ihren Schreibtisch. Verbannen Sie alles von ihm, was nichts mit Lernen zu tun hat oder aus Gründen der Motivation für Sie von Bedeutung ist. Sie lesen dort also keine Zeitschriften mehr, lösen dort keine Kreuzworträtsel und suchen sich auch für Ihre Kaffeepause ein anders Plätzchen. Beziehen Sie Ihren Schreibtischstuhl ebenfalls in das Experiment mit ein. Sehen Sie nicht mehr fern, wenn Sie darauf sitzen. Verwenden Sie diesen Tisch und diesen Stuhl nur noch zum Arbeiten. Nach einiger Zeit entsteht daraus ein bedingter Reiz, dem der entsprechende Reflex folgt. Sie werden automatisch zu lernen beginnen, wenn Sie sich an den Schreibtisch setzen und keinen anderen Tätigkeiten nachgehen, um sich abzulenken.

Machen Sie sich die uralten Erkenntnisse von Pawlow immer und überall zu Eigen. Verknüpfen Sie den Hörsaal oder den Arbeitsgemeinschaftsraum mit konzentriertem Zuhören und Lernen. Gehen Sie daran, Ihre Privatgespräche – vor, nach und in den Pausen der Vorlesung – jeweils gezielt vor die Tür zu verlegen. Machen Sie Schluss damit, unter der Bank Zeitung zu lesen oder einen Einkaufszettel fürs Wochenende zu schreiben. Denn was häufig nicht bedacht wird, ist die Tatsache, dass die Konditionierung natürlich auch andersherum perfekt funktioniert. Wenn Sie beispielsweise den Anblick Ihres Professors der Vorlesung im Allgemeinen Verwaltungsrecht als bedingten Reiz für den Reflex „Schlaf" konditionieren, tun Sie sich damit lerntechnisch allerdings keinen Gefallen.

Auch die Bibliothek können Sie auf diese Weise zum Lernauslöser umfunktionieren. Beschränken Sie sich darauf, dort konzentriert zu lernen. Für Gespräche empfiehlt sich aus Gründen der Rücksichtnahme ohnehin die Cafeteria.

Und noch ein Trick: Sagen Sie zu Beginn Ihrer juristischen Lernarbeit regelmäßig ein bestimmtes Wort. Es ist vollkommen egal, für welchen Ausdruck Sie sich entscheiden. Die wiederholte Verwendung dieses Begriffs lässt ihn zu einem bedingten Reiz werden, dem die gewünschte Reaktion folgt. Diese Methode ist im Prinzip identisch mit dem oben bereits geschilderten Schreibtisch-Beispiel. Und weil Sie flexibel genug sind, werden Sie diesen Kniff nicht nur zur Herbeiführung größerer Konzentration verwenden, sondern auch zum schnellen Erreichen von Entspannung einsetzen. Seien Sie in dieser Hinsicht schöpferisch tätig!

Tipp: Die klassische Konditionierung ist ein bewährter und einfacher Trick, um in kurzer Zeit Ihr Lernverhalten völlig umzukrempeln. Zögern Sie nicht und starten Sie noch heute, ihn gezielt für sich zu nutzen.

Welche fünf Möglichkeiten fallen Ihnen spontan ein, um die Wirksamkeit der klassischen Konditionierung innerhalb der nächsten vier Wochen zu testen? Seien Sie erfinderisch. Nur Sie selbst bestimmen die Grenzen bei diesem überaus praktischen Verfahren.

Mir fallen folgende fünf Möglichkeiten ein:

1. ....

2. ....

3. ....

4. ....

5. ....

Wenn Sie daran gehen, auf die klassische Konditionierung bewusst zu achten, werden Sie überrascht feststellen, dass diese viel stärker Bedeutung in Ihrem Alltag hat, als Sie sich das vielleicht jetzt noch vorstellen können. Vielleicht sind Sie wie Tausende anderer Menschen darauf konditioniert, nach dem Starten des PC erst einmal Ihre Mails abzurufen oder online Nachrichten auf einer bestimmten Seite durchzulesen. In diesem Fall müssen Sie die unerwünschte Verknüpfung erst einmal wieder löschen. Das geht entweder dadurch, dass Sie die Verbindung zwischen Reiz und Reflex kappen, indem Sie letzteren ganz bewusst nicht mehr ausführen, bis der Reiz seine Bedeutung verloren hat. Oder Sie überschreiben den bestehenden Reflex mit einem neuen Reflex. Sie können also beispielsweise nach dem Anschalten des PC jeden Tag etwas anderes tun, bis die Verbindung zwischen Reiz und altem Reflex (Mails abrufen) verschwunden ist, oder Sie überschreiben den alten Reflex, indem Sie ganz bewusst nach dem Anschalten sofort mit Ihrer Lernarbeit starten und so einen neuen Reflex schaffen, der den alten nach einiger Zeit vollständig ablösen wird.

III. Die operante Konditionierung

Dieses Verfahren kennen Sie vielleicht unter dem Stichwort „Lernen am Erfolg". Edward L. Thorndike sperrte Katzen in einen Käfig und legte

Futter davor. Der Öffnungsmechanismus wurde von den Tieren zunächst rein zufällig betätigt. Von da an befreiten sich die Katzen immer schneller, bis sie schließlich nach dem Schließen des Käfigs sofort den Öffnungsmechanismus betätigten. Die Erkenntnisse aus diesem Versuch lauten:

- Die Verbindung von Reiz und Reaktion hält umso besser, je öfter sie geübt wird und umso schlechter, je weniger sie geübt wird.
- Die Verbindung zwischen Reiz und Reaktion wird stärker, wenn der Reaktion ein positiver Nacheffekt folgt (Lernen am Erfolg).
- Sie wird schwächer, wenn ihr ein negativer Nacheffekt folgt. Erkenntnis: Für das Erlernen einer neuen Verhaltensweise ist es entscheidend, dass das gewünschte Verhalten belohnt wird.
- Einschränkung: Die Belohnung muss sofort erfolgen, nicht erst nach längerer Zeit.
- Zusätzlich wies der Forscher Ebbinghaus nach, dass über einen längeren Zeitraum verteilte Wiederholungen Ihr Gedächtnis besser unterstützen als viele Wiederholungen in kurzer Zeit.

Übertragen auf Ihre juristische Lernarbeit bedeutet dies:

- Üben Sie unaufhörlich! Das gilt nicht nur für das Wiederholen von Definitionen im Strafprozessrecht und andere juristische Inhalte, sondern gerade auch für die komplexen und häufig vernachlässigten äußeren Arbeitsabläufe.
- Schreiben Sie deshalb zur Vorbereitung so viele Klausuren wie möglich. Dadurch stellen Sie die optimale Verbindung zwischen dem Reiz „Klausur" und der Reaktion „Lösung" her.
- Nur durch permanentes Training erlernen Sie die unverzichtbaren äußeren Arbeitabläufe zur Lösung einer Klausur, nämlich Zeiteinteilung, Sachverhaltserfassung, Skizzieren, Nachschlagen, Problemlösen und Niederschrift. Und Sie eignen sich die wichtige Fähigkeit an, mit der Stresssituation und dem Zeitdruck richtig umzugehen.
- Belohnen Sie sich sofort für jede richtige Antwort und für jede geschriebene Klausur.
- Nochmals: Die künftige Erwartung einer hohen Punktzahl für eine geschriebene Klausur taugt zwar als Motivation, nicht aber als Belohnung. Genehmigen Sie sich für Ihre Mühe lieber auf der Stelle ein Eis oder eine ausgedehnte Pause.
- Wälzen Sie keine trüben Gedanken, wenn eine Frage oder Klausur aus dem Bereich „Staatshaftungsrecht" für Sie „unlösbar" erscheint. Gerade in diesen Momenten trainieren Sie besonders effektiv, mit Ausnah-

mesituationen fertig zu werden. Belohnen Sie sich für Ihr Durchhaltevermögen. Wichtig ist allein, dass Sie auch wirklich durchhalten.

- Wiederholen Sie nicht planlos, sondern in exakt festgelegten Intervallen. Zu diesem Thema erhalten Sie unter dem Stichwort „Wiederholen" später noch ausführliche Hinweise.

Burrhus F. Skinner belohnte beispielsweise Tauben mit einer Futtergabe,
sobald die Tiere zufällig eine entsprechende Teilbewegung machten. Auf
diese Weise brachte er ihnen Tänze und andere verblüffende Kunststücke
in Minutenschnelle bei. Nehmen Sie daraus die Erkenntnis mit, dass Sie
selbst äußerst komplizierte Abläufe und Themenbereiche schnell und effektiv erlernen können, wenn Sie diese in kleine Schritte zerlegen und sich
für die richtigen Ergebnisse anschließend jedes Mal sofort belohnen. Dieses Erfolgsrezept war schon den alten Römern bekannt. Von ihnen stammt
der Spruch: Divide et impera! (Teile und herrsche!)

- Fertigen Sie zum Problemkreis „Fristbestimmung" im Zweifel lieber
zehn als zwei Karteikarten an.
- Nehmen Sie pro Karte so wenige Informationen wie möglich auf.
- Machen Sie sich bei jeder Fallanalyse alle Zwischenschritte klar, auch
wenn diese gar nicht einzeln aufgeführt werden.
- Freuen Sie sich über jeden noch so kleinen Fortschritt und belohnen
Sie sich dafür.
- Zerlegen Sie bei der Planung Ihre Lernziele in kleine Zwischenziele.

IV. Lernen durch Einsicht

Wolfgang Köhler machte folgenden Versuch: Er platzierte eine Banane
außer Reichweite vor einem Schimpansenkäfig. Die Tiere hatten als
Hilfsmittel einmal eine längere Stange zur Verfügung, ein andermal zwei
ineinander steckbare Rohre. Nach einigen erfolglosen Versuchen, die
Frucht mit der Hand zu ergattern, kamen die Affen auf die Idee, sich der
vorhandenen Hilfsmittel zu bedienen. In anderen Fällen stapelten sie sogar
Kisten übereinander, um hinaufzuklettern und die an der Decke des Käfigs
befestigten Bananen zu pflücken. Übrigens: Auch in der Verhaltensforschung bleibt die Zeit nicht stehen. Heute holen sich die Tiere ihre Nahrung mittels verschiedener Plastikkarten aus einem Futterautomaten.

Die Menschenaffen lern(t)en durch Einsicht in die jeweilige Situation.
Ziehen Sie die Konsequenzen aus diesem Experiment:

- Auch anfänglich unüberwindbar erscheinende Klausurprobleme lassen sich lösen.
- Die Lösung liegt meist viel näher als Sie glauben. Dafür hat der Klausursteller im Normalfall selbst gesorgt.
- Denken Sie zuerst einmal in aller Ruhe nach.
- Der richtige Einfall ist wichtiger als alle anderen Anstrengungen.
- Stellen Sie Zusammenhänge her, suchen Sie nach Querverbindungen.
- Wenn Sie ein juristisches Problem einmal richtig verstanden und gelöst haben, wird es Ihnen ebenso wie ähnlich gelagerte Probleme künftig nur noch wenige Schwierigkeiten bereiten.
- Nehmen Sie sich immer die nötige Zeit, um neue Einsichten zu gewinnen.

Am Rande bemerkt: Dass Ihre Klausur von der ominösen Lösungsskizze abweicht, bedeutet keinesfalls, dass Ihre Lösung falsch wäre. Denn auch unsere Obergerichte ändern in schöner Regelmäßigkeit ihre bisherige Rechtsprechung. Manchmal müssen sie das sogar, weil ihnen das BVerfG oder der EuGH schriftlich bestätigen, dass die momentane Rechtsprechung gegen die Verfassung oder supranationales Recht verstößt. Vielleicht haben Sie heute mit Ihrer abweichenden Klausurlösung einfach schon die richtige Idee von morgen.

Wie glauben Sie, würde der folgende Leitsatz des LG Mannheim (BB 81, 1543) heute in einer Klausur bewertet? „Computerprogrammen fehlt regelmäßig jeglicher geistig-ästhetische Gehalt, der auf das Vorhandensein einer schöpferischen Leistung schließen lassen könnte. Sie sind deswegen regelmäßig nicht urheberrechtsfähig."

V. Ihre Vergessenskurve

Um noch wirksamer gegen das Vergessen angehen zu können, müssen Sie sich einen Moment damit befassen, wie dieser Vorgang zeitlich von statten geht. Die notwendigen Erkenntnisse sind alles andere als neu und wurden bereits vor über hundert Jahren gewonnen. Hermann Ebbinghaus wollte wissen, wie lange etwas im Gedächtnis haften bleibt. Er lernte deshalb sinnlose Silben wie beispielsweise „fab" oder „jis" in einer bestimmten Reihenfolge auswendig und überprüfte anschließend, wie viele Silbenreihen er nach jeweils dreißig Minuten, einer Stunde, einem Tag, einer Woche und einem Monat noch vollständig aus dem Gedächtnis reproduzieren konnte.

Bevor Sie weiterlesen, sollten Sie sich spontan selbst auf die Probe stellen und kurz schätzen, wie die Zusammenhänge wohl lauten könnten.

Ich tippe, dass ich nach einer Stunde noch etwa .... % des Gelernten weiß, nach vierundzwanzig Stunden noch .... %, nach einer Woche.................. % und nach einem Monat etwa .... %.

Und wie sehen die tatsächlichen Ergebnisse des Versuches von Ebbinghaus aus? Der Wissenschaftler stelle fest, dass man schon nach einer Stunde nur noch auf etwa 55 % des Gelernten zugreifen kann. Nach einem Tag hat man nur noch ungefähr 34 % des neuen Wissens parat, nach einer Woche sind es noch knapp 25 %. Danach nähert sich die Kurve der 20-%-Marke, die sie aber niemals (!) unterschreitet. Ebbinghaus entdeckte ferner, dass er sich die Silbenreihen um zirka zehnmal besser merken konnte, wenn die einzelnen Silben auch nur im entferntesten so etwas wie einen Sinn ergaben.

Grafisch sieht die Vergessenskurve in etwa so aus:

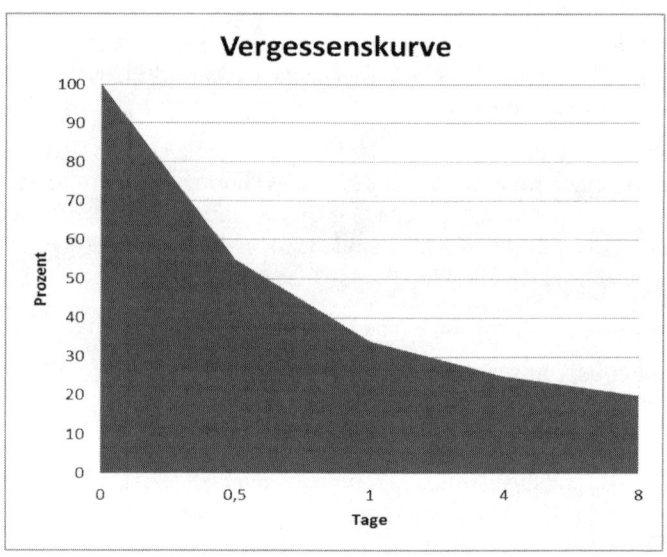

Auf den ersten Blick erscheint einem diese Kurve genauso wie die zugehörigen Zahlen mehr als ernüchternd. Dennoch ist darin der Schlüssel zur Steigerung Ihres Lernerfolges verborgen. Positiv gesehen bedeuten die sich aus der Vergessenskurve ergebenden Erkenntnisse nämlich schlicht Folgendes:

- 20 % des von Ihnen gelernten juristischen Materials vergessen Sie nicht mehr. Es wird also immerhin ein Fünftel des gelernten Stoffes für immer zu Ihrem geistigen Kapital.
- Sobald Sie etwas Sinnvolles lernen, steigt Ihr Erinnerungsvermögen um das Zehnfache. Sie vergessen zwar diese Dinge ohne gezielte Wiederholung ebenfalls wieder, behalten sie aber erst einmal über einen viel längeren Zeitraum im Gedächtnis. Stellen Sie sich dazu bei der vorstehenden Grafik einfach vor, an der horizontalen Zeitachse würden statt Tagen Wochen angezeigt.

Neben diesen beiden grundlegenden Feststellungen gelangte Ebbinghaus bei seinem Versuch aber noch zu anderen interessanten Erkenntnissen:

- Nach einiger Zeit versuchte er – anfangs unbewusst –, die ursprünglich sinnlosen Silben mit einer Bedeutung zu versehen. So konnte er sie sich anschließend einfacher und länger merken. Beispielsweise schnitt er bei seinem Test viel besser ab, wenn er sich die Silbe „fab" in Gedanken als Fabrik mit rauchendem Schornstein vorstellte.
- Wenn Ebbinghaus eine Silbenreihe zum zweiten Mal lernte, brauchte er dazu wesentlich weniger Zeit als für den ersten Lerndurchgang.
- Die gezielte Aufteilung seiner Lernarbeit brachte ihm eine enorme Zeitersparnis. Verteilte er das Pensum eines einzigen Tages auf drei verschiedene Tage, so brauchte er insgesamt weniger als 50 % der Wiederholungen, um dieselbe Lernarbeit zu verrichten. Auf diese Weise sparte er über die Hälfte der benötigten Zeit ein.

Nutzen Sie diese Erkenntnisse in die Praxis für Ihre tägliche Lernarbeit:

- Warum lernen Sie? Vergegenwärtigen Sie sich Ihr Lernziel und Ihren Lernzweck täglich.
- Versuchen Sie immer, den tieferen Sinn eines Themas zu ergründen. Wozu dient das Versäumnisurteil? Warum gibt es diese Rechtsfigur überhaupt? Welche Erleichterungen (oder Komplikationen) bringt sie?
- Falls Sie nicht sofort auf einen Sinn stoßen oder nach einigem Nachdenken zu dem Ergebnis kommen, dass eine bestimmte juristische Diskussion bzw. Entscheidung eigentlich gar keinen Sinn macht, dann sind Sie gefordert. Sie müssen der Thematik dann eine eigene Zweckbestimmung verpassen. Warum streiten gleich drei BGH-Senate über eine bestimmte Problematik? Weshalb wurde dieser Aufsatz geschrieben? (Tipp: Immer auch die Anfangsfußnoten lesen.) Gibt es vielleicht einen (rechts-) politischen Grund dafür, warum über dieses rechtlich an sich vollkommen unproblematische Thema diskutiert wird?

- Freuen Sie sich jeden Tag darüber, dass ein Fünftel der von Ihnen beispielsweise zum „Schuldnerverzug" gelernten Fakten für immer Ihr geistiger Besitz werden, ohne dass Sie zusätzliche Anstrengungen unternehmen müssten.
- Lernen Sie in Etappen, unterteilen Sie den Stoff in kleine Schritte. Dazu müssen Sie natürlich planen.
- Verteilen Sie Ihr Pensum im „Mietrecht" auf mehrere Tage pro Woche, statt es in einem einzigen Marathon zu lernen. Auch das erfordert gezielte Planung.
- Nutzen Sie die sämtliche mnemotechnischen Kniffe, die sie bereits kennengelernt haben und noch kennenlernen werden.

Angenommen Sie lernen „Verwaltungsprozessrecht". Nach dem ersten Durchgang behalten Sie immerhin schon ein Fünftel des Stoffes im Gedächtnis. Wenn Sie nun die restlichen vier Fünftel wiederholen, merken Sie sich davon erneut ein Fünftel. Theoretisch können Sie diesen Gedanken bis zur Beherrschung des gesamten Verwaltungsprozessrechtes fortspinnen. Das bedeutet, dass Sie sich durch konsequentes Lernen und Wiederholen praktisch beliebig Ihrem Ziel vom umfangreichen rechtlichen Wissen annähern können. Zwar hat man in der Praxis meist den Eindruck, dass einem durch die Stofffülle und die leider nur begrenzt zur Verfügung stehende Zeit gewisse Grenzen gesetzt sind. Aber in jedem Examenstermin weisen Kollegen nach, dass diese imaginäre Grenze letztlich gar nicht existiert. Lassen Sie sich davon ruhig motivieren.

Wie Sie am effektivsten Wiederholen können, erfahren Sie im nächsten Abschnitt.

VI. Wiederholen – aber richtig!

Die Gedächtniskurve zeigt Ihnen ganz klar: Je früher Sie mit dem Wiederholen beginnen, desto besser. Je länger Sie hingegen warten, umso mehr Informationen haben Sie bis dahin bereits wieder vergessen. Oder bildlich gesprochen: Je später Sie mit dem Repetieren starten, desto flacher ist die Gedächtniskurve in diesem Moment. Ihr neu erworbenes juristisches Wissen ist dann bereits zum großen Teil wieder weggeschmolzen.

Um möglichst effektiv zu sein, sollten Sie den Stoff idealerweise gleich am nächsten Tag noch einmal wiederholen. Falls Sie das Wiederholen mit den Vorteilen des Schnelllesens kombinieren, lässt sich diese Lernarbeit gut planen und schnell erledigen. Beginnen Sie andererseits erst nach sechs Tagen damit, Ihr neu erworbenes Wissen noch einmal durchzugehen, haben Sie zu diesem Zeitpunkt noch etwa 25 % der Thematik behalten. Da Ihre Vergessenskurve ohnehin nicht unter 20 % sinkt, bleibt Ihnen in diesem Fall nur noch ein fünfprozentiger Wissensvorteil. Die übrigen 65 % müssen Sie komplett neu lernen. Da Sie von heute an allerdings genau darauf achten werden, stets die Sinnzusammenhänge zu berücksichtigen und daher selbst bei bisher ungekannten Themen keinen sinnlosen Stoff mehr lernen werden, wird zum Glück auch die Zeitachse zu Ihrem Vorteil gedehnt.

Versuche zeigen, dass bei einem sinnvollen Lernstoff systematische Wiederholungen am ersten, am neunten und am dreißigsten Tag besonders effektiv sind. Natürlich handelt es sich dabei nicht um ein Naturgesetz, sondern um einen statistischen Mittelwert. Testen Sie trotzdem, ob er Ihnen persönlich Nutzen bringt, indem Sie Ihre nächsten Wiederholungen in den genannten Intervallen planen und den Erfolg kontrollieren. Experimentieren Sie anfangs mit der Intervalldauer und notieren Sie Ihre Eindrücke und Ergebnisse. Die Erfolge sprechen für sich. Voraussetzung für dieses System ist allerdings, dass Sie bereit sind, Ihre Lernarbeit künftig gezielt zu planen. Denn ohne mittelfristigen Lernplan lässt sich die gezielte Wiederholung zumindest ab dem zweiten Semester nicht mehr vernünftig umsetzen.

Tipp: Die zentrale Bedeutung der Wiederholung für die Wissensaufnahme war schon vor über zweitausend Jahren bekannt. Die entsprechende römische Weisheit lautete: Repetitio est mater studiorum (in etwa: „Die Wiederholung ist die Mutter des Lernens."

Nachdem Sie nun die Grundpfeiler der Lernpsychologie kennen gelernt haben, wenden wir uns nun noch einigen interessanten Verfahrensweisen zu, die Ihnen ebenfalls erhebliche Vorteile beim Lernen bringen werden.

VII. Was Sie noch von der Lernpsychologie wissen sollten

1. Assoziationen

Unter einer Assoziation versteht man in der Psychologie eine Gedankenverbindung oder Gedankenverknüpfung. Sobald Sie an einen bestimmten Begriff erinnert werden, erscheint dazu automatisch ein anderer Gedanke in Ihrem Kopf. Wenn beispielsweise der vor Ihnen fahrende Pkw die Zahl

433 auf dem Nummernschild hat, denken Sie als Jurist automatisch an den Begriff „Kaufvertrag".

Es gibt nicht wenige Lernwissenschaftler, die den Standpunkt vertreten, dass jegliches menschliches Lernen im Grunde nichts anderes als das Herstellen von Assoziationen sei. Da ein Großteil der im Kapitel über Mnemotechnik angesprochenen Lerntricks und Verfahrensweisen auf solchen Assoziationen beruht, kennen Sie deren faszinierende Wirkungsweise bereits aus erster eigener Erfahrung und können deren praktische Bedeutung besser einschätzen.

Beim Herstellen einer Assoziation geht es stets um die Verknüpfung eines noch unbekannten Lerninhalts mit einem bereits bekannten Sachverhalt. Wenn man sich das vor Augen hält, erkennt man auch sofort, wo das große Problem beim Lernen liegt: Der Lernende muss seine Assoziationen immer selbst knüpfen. Diese lerntechnische Grundregel wird jedoch in der Praxis meist von Kindesbeinen an missachtet. So verlässt sich nahezu jeder Student beim Lernen auf die assoziativen Verknüpfungen, die der Lehrende ihm vorgibt. Das geschieht einfach deshalb, weil man es schon immer so gemacht hat, egal ob in der Schule oder im Kindergarten. Der Lehrende hat aber selbstverständlich vollkommen andere persönliche Assoziationen geknüpft als der Lernende, weil beide schlicht vollkommen unterschiedliche Erfahrungs- und Gedächtnisinhalte haben. Deshalb kann es zwar im Einzelfall durchaus funktionieren, sich Assoziationen vorgeben zu lassen, im Regelfall bleiben diese „Fremdassoziationen" aber schwach. Daher macht es viel mehr Sinn, eigene Assoziationen zu schaffen, mit deren Hilfe bisher ungekannter Lernstoff mit bereits bekannten Begriffen verknüpft werden kann. Obwohl das auf den ersten Blick einleuchtend ist, wird es aber in der Lernpraxis allerdings nur selten gemacht. Der Grund dafür ist einfach: Es ist mit Arbeit verbunden.

Tipp: Die Aussage „Mnemotechnik ist Unsinn, weil ich mir diese blöden Beispiele sowieso nicht merken kann", bedeutet im Klartext, dass der betreffende Kollege schlicht und einfach keine eigenen Assoziationen geknüpft hat und die von ihm gelesenen Fremdassoziation bei ihm keinerlei Wirkung zeigen.

Das Herstellen einer Assoziation zwischen zwei Begriffen gelingt dann am besten, wenn die Verbindung innerhalb einer halben Sekunde geknüpft wird. Auf die Frage nach dem Paragraphen 433 muss also die Antwort „Kaufvertrag" innerhalb von 0,5 Sekunden erfolgen, damit die Verbindung zwischen beiden Begriffen optimal hergestellt wird. Nutzen Sie diese Erkenntnis und verankern Sie mit dieser Technik Definitionen und Prüfungsreihenfolgen dauerhaft in Ihrem Gedächtnis.

Besonders effektiv und einfach können Sie dies einüben, wenn Sie einer neuen Vorschrift oder einem neuen Stichwort gegenüberstehen. Erinnern Sie sich an das Beispiel mit dem Schuldnerverzeichnis und dem Merkbild „Pudel"? Statt mit Hilfe des Bildes hätten Sie § 915 ZPO auch mit einer schnellen Assoziation in Ihrem Gedächtnis verankern können. Probieren Sie es aus. Wiederholen Sie beispielsweise den Begriff „Vormerkung" und den dazugehörigen Paragraphen „883" mehrmals schnell hintereinander, etwa zwanzig bis dreißig Mal. Achten Sie darauf, dass die Verbindung innerhalb einer halben Sekunde hergestellt wird. Machen Sie diese Übung zuerst ruhig laut. Gehen Sie aber alsbald dazu über, diese Prozedur in Gedanken zu absolvieren. Das hat zwei ganz wichtige Vorteile: Einmal wissen Sie bereits, dass Ihre Denkgeschwindigkeit der Sprachgeschwindigkeit weit überlegen ist und Sie somit „in Gedanken" viel schneller lernen können. Der andere Grund ist rein praktischer Natur. Sie werden sich nämlich nicht unbedingt Freunde machen, wenn Sie – vollkommen begeistert von dieser neuen Entfaltungsmöglichkeit – beginnen, in der Bibliothek, Vorlesung oder Arbeitsgemeinschaft plötzlich halblaut vor sich hinzumurmeln.

Während Sie bei dem vorgenannten Beispiel mit der Vormerkung augenblicklich Erfolg haben werden, erfordert das schnelle gedankliche Aufsagen der Definition der „Wegnahme" bei § 242 StGB schon ein klein wenig Übung. Das Ergebnis lohnt den kleinen Trainingsaufwand aber allemal. Es gibt übrigens wahre Fans dieser Methode, die nach einiger Zeit bewusst dazu übergehen, mit dieser Technik zu lernen, während die Stereoanlage dröhnt. Sinn und Zweck dieses Verfahrens ist es, sich gegenüber Störungen von außen immun zu machen und die eigene Konzentrationsfähigkeit zu steigern. Wenn Sie beispielsweise bedenken, wie viel Zeit man während des schriftlichen Examens allein dadurch verlieren kann, dass man sich auf die Aufsichtsperson konzentriert, die plötzlich in Ausübung ihrer Pflicht durch die Reihen wandert und die mitgeführten Hilfsmittel kontrolliert, ist dieser Ansatz immerhin eine Überlegung wert, solange es beim gelegentlichen Training bleibt.

Wie häufig müssen Sie die beiden Begriffe nun wiederholen, damit sie Ihnen optimal im Gedächtnis bleiben? Die genauen Zahlen können individuell sehr unterschiedlich sein. Im Regelfall werden Sie zwischen 30 und 50 Wiederholungen brauchen. Das hört sich nach mehr Aufwand an als es tatsächlich ist. Lassen Sie sich Chancen nicht entgehen, die Ihnen diese simple Methode bietet.

Übrigens: Sie arbeiten mit dieser Technik bestimmt schon seit lange erfolgreich, ohne sich dessen wahrscheinlich bewusst zu sein. Dazu zwei kleine Beispiele. Angenommen Sie benötigen in der Bibliothek ein bestimmtes Buch. Nach längerer Suche in Karteien und Online-Katalogen haben Sie die Kennzeichnung des Werkes ausfindig gemacht. Diese lautet PP 573 (S) 112 (+ 3). Da Sie keine Lust verspüren, sich diese Kombination aufzuschreiben, ziehen Sie ohne Zettel los. Die Kennung wiederholen Sie dabei unablässig in Gedanken. Das geht so lange gut, bis Sie Ihren Kommilitonen Rudi treffen und auf seine Frage nach dem werten Befinden antworten: „Prima. Und dir?" In diesem Moment haben Sie aufgehört, die Kennung ständig lautlos zu wiederholen – und damit haben Sie diese auch sofort wieder vergessen. Ihnen bleibt nur der Weg zurück an die Quelle, um sie erneut abzulesen. Noch besser kennen Sie dieses Spielchen mit gerade nachgeschlagenen Telefonnummern, die man beim Wählen ebenfalls konsequent in Gedanken wiederholt. Wer dabei gestört wird, vergisst die Nummer umgehend wieder. Anders verhält sich die Sache nur dann, wenn Sie die Nummer bzw. Kennung bereits lange genug (z. B. dreißig Mal) wiederholt und das zugehörige Zeitintervall von einer halben Sekunde eingehalten haben. In diesem Fall wirft Sie eine Unterbrechung nicht mehr aus der Bahn.

> **Tipp:** Die oben vorgestellte Assoziationsmethode wird völlig unterschätzt, da sie sich im ersten Moment ein wenig albern anhört. Dabei zeigt die Erfahrung, dass sich die auf diese Weise mit einem Zeitaufwand von lediglich zwei bis drei Minuten geschlossene Gedächtnisverbindung zwischen zwei Begriffen auch nach Jahren noch problemlos abrufen lässt. Testen Sie es!

2. Das Ganzlernverfahren

Sie stehen vor dem Problem, sich die Verfügungen von Todes wegen im Erbrecht aneignen zu müssen? Wie sollen Sie das bewältigen? Ist es besser, dieses Wissensgebiet in kleine Kapitel einzuteilen oder sollen Sie sich alles in einem Stück vornehmen?

Fast automatisch entscheiden sich viele Studenten für das so genannte Teillernverfahren. Der Grund liegt darin, dass man es als Schüler einfach „immer so gemacht" hat. Sie werden also heute das Kapitel „Testament" lernen, morgen das „gemeinschaftliche Testament" und übermorgen die

Probleme des „Erbvertrages" wälzen. Diese Methode hat aber einen gravierenden Nachteil: Jedes Thema wird für sich selbst betrachtet, also vollkommen isoliert gelernt. Wollen Sie nun in der Klausur wissen, wo die Besonderheiten bei dem Widerruf eines Testaments und eines Erbvertrags liegen, müssen Sie zuerst das Kapitel „Testament" in Ihrem Gedächtnis abspulen. Da Sie dieses Thema separat gelernt haben, erscheint nun nach dem Ende des Kapitels – genauso wie Sie es bei den Wiederholungen gemacht haben! – wieder der Anfang des Gebietes „Testament" vor Ihrem geistigen Auge. Diesen Gedankenkreis müssen Sie nun erst einmal sprengen und eine Verbindung zum Thema „Erbvertrag" herstellen. Ist Ihnen dies gelungen, spulen Sie nun dieses Kapitel ab und versuchen durch einen entsprechenden Vergleich, die Unterschiede beim Widerruf aufs Papier zu bannen. Sie sehen, dass diese Lernmethode Sie nur auf Umwegen zum Ziel führt.

Aus diesem Grund gilt bereits seit dem Ende des 19. Jahrhunderts das so genannte Ganzlernverfahren als wesentlich zweckmäßiger. Dabei lernen Sie das gesamte Gebiet „Verfügungen von Todes wegen" gleich im Zusammenhang und legen besonderen Wert auf die bestehenden Querverbindungen der einzelnen Überschriften. Untersuchungen haben ergeben, dass Sie den mit dieser Methode aufgenommenen Stoff anschließend nicht nur besser beherrschen, sondern ihn sich beim Lernen auch wesentlich schneller einprägen als auf herkömmliche Weise. Die Ursache dafür ist leicht nachzuvollziehen: Durch das Lernen in einem Zug verschaffen Sie sich einen Überblick über den gesamten Stoff, setzen die verschiedenen Verfügungen von Todes wegen zueinander in Beziehung und erkennen auf diese Weise viel besser die Unterschiede und Gemeinsamkeiten. Außerdem befassen Sie sich mit sinnvollen Zusammenhängen. Und wie Sie wissen, bleiben diese wesentlich länger im Gedächtnis als unsystematischer Lernstoff.

Wenn Sie nun noch einen Schritt nach vorne sehen, wird Ihnen sogleich ein weiterer entscheidender Vorteil des Ganzlernverfahrens auffallen: In der Klausur müssen Sie nicht jedes einzelne Wissensgebiet abspulen und dann mühsam nach den Querverbindungen suchen, falls Sie das gesamte Gebiet „Verfügungen von Todes wegen" gerade anhand dieser Querverbindungen gelernt haben. Sie sehen also, dass das Ganzlernverfahren Ihnen nicht nur die Aufnahme von neuem Lernstoff erleichtert, sondern auch beim späteren Abrufen entscheidende Vorteile bietet.

3. Das Phänomen der Interferenz

In der Physik versteht man unter einer Interferenz die Erscheinung, dass sich zwei aufeinander treffende Wellen entweder verstärken, schwächen oder sogar ganz auslöschen. Leider wird in der Lernpsychologie der Begriff nur für letzteren Fall gebraucht. Studien haben gezeigt, dass sich ähnliche Lerninhalte gegenseitig stören. Das hat erhebliche Auswirkungen auf die Art und Weise, wie Sie Ihren Lernstoff organisieren müssen.

Wenn Sie sich zwei Stunden lang ausschließlich mit dem Thema „Leistungskondiktion" beschäftigt haben und anschließend damit beginnen, der „Nichtleistungskondiktion" habhaft werden zu wollen, ist das keine besonders gelungene Aktion. Denn da sich die beiden Fragestellungen sehr ähnlich sind, überdecken die neuen Erkenntnisse des Gebietes „Nichtleistungskondiktion" nun die vorher gewonnenen Einsichten über die „Leistungskondiktion". Sie lernen in diesem Fall also nicht etwa mehr, wie Sie sicherlich glauben würden, sondern fördern aktiv den Prozess des Vergessens für das Gebiet „Leistungskondiktion". Spätestens an dieser Stelle erkennen Sie, warum es tatsächlich nichts bringt, sich am Tag vor einer Klausur noch das gesamte Mietrecht in einem Marathon von zehn Stunden aneignen zu wollen.

Das Geheimnis liegt in der richtigen Mischung. Sie müssen nach Ihrer Beschäftigung mit der Lerneinheit „Leistungskondiktion" zu einem Gebiet wechseln, das diesem nicht ähnlich ist, beispielsweise zur Stellung der Staatsanwaltschaft im Strafprozessrecht. Je unterschiedlicher die einzelnen Lerninhalte sind, desto weniger vom gelernten Stoff verlieren Sie durch das Phänomen Interferenz.

> **Tipp:** Versuchen Sie, in den nächsten zwei Wochen ganz gezielt BGB, Strafrecht und Öffentliches Recht nebeneinander zu lernen.

Auch wenn es im ersten Moment den Anschein haben könnte, steht das soeben Gesagte nicht im Widerspruch zum Ganzlernverfahren. Denn dort geht es ja gerade darum, beispielsweise einen Überblick über den gesamten Stoff des Bereicherungsrechts zu bekommen, die einzelnen Bereiche der Leistungskondiktion und Nichtleistungskondiktion zueinander in Beziehung zu setzen und auf diese Weise die bestehenden Unterschiede und Gemeinsamkeiten zu erarbeiten. Sie lernen hier also einen zusammenhängenden Bereich am Stück und nicht verschiedene ähnliche Themen nacheinander. Die Interferenz hat also beim Ganzlernverfahren keine Chance.

An dieser Stelle kommt regelmäßig der Einwand: „Ich habe einfach keine Zeit, um die Lerninhalte konsequent abzuwechseln. Für meine Zivilrechtsklausur nächste Woche muss ich den in Frage kommenden Stoff „komplett" durchgearbeitet haben." Dieser Zeitfalle können Sie nur durch sorgfältige Planung entgehen. Berücksichtigen Sie dabei den Begriff der Interferenz und versuchen Sie, ihr bewusst entgegenzuwirken. Sie müssen dann zwar vielleicht vier Wochen früher als bisher mit dem Lernen auf die Klausur beginnen. Doch es wird wesentlich entspannter, frei von Stress und unter dem Strich gesehen weniger zeitaufwändig sein als Ihre bisher übliche Art der Vorbereitung. Vom Ergebnis ganz zu Schweigen.

Am Rande sei abschließend noch bemerkt, dass es das Interferenzproblem auch im kleinen Rahmen gibt. Wenn Sie beispielsweise während einer Klausur versuchen, mehreren verschiedenen Eingebungen nachzujagen, dann überlagern sich diese. Die traurige Folge davon ist, dass Sie sich auf keine Ihrer Ideen richtig konzentrieren können und darum brauchbare Ergebnisse Mangelware bleiben. Schlimmer noch, Ihnen fällt ein besonders interessantes Argument für Ihre Lösung ein, Sie versäumen es aber, diesen Ansatz sogleich mit einem Stichwort schriftlich zu fixieren. Während Sie nun noch einen anderen Satz zu Ende schreiben, verschwindet Ihre geniale rechtliche Idee auf Nimmerwiedersehen. Denken Sie deshalb jeden Gedanken immer erst zu Ende, bevor Sie zum nächsten Thema wechseln und schreiben Sie ihn bei Bedarf in Form eines Stichworts auf.

> **Tipp:** Auch die Erinnerung an Fundstellen in Gesetzen und Kommentaren, auf die Sie mehr oder weniger zufällig stoßen, wird durch Interferenz überlagert. Notieren Sie diese daher umgehend oder nehmen Sie sich die Zeit, sie mit Hilfe der Mnemotechnik abzuspeichern. Vertrauen Sie keinesfalls der trügerischen Hoffnung, Sie würden sich ohnehin später daran erinnern.

4. Das Lernplateau

Unter einem Lernplateau versteht man die Erscheinung, dass Ihr Lernerfolg nicht linear fortschreitet, sondern in Schüben, die immer wieder von Phasen des scheinbaren Stillstands unterbrochen werden. Als einfaches Merkbild können Sie dazu eine Treppe vorstellen.

Nach einer schwierigen Einarbeitungsphase scheint es zunächst so, als würde die Wiedereinsetzung in den vorigen Stand keinerlei Schwierigkeiten aufwerfen. Nachdem Sie sich jedoch einige weitere Zeit intensiv mit diesem Lerngegenstand beschäftigt haben, ergreift Sie das Gefühl, dass Sie plötzlich nichts mehr von dem verstehen, was auf den fünf restlichen Seiten des zu Hilfe gezogenen Lehrbuchs steht. Sie sind an einem Lernplateau angekommen. Erst nach längerer Wartezeit, oft erst am nächsten Tag oder gar nach einer Woche, fällt es Ihnen wieder leicht, an die anfangs vorhandenen Fortschritte mühelos anzuknüpfen. Interessant ist dabei für Sie allein die Tatsache, dass diese Erscheinung völlig normal ist. Das hat folgende Gründe:

- Zuerst fällt es Ihnen schwer, den Zugang zu einem noch völlig fremden Rechtsgebiet zu finden. Der Einstieg gestaltet sich also langsam.
- Sobald Sie diese Hürde überwunden und die zu Grunde liegenden Prinzipien erst einmal verstanden haben, bekommen Sie Spaß an der Sache. Ihr Erfolg, die Grundsätze verstanden zu haben, tut ein Übriges. Zudem treibt Sie Ihre Neugier weiter. Sie lernen jetzt sehr schnell.
- Ihr Eifer und Ihre Neugier lassen plötzlich nach. Schwierige Detailfragen ergeben sich, auf die Sie nicht sofort eine Antwort finden. Entsprechend bleiben Erfolgserlebnisse aus und Ihr Spaß an der Sache sinkt rapide. Sie haben ein Lernplateau erreicht.
- Nach einiger Zeit bekommen Sie wieder einen Anstoß. Das kann daran liegen, dass Sie plötzlich Zusammenhänge neu begreifen, dass Sie eine gut bewertete Klausur zurückbekommen, dass Sie am nächsten Tag frisch ausgeruht sind oder an vielen anderen Dingen. Ihre Lernkurve steigt dann wieder an.

Wenn Sie künftig ein Lernplateau erreichen, wird Sie das soeben erworbene Wissen um dieses Phänomen vor nutzlosem Frust bewahren. Hadern Sie nicht mit sich selbst und setzen Sie sich nicht unnötig unter Stress, sondern bleiben Sie einfach am Ball. Das Lernplateau verschwindet ganz von selbst wieder. Verkürzen Sie die Wartezeit, indem Sie den Lernstoff von einer anderen Seite her beleuchten oder mit neuen Aspekten in Beziehung setzen.

Tipp: Am einfachsten kommen Sie über ein Lernplateau hinweg, wenn Sie die Kunst des Durchhaltens beherrschen und einen klaren Lernplan haben, an den Sie sich halten können.

---

5. Ein riskanter Trugschluss

Nach der Lektüre der vorangegangenen Informationen und insbesondere nach der Beschäftigung mit Ihrer Vergessenskurve, ist es durchaus denkbar, dass Ihnen folgender unangenehme Gedanke in den Sinn kommt: „Je mehr ich lerne, umso mehr vergesse ich. Wozu lerne ich dann überhaupt noch?" Dieser Gedanke ist ein Trugschluss. Machen Sie sich von ihm bewusst frei, denn das erspart Ihnen unnötige schlaflose Nächte.

Tatsache ist: Je mehr Sie lernen, umso mehr vergessen Sie. Aber das ist nur die eine Seite der Wahrheit. Denn je mehr Sie lernen, umso mehr behalten Sie auch.

Wer sich etwa einhundert strafrechtliche Definitionen aneignet, der weiß der Vergessenskurve zu Folge davon nach einer Woche noch etwa fünfundzwanzig. Wer allerdings nur zehn Definitionen lernt, der weiß nach einer Woche nicht einmal mehr drei.

Hinzu kommt der Umstand, dass alle neu im Gedächtnis verankerten Fakten dazu dienen, neue Querverbindungen herzustellen, mit deren Hilfe Sie künftigen Stoff besser und schneller verankern können. Es ist also keineswegs unnütze Arbeit, mehr zu lernen. Im Gegenteil. Je mehr Fixpunkte zum Verknüpfen Sie in Ihrem Gedächtnis schaffen, umso mehr können Sie sich damit merken und desto einfacher wird die Lernarbeit in Zukunft für Sie sein.

> **Tipp:** Vergessen Sie nie den fundamentalen Grundsatz, dass Sie umso mehr Fakten im Gedächtnis behalten, je mehr Sie lernen.

Wenn Sie künftig beim Lernen zusätzlich noch planvoll vorgehen, Mnemotechniken nutzen und gezielt wiederholen, werden Sie Ihre Gedächtnisleistung wesentlich stärker steigern, als Sie es jemals für möglich gehalten haben.

6. Das Schnell-Repetitorium für Eilige

Am Beginn dieses Abschnitts steht eine offene Warnung: Genießen Sie die folgenden Zeilen bewusst mit Vorsicht und machen Sie sich die darin versteckten Risiken bewusst. Denn das folgende Verfahren gehört eigentlich gar nicht in dieses Buch gehört. Trotzdem wäre es ein Versäumnis, nicht zumindest kurz darauf einzugehen. Die Rede ist von einer Methode, die man frei nach den Gepflogenheiten der Reisebranche als „Last-Minute" bezeichnen könnte. Sie führt nicht zur dauerhaften Aneignung von Wissen, versetzt Sie aber in die Lage, ein bestimmtes Gebiet innerhalb relativ kurzer Zeit in seinen Grundzügen zu beherrschen. Der Nachteil liegt darin, dass Sie die auf diesem Wege aufgenommenen Informationen mit Sicherheit schon nach wenigen Tagen wieder vergessen haben werden. Das Schnell-Repetitorium ist also nur zur kurzfristigen Wissensaneignung gedacht. Es kann allerdings gerade vor einer mündlichen Prüfung zu einem Rettungsanker werden.

Wenn Sie etwa aus den Prüfungsprotokollen erfahren, dass Ihr Prüfer im 2. Staatsexamen als Richter am Verwaltungsgericht ausschließlich auf dem Gebiet „Sozialhilferecht" tätig ist und dieses auch regelmäßig zum Gegenstand des Prüfungsgesprächs macht, kann es Ihnen sicherlich nicht schaden, noch schnell einen Blick auf diese Thematik zu werfen. Doch wie gehen Sie vor, wenn Ihnen exakt eine Woche bleibt, um ein neues Stoffgebiet möglichst effektiv zu erlernen?

Zunächst ist es wichtig, dass Sie sich über das Ziel, den Zweck und Ihr Vorgehen Gedanken machen. Da Sie wissen, dass innerhalb einer Woche eigentlich keine dauerhafte Lernarbeit möglich ist, wählen Sie einen anderen Ansatz. Sie beschließen, sich die Grundzüge des Sozialhilferechts ganz bewusst nur oberflächlich anzueignen. Als Basis nutzen Sie keinen Kommentar oder ein Standardlehrbuch, sondern beschränken sich auf ein Skript oder Buch, das nicht mehr als achtzig Seiten haben sollte. Weniger ist hier mehr! Sie arbeiten diese Schrift konsequent durch, indem Sie nur die allerwichtigsten Informationen auf Karteikarten schreiben und zwar maximal so viele, wie das Skript Seiten hat. Ordnen Sie Ihre auf diese Weise gewonnenen Erkenntnisse in der Reihenfolge ihrer Wichtigkeit. Das schafft Ihnen folgende Vorteile:

- Sie müssen sich auf die wesentlichen Strukturen und Prinzipien des Rechtsgebiets beschränken.
- Wie Sie wissen, vergessen Sie die grundlegenden Strukturprinzipien ohnehin nicht so schnell wie abstrakte Details.
- Die maximal achtzig Einheiten können Sie an einem einzigen Tag auf Karteikarten herausschreiben.
- Diese achtzig Einheiten können Sie problemlos täglich wiederholen.
- Die Kenntnis der Systematik eines Rechtsgebiets wäre normalerweise in der Prüfung viel höher zu bewerten als Detailwissen. (Dieser Konjunktiv ist leider bewusst so gewählt.)

Nutzen Sie bei der täglichen Wiederholung alle mnemotechnischen Tricks, die Ihnen einfallen. In der restlichen Zeit fahnden Sie in dem Skript schwerpunktmäßig nach weiteren interessanten Informationen. Wenn Sie dieses Verfahren konsequent befolgen, haben Sie nach einer Woche zumindest so viele Kenntnisse über das Sozialhilferecht angesammelt, dass Sie keine schlaflosen Nächte zu haben brauchen. Nochmal: Sie können sich auf diese Weise kurzfristig einiges an Wissen antrainieren, das Ihnen im Ernstfall ein gutes Stück weiterhelfen wird, insbesondere im Hinblick auf die Vorbereitung zur mündlichen Prüfung. Sie ersetzt aber keine fundierte langfristige Examensvorbereitung, da die mit ihr gewonnenen Erkenntnisse ebenso schnell wieder vergessen werden, wie sie aufgenommen wurden.

Sechstes Kapitel

Vom Umgang mit Computer und Internet

I. Das Grundprinzip bleibt unverändert

Computer und Internet sind eine feine Sache, die Sie zur Unterstützung Ihrer Lernarbeit durchaus einsetzen sollten. Allerdings dürfen Sie nicht dem weit verbreiteten Irrtum unterliegen, dass Ihnen die moderne Technik das Lernen abnehmen würde. Das ist falsch. Sie allein sind es, der den Prüfungsstoff im eigenen Gedächtnis speichern kann und muss. Denn im Examen haben Sie leider keinen Zugriff auf die Festplatte Ihres PC – und das wird auch so bleiben!

An erster Stelle steht daher die Erkenntnis, dass Sie sich ausführlich mit Ihren persönlichen Lernzielen beschäftigen müssen. Ansonsten kann der Einsatz eines Computers beim Lernen schnell zu einer gefährlichen Zeitfalle werden. Machen Sie einmal die Probe aufs Exempel und gehen Sie mit offenen Augen durch den PC-Raum einer Universität. Sie werden dann schnell feststellen, dass an den meisten Rechnern nicht etwa gebüffelt wird. In diesem Zusammenhang ist mir folgender Negativrekord gut in Erinnerung: Ein Freund hatte beim Besuch des Computerraums an der Uni ermittelt, dass an insgesamt 23 der vorhandenen 24 Rechner entweder Spiele liefen oder online Zeitung gelesen wurde. Und ausgerechnet der verbliebene 24. Arbeitsplatz war nicht besetzt ...

Erinnern Sie sich also an die wichtigsten Schritte auf Ihrem Weg zum Lernerfolg, bevor Sie Ihren PC zum Arbeiten einsetzen: Sie brauchen ein klares Lernziel, einen individuellen Lernzweck, einen gut durchdachten Plan und eine gute Portion Durchhaltevermögen.

II. Konzentrationskiller Internet

Gerade der gezielte Umgang mit dem Internet will gelernt sein. Ansonsten kann es dazu kommen, dass die Grenzen zwischen Lernen und Surfen plötzlich verschwimmen. Die Hauptgründe dafür sind leicht zu ermitteln:

– Beim Surfen haben Sie im Regelfall keine genaue Vorstellung davon, auf welcher Seite Sie landen werden. Umgekehrt müssen Sie beim Lernen genau wissen, was Ihr Ziel ist. Haben Sie diese Vorarbeit nicht

171

präzise geleistet, dann bleibt Ihr Lernziel nebulös. Sie finden sich dann schneller als Ihnen lieb ist irgendwo im weltweiten Datennetz wieder.

- Selbst wenn Sie genau wissen nach welchen Informationen Sie suchen, ist das keine Garantie für Ihren Erfolg. Denn die zahlreichen Suchmaschinen müssen von Ihnen erst noch mit dem passenden Stichwort gefüttert werden. Sie wissen aus eigener leidvoller Erfahrung, zu welcher Odyssee das führen kann. Die dabei entstehende Frustration raubt Ihnen schnell den anfänglichen Schwung.

- Das gilt leider auch, falls Sie in einer juristischen Datenbank gezielt nach Hintergrundinformationen zu einer Rechtsfrage suchen. Die dort mittlerweile vorhandene Datenfülle lässt den Suchenden im wahrsten Sinn des Wortes den Überblick verlieren.

- Die angezeigten Treffer sind oft sehr ungenau und man erkennt häufig erst nach dem Anklicken der einzelnen Suchergebnisse, ob es sich wirklich um eine hilfreiche Fundstelle handelt oder ob beispielsweise die gesuchte EuGH-Entscheidung dort nur in einer Fußnote zitiert wird. Dadurch verliert man nicht nur Zeit, sondern auch viel Konzentration.

- Die zahlreichen Treffer der Suchmaschinen und die vielen auf den Homepages eingearbeiteten Links verführen dazu, sein Ziel schnell aus den Augen zu verlieren und sich einfach einmal ein wenig durchzuklicken, um dadurch vielleicht auf weitere interessante Fundstellen zu stoßen. Das werden Sie bestimmt, aber ob diese Fundstellen tatsächlich noch etwas mit Ihrem konkreten Lernziel zu tun haben, steht auf einem anderen Blatt.

- Schließlich spielt Ihnen auch die Technik selbst einen Streich. Die Übertragungsgeschwindigkeit im Internet ist nämlich trotz modernster Neuerungen immer noch viel zu langsam, um Ihre Sinne effektiv anzusprechen. Anders gesagt: Bis sich die gesuchte Seite endlich aufgebaut oder Sie sich eingeloggt haben, ist Ihre Konzentration schon längst wieder verflogen. Sie müssen sich dann neu motivieren, um wieder an die Lernarbeit zu gehen. Diesen Verfahrensablauf können Sie zwar relativ schnell lernen, Sie müssen dabei aber immer die doppelte Portion Konzentration aufbringen. Dadurch steigt selbstverständlich im Gegenzug die Gefahr, dass Sie vergleichsweise schnell abgelenkt werden.

Natürlich bringt das Internet viele Vorteile. Gerade der über Jahrzehnte eingefahrene Universitätsbetrieb sieht sich angesichts von Multimedia, interaktiver Kommunikation, Datenaktualisierung in Echtzeit und dem ständig wachsenden Angebot an in Datenbanken archivierten Unterrichtsmaterialien einer ungeheuren Herausforderung gegenüber.

Für Sie als Lernenden stellen diese neuen Möglichkeiten zugleich eine Chance und eine Belastung dar. Einerseits steht Ihnen ein riesiges Reservoir an abrufbarem Wissen zur Verfügung. Andererseits sind Sie dadurch noch mehr als bisher gezwungen, sich die für Sie am besten geeigneten Materialien auszusuchen. So können Sie beispielsweise im Internet auf Anhieb Dutzende verschiedene kostenlose Skripte für die Vorlesung BGB-AT finden. Da Ihr Lernverhalten aber ganz individuell ist, bleibt es Ihnen nach wie vor nicht erspart, sich das für Sie persönlich passende Skript erst einmal gezielt herauszusuchen. Außerdem steigt der Druck (sprich: Stress), die richtigen Fundstellen auch finden zu müssen. Ansonsten heißt es gleich: „Wieso haben Sie das übersehen? Steht doch alles im Internet."

Um die Jahrtausendwende waren die Stichworte „E-Learning" und „papierloses Büro" in aller Munde. In beiden Fällen haben sich die Hoffnungen der Computer- und Softwarebranche jedoch nicht erfüllt, obwohl es gute ökonomische Gründe dafür gab, auf diese Themen zu setzen. Fakt ist jedoch, dass die Anwender in beiden Fällen sehr schnell erkannten, dass ein PC, eine Software und der Einsatz des Internet zwar ihre (Lern-) Arbeit extrem erleichtern, sie ihnen aber nicht ersparen bzw. abnehmen können. Tatsächlich kehrte nach einer gewissen Probephase der Großteil der Lernenden bzw. Arbeitenden wieder zu den traditionellen Methoden zurück. Ein Phänomen, das derzeit übrigens auch beim Einsatz von elektronischen Zeitplansystemen bzw. PDAs zu beobachten ist und an anderer Stelle bereits angesprochen wurde. Dafür gibt es aus meiner Sicht vier Hauptgründe:

- Software, PC und Internet werden überwiegend von Informatikern und Technikern gestaltet. Deren Lösungen orientieren sich im Lern- und Arbeitsbereich überwiegend an den Vorgaben der Marktführer, die nicht zwingend mit den Wünschen der Anwender übereinstimmen. (Das ist im juristischen Bereich ähnlich: Nicht jede von den Obergerichten vorgegebene Rechtsprechung stößt bei der Bevölkerung auf Gegenliebe.)
- Das Lernen am PC ist wesentlich anstrengender als etwa in einem Buch zu lesen oder ein Seminar zu besuchen, da die Augen schneller ermüden und die Konzentration viel schwerer aufrechterhalten werden kann.
- Aus den beiden vorgenannten Punkten ergibt sich, dass man wesentlich mehr Motivation und Selbstdisziplin für das Lernen am PC aufbringen muss.

– Beim Lernen am PC fehlt die Haptik. Wenn Sie sich beispielsweise durch ein Manuskript zum Einkommensteuerrecht arbeiten, dann trägt allein die Tatsache, dass Sie nach jeder gelesenen Seite umblättern und so immer weiter vorankommen, sowohl zur Motivation als auch zur Belohnung bei. Sie sehen bzw. fühlen ganz genau, dass Sie immer weiter vorankommen. Dieses Feedback entfällt beim Arbeiten am PC weitestgehend, da hier lediglich ein simpler Mausklick vorgenommen wird.

III. Die optimale Umgestaltung Ihres Arbeitsplatzes

Wenn Sie beim Lernen einen Computer als Arbeitshilfe einsetzen, so verkleinert sich die Arbeitsfläche auf Ihrem Schreibtisch automatisch. Denn Maus, Mauspad, Tastatur und die entsprechenden Kabel nehmen eine Menge Platz des Primärbereiches in Anspruch. Daher ist es wichtig, dass Sie an diesem Punkt erfinderisch sind, um trotzdem ausreichend Raum für Ihre Gesetzestexte, Kommentare, Bücher und sonstigen Aufzeichnungen zu schaffen. Es kann sich dabei lohnen, den Monitor auf einen schmalen Tisch oder einem in der richtigen Höhe angebrachten Wandregal unterzubringen, um sich die Arbeitsfläche zu erhalten. Flachbildschirme lassen sich regelmäßig auch problemlos an die Wand hängen (ggf. mittels einer schwenkbaren Halterung). Für das Platz sparende Aufbewahren der Tastatur gibt es im Fachhandel entsprechende Tastaturbretter, die sich unter die Schreibtischplatte montieren lassen und ausziehbar sind. Allerdings müssen Sie bei entsprechender Körpergröße darauf achten, dass Sie nicht ständig mit den Oberschenkeln gegen das Tastaturbrett stoßen, denn das kann schnell nervig werden.

Auch im Hinblick auf die Ergonomie sollten Sie einige Besonderheiten beachten, um Verspannungen der Muskulatur durch falsches Sitzen zu vermeiden. Achten Sie dabei auf folgende Gesichtspunkte:

– Der Abstand zwischen dem Bildschirm und Ihren Augen sollte mindestens 50 Zentimeter, idealerweise zwischen 60 und 70 Zentimetern betragen. Wer einen Laptop nutzt, kann diese Vorgabe normalerweise nur einhalten, indem er die Schriftgröße erhöht.
– Um den Nackenbereich zu entlasten sollte der Monitor so stehen, dass Sie in einem Winkel von etwa 30 Grad auf ihn hinabschauen können.
– Beim Tippen sollten Ihre Unterarme am Ellbogen einen Winkel von 90 Grad bilden. Achten Sie deshalb darauf, dass die Tastatur nicht zu hoch liegt.

Besonders stark beansprucht werden natürlich Ihre Augen, die nun nicht nur zwischen Lehrbuch, Gesetzestext und Kommentar hin und her wandern, sondern auch immer wieder den Bildschirm fixieren. Hier müssen Sie sich Gedanken darüber machen, wie sie möglichst alle Reflexionen der Monitoroberfläche beseitigen können. Denn der Ausgleich jeder einzelnen Lichtspiegelung verlangt von Ihrer Augenmuskulatur Schwerstarbeit. Besonders wenn ein Fenster in der Nähe ist, lassen sich Reflexionen nur mit ein wenig Puzzle-Arbeit ausschalten. Im günstigsten Fall sollte das Tageslicht von der Seite auf den Bildschirm fallen. Umgekehrt sollte der Monitor möglichst nicht vor oder gegenüber einem hellen Fenster stehen, da es dann zu besonders vielen lästigen Spiegelungen kommt.

Stellen Sie außerdem sicher, dass die Bildwiederholfrequenz des Monitors auf mindestens 75 Hertz eingestellt ist. Ansonsten haben Ihre Augen Mühe damit, das Bild als „flimmerfrei" wahrzunehmen, obwohl Ihnen das beim Lernen selbst überhaupt nicht bewusst sein wird. Die Folge: Die Muskulatur ermüdet sehr schnell, häufig kommen noch tränende Augen oder sogar Kopfschmerzen hinzu.

> **Tipp:** Wählen Sie nicht automatisch die höchste Auflösung, die für Ihren Monitor technisch möglich ist. Denn häufig führt diese dazu, dass die Zeichen auf dem Bildschirm kleiner dargestellt werden.

Schließlich sollten Sie auch noch bedenken, dass ein eingeschalteter Computer einiges an Wärme entwickelt und dadurch nicht nur die Temperatur in Ihrer Lernumgebung ansteigt, sondern auch die Luft trockener wird. Natürlich wissen Sie längst, wie wichtig die beiden Faktoren Luft und Wasser auch sonst beim Lernen sind. Sie gewinnen beim Einsatz eines PC aber noch mehr an Bedeutung.

Im Folgenden finden Sie die wichtigsten Grundregeln für die juristische Lernarbeit am Computer.

IV. PC-Regel Nummer 1

Sie kennen folgende Szene aus eigener Erfahrung: Student Peter schaltet seinen PC ein, um Beamtenrecht zu lernen. Irgendwann, oft genug bevor er das erste Wort getippt ist, geht er online, um schnell die neuesten Nachrichten oder seine Mails abzurufen. Wie Sie bereits wissen, lassen sich Lernen und Surfen aber nicht miteinander vereinbaren.

PC-Regel Nummer 1 lautet daher:

Richten Sie feste Surf- und Mailzeiten ein und halten Sie sich daran.

Es genügt beispielsweise, wenn Sie Ihre Mails zweimal täglich abrufen, etwa vor der Mittagspause und am späten Nachmittag. Auch Ihre Surfzeiten sollten Sie planen. Dabei bitte nicht vergessen, dass beim Surfen die Augen weiterhin stark beansprucht werden und diese Zeitspanne daher nicht in die Kategorie „Pause" oder „Entspannung" fällt.

V. PC-Regel Nummer 2

Student Martin ruft zwar keine Mails ab, dafür ein Computerspiel auf. Dabei bleibt er hängen. Zwar hatte er den festen Vorsatz, nach spätestens fünf Minuten mit der Arbeit zu beginnen, weiß davon aber schon nach drei Minuten nichts mehr. Das liegt daran, dass auch in diesem Fall die Ihnen mittlerweile vertraute Fünf-Minuten-Regel greift. Meist verschwindet die Lust am Spielen bei Martin erst dann, wenn seine Augen zu schmerzen beginnen. Dank modernster Technik lässt sich dieser Moment erstaunlich lange hinauszögern. Dass Martin anschließend viel zu erschöpft zum Lernen ist, versteht sich von selbst.

Beherzigen Sie die Regel Nummer 2, die unumstößlich für jeden gilt, der wirklich sinnvoll mit dem PC arbeiten will:

Löschen Sie alle Spiele von der Festplatte.

Schließen Sie dabei keine faulen Kompromisse mit sich selbst. Das führt auf Dauer zu erheblichen Problemen. Herr Schmitz ist Leiter der Rechtsabteilung in einem großen Softwareunternehmen. Er verdient gut, hat aber einen langen Arbeitstag und beklagt sich ständig darüber. Tatsächlich verbringt er bereits morgens eineinhalb Stunden damit, kleine Eindringlinge aus dem Weltraum ins digitale Jenseits zu befördern. Ganz zu schweigen von seinem Lieblingsspiel, eine neue Erde zu erschaffen und möglichst lange am Leben zu erhalten. In diesem Spiel ist er ein solcher Meister, dass sich die Frage aufdrängt, wie viele Jahre er statistisch vor dem Bildschirm verbracht haben muss, um darin zu dieser Perfektion zu gelangen.

Anmerkung: Seit der letzten Auflage dieses Buches ist einiges an Zeit vergangen. Aus diesem Grunde möchte ich Ihnen nicht vorenthalten, dass Herr Schmitz zwischenzeitlich nicht nur mehrere Rekorde bei der Leitung eines „virtuellen Vergnügungsparks" aufgestellt hat, sondern sein Avatar mittlerweile auch als digitaler Söldner kurz vor der Perfektion steht.

176

VI. PC-Regel Nummer 3

Als Student oder Referendar arbeiten Sie überwiegend mit Textverarbeitungsprogrammen. Damit fertigen Sie Haus- und Seminararbeiten, Gutachten und Urteile an. Halten Sie sich dabei strikt an Regel Nummer 3. Sie lautet:

Vergeuden Sie keine Zeit mit Schnickschnack.

Alle gebräuchlichen Textverarbeitungsprogramme bieten größten Komfort bei geringer Einarbeitung. Die Arbeitszeit während einer Hausarbeit ist kostbar. Versuchen Sie nicht, sich in überflüssige Programmdetails einzuarbeiten. Wenn Sie sich aufmerksam umsehen, werden Sie überrascht feststellen, dass viele Ihrer Kollegen erstaunliche Fähigkeiten darin entwickeln, lieber eine komplette Programmiersprache zu erlernen, als mit der Bearbeitung der Hausarbeit selbst zu beginnen. Sollte sich also in Ihrer Arbeitsgruppe jemand bei der wechselseitigen Besprechung Ihrer Lösungskonzepte für die Hausarbeit im Verfassungsrecht damit herausreden wollen, dass er keine Lösungsskizze habe erstellen können, weil er die letzten drei Tage und Nächte damit beschäftigt gewesen sei, die beste Schriftart für seinen neuen Farblaserdrucker herauszufinden, dann dürfen Sie sich ruhig Ihre eigenen Gedanken zur Arbeitsauffassung dieses Kommilitonen machen.

Vertiefen Sie Ihre PC-Kenntnisse besser in Zeiten, in denen Sie genügend Freiräume zur Verfügung haben, nicht aber während einer Hausarbeit. Wenn Sie doch einmal Unterstützung benötigen, wird sich auch in Ihrem Bekanntenkreis jemand finden, der Ihnen mit seinem Fachwissen gerne weiterhilft.

VII. PC-Regel Nummer 4

Regel Nummer 4 für den vernünftigen Umgang mit dem PC lautet:

Setzen Sie den PC während der Prüfungsvorbereitung nur sparsam ein.

Diese Regel wird Ihnen zunächst etwas absurd erscheinen, hat aber einen tieferen Sinn. Gerade während der juristischen Ausbildung gibt es einige gravierende Nachteile, die durch die dauernde Benutzung eines PC entstehen können. Verlieren Sie diese bitte nicht aus den Augen.

Zunächst ist ein PC zum schnellen Zwischendurchlernen absolut ungeeignet. Erinnern Sie sich an Ihre Schulzeit zurück. Wie oft haben Sie beim Frühstück noch Geschichte gelernt? Wie oft im Bus noch Englischvokabeln wiederholt oder unter der Bank für die nächste Stunde chemische Formeln gebüffelt? Diese Art des schnellen Lernens und Wiederholens zwischendurch haben Sie jahrelang trainiert. Wenn Sie nun anstatt Bleistift und Papier nur noch einen PC benutzen, berauben Sie sich dieser Möglichkeiten. Dabei könnten Sie auf diese Weise geschickt die kleinen Freiräume nutzen, die sich Ihnen täglich bieten. Auf einer Bahnfahrt steht die Lektüre in einem StPO-Kommentar derjenigen in einer Klatschzeitschrift in nichts nach. Wetten? Versuchen Sie es und Sie werden erstaunt sein.

Ein weiteres Problem stellt für Sie als Lernenden die Nutzung von Text- oder Fallsammlungen dar. Zweifelsohne ist der schnelle und bequeme Zugriff auf die komplette Rechtsprechung des BGH in Strafsachen eine feine Sache. Trotzdem sollten Sie im Rahmen Ihrer Examensvorbereitung auf das Lesen von Vorschriften via Bildschirm öfter einmal verzichten und stattdessen lieber auf konventionell gedruckte Gesetzestexte zurückgreifen. Denn im Gegensatz zum Normalanwender bieten Gesetzestexte auf dem Monitor für Sie als Lernenden einige Nachteile, die sich negativ auf Ihre Prüfungsvorbereitung auswirken können:

- Selbst bei einem noch so hochauflösenden Bildschirm ermüden Ihre Augenmuskeln wesentlich schneller, als wenn Sie in einem Buch lesen. Folge: Sie werden schneller müde.

- Bis der Rechner gestartet ist, haben sich Ihre Motivation und Konzentration längst wieder verflüchtigt. Das gilt auch bei der Nutzung für Laptops und Smartphones. Sie müssen diese wichtigen Lernvorbereitungen dann erneut leisten. Das gilt auch, wenn das Anklicken einer bestimmten Entscheidung nur wenige Sekunden dauert.

- Wie Sie bereits an anderer Stelle erfahren haben, ist die menschliche Lesegeschwindigkeit bei Texten auf dem Bildschirm etwa fünf Mal langsamer als bei konventionell gedruckten Texten.

- Ihr visuelles Gedächtnis wird komplett eliminiert. Da Sie immer nur alles auf der Größe des Bildschirms sehen, gibt es keine der wichtigen Fixpunkte für Ihr optisches Gedächtnis mehr. Wie nutzbringend allerdings Ihr visuelles Gedächtnis für Sie sein kann, haben Sie sicher schon am eigenen Leib erfahren. Angenommen Sie suchen eine bestimmte Vorschrift des Scheidungsrechts. Weder kennen Sie die genaue Überschrift, noch können Sie momentan den Inhalt präzise wiedergeben. Aber Sie wissen, dass der gesuchte Paragraph rechts oben auf der Seite steht. Allein mit dieser Information finden Sie die Vorschrift nach kurzem Durchblättern. Und nun seien Sie bitte ehrlich:

Haben Sie jemals erlebt was passiert, wenn eine Vorschrift plötzlich in der Neuauflage Ihres Textes statt rechts oben links unten steht? Sicherlich können Sie hier aus eigener Erfahrung schöpfen. (Und hoffentlich haben Sie diese nicht in einer Klausur machen müssen!)

- Nicht nur der räumliche Standort einer Vorschrift auf einer Seite, sondern auch andere unveränderliche Kennzeichen helfen Ihnen bei einem konventionellen Text oft enorm weiter. Das kann eine eingerissene Seite sein, ein Kaffeefleck oder schlicht ein Einmerker. Und natürlich besonders eigene Unterstreichungen und handschriftlichen Kommentare. All diese – oft unbewussten – Gedächtnisstützen kann Ihnen ein Bildschirm nicht bieten.

- Im Rahmen einer Studie wurde eher beiläufig entdeckt, dass sich Ihr optisches Gedächtnis offenbar auch ganz genau merkt, wie das Verhältnis der bereits umgeblätterten zu den noch zu lesenden Seiten ist. Suchen Sie also in einem gedruckten Gesetzestext nach einer Regelung, die Ihnen schon einmal begegnet ist, weiß Ihr Gedächtnis im Regelfall, ob Sie weiter vorne oder hinten im Text suchen müssen.

- Ein weiterer Nachteil beim Lernen ergibt sich aus der Tatsache, dass Sie die Länge einer Vorschrift auf dem Monitor nur schwer einschätzen können. Ein klassischer Klausurfehler besteht darin, dass die an den offensichtlich im ersten Moment einschlägigen Paragraphen anschließenden Vorschriften nicht weiter gelesen werden, obwohl gerade diese die wichtigen und in der Prüfung meist verlangten Ausnahmeregelungen enthalten. Selbst der nächste Absatz eines Paragraphen wird häufig schon nicht mehr gelesen. Unterlaufen einem solche Fehler selbst dann, wenn man das komplette Gesetzbuch vor sich liegen hat und die umstehenden Paragraphen ja tatsächlich sehen kann, so sind sie erst recht an der Tagesordnung, wenn Ihnen nur noch ein kleiner Ausschnitt des Gesamttextes auf dem Bildschirm zur Verfügung steht.

- Auch das schnelle Vergleichen von Vorschriften durch einfaches Hin- und Herblättern samt optischem Vergleich entfällt.

- Ihre psychologische Hemmschwelle zum Lernen liegt bei der Verwendung eines Rechners, Laptops oder Smartphones höher. Warum das so ist, konnte bisher noch nicht geklärt werden.

- Bei Online-Texten können Sie während Ihrer Examensvorbereitung keine wichtigen Passagen mehr im Gesetz unterstreichen, keine handschriftlichen Vermerke – soweit erlaubt – einfügen oder am Rand Verweise auf andere Paragraphen anbringen. Papier ist geduldig. Dieser Vorteile berauben Sie sich, wenn Sie Vorschriften nur noch via Monitor lesen.

Welche enorme Rolle Ihr visuelles Gedächtnis beim Lesen spielt, wurde im Zusammenhang mit eBooks erstmals im Rahmen einer 2014 veröffentlichten Studie der Universität Stuttgart belegt. Dort musste die eine Hälfte der Probanden ein normales Taschenbuch lesen, die andere Hälfte las denselben Text als eBook. Das Ergebnis: Fragen zu den einzelnen im Text vorkommenden Figuren und Handlungsorten konnten alle Teilnehmer gleich gut beantworten. Gravierende Unterschiede gab es allerdings, wenn nach dem zeitlichen Handlungsablauf gefragt wurde. Hier schnitten die konventionellen Leser fast doppelt so gut ab wie die Testpersonen, die den Text als eBook gelesen hatten. Überspitzt ausgedrückt könnte man sagen, dass die einzelnen Fakten zwar gleich gut behalten (sprich: gelernt) wurden, die zwischen ihnen bestehenden Zusammenhänge jedoch nicht.

Setzen Sie den PC also dort sinnvoll ein, wo er Ihnen Nutzen bringt, nämlich

- bei der Textverarbeitung von Haus- und Seminararbeiten,
- bei der sauberen Darstellung von Urteilsentwürfen und Gutachten,
- beim Nachschlagen von Urteilen,
- bei der gezielten Recherche in Datenbanken,
- bei Lernprogrammen,
- bei der Archivierung von Daten und Texten.

> **Tipp:** Benutzen Sie aus den vorgenannten Gründen beim Lernen unbedingt einen herkömmlichen, gedruckten Gesetzestext.

VIII. PC-Regel Nummer 5

Regel Nummer 5 für den vernünftigen Umgang mit dem PC lautet:

Investieren Sie lieber ein paar Euro mehr in den Einbau leiser Lüfter.

In den meisten PCs werden billige Lüfter verbaut, die zwar tadellos funktionieren, aber eine enorme Geräuschentwicklung haben. Das permanente Gebrumme und Gesumme kann einem beim Lernen ziemlich schnell die Konzentration rauben und zusätzlich auch Stress hervorrufen. Sollte sich Ihr Rechner als eine solche Lärmquelle entpuppen, dann fassen Sie den Einbau eines leisen Lüfters oder die Anschaffung eines schallgedämmten Gehäuses ins Auge. Das Umrüsten geht schnell, kostet nicht viel und macht das Arbeiten wesentlich angenehmer.

IX. PC-Regel Nummer 6

Ausnahmsweise steht die wichtigste Regel im Umgang mit Ihrem PC in diesem Kapitel an letzter Stelle, da sie nicht lerntechnischer Natur ist. Trotz ihrer Einfachheit und ihrer enormen Bedeutung, wird sie nur von ganz wenigen Usern eingehalten. Die Regel Nummer 6 lautet:

Machen Sie wöchentlich eine Sicherheitskopie Ihrer Daten.

Ein Datencrash kommt schneller als man denkt und seine Auswirkungen können gravierend sein. Sofern der Rechner selbst in Mitleidenschaft gezogen wird, hilft Ihnen das – hoffentlich – intern regelmäßig angefertigte Backup nicht weiter. Sichern Sie Ihre wichtigen Daten daher extern auf einem USB-Stick, einer Speicherkarte oder einem externen Laufwerk. Und falls Sie gerade an einer Hausarbeit, einer Seminararbeit, einem Urteil oder einem Gutachten schreiben, sollten Sie diese Arbeit sogar täglich sichern.

X. PC-Kenntnisse sind unverzichtbar

Die kritischen Anmerkungen zum Umgang mit dem PC während Ihrer Lernarbeit sollen Sie vor einem Fehler bewahren, dem viele Lernende unterliegen: Der PC kann Ihnen zwar an manchen Stellen die Lernarbeit erleichtern, er kann Sie Ihnen aber nicht abnehmen.

Trotz dieser kritischen Töne sind PC-Kenntnisse in allen juristischen Berufen mittlerweile unverzichtbar. In Zeiten, in denen nicht nur das Grundbuch, sondern vielfach auch bereits Anwalts- und Gerichtsakten elektronisch geführt werden sowie Klageerhebungen und Zustellungen per E-Mail zulässig sind, sollten Sie sich stets zunehmenden Bedeutung dieses Mediums bewusst sein. Innerhalb der letzten Jahre hat bereits ein deutlich erkennbarer Wandel der gesamten Dienstleistungsbranche begonnen, der auch das Gebiet der „Rechtsberatung" zunehmend verändern wird. Diese Entwicklung dürfen Sie auf keinen Fall verschlafen.

Siebtes Kapitel

Entspannung

I. In der Stille liegt die Kraft

Sie wollen während Ihres Studiums Höchstleistungen vollbringen. Dazu benötigen Sie als angehender Jurist neben der körperlichen auch geistige Entspannung. Besonders in Prüfungsphasen ist es wichtig, dass Sie sich in Ihrem seelischen Gleichgewicht befinden. Viele Jurastudenten und Rechtsreferendare ignorieren diesen Drang nach innerer Ruhe jedoch so lange, bis er übermächtig wird und sich auf psychosomatischem Wege lautstark Gehör verschafft. Kopfschmerzen, Verspannungen der Rückenmuskulatur und Schlaflosigkeit sind noch die harmloseren Formen dieser physischen Reaktionen. Häufig stellen sich die entsprechenden Symptome erst kurz vor der Prüfung ein, wenn der Stresspegel steigt. Mit Hilfe der allgemein bekannten pharmazeutischen Mittel wird dann noch schnell versucht, das Schlimmste zu verhindern. Doch Vorsicht! Sie können zwar mit einer Tablette einen lästigen Kopfschmerz betäuben, berauben sich damit aber zugleich Ihrer für die Klausur so wichtigen geistigen und körperlichen Fitness. Beziehen Sie das Entspannungstraining daher von Anfang an in Ihre Lernvorbereitungen mit einmachen Sie es sich zur Gewohnheit.

Der zweite bedeutende Grund für die besondere Bedeutung der Entspannung liegt darin, dass Sie konstante Bestleistungen grundsätzlich nur in einem Zustand von gelassener Ruhe erbringen können. Dieser Tatsache sind sich viele Lernende gar nicht bewusst. Der Gegensatz zur Entspannung ist ein Zustand, der Ihnen unter dem Namen „Stress" bestens bekannt ist. Ein gewisses Maß an Stress ist durchaus nützlich. Denn er sorgt dafür, dass Ihr Körper in eine Art Alarmzustand versetzt wird. Ein minimaler Alarmzustand bringt Ihnen die Gewissheit, dass Sie in der Stresssituation „Prüfung" schnell und flexibel reagieren können. Das ist äußerst wünschenswert. Künstler bezeichnen diesen optimalen Alarmzustand gerne als „Lampenfieber".

Zu viel Stress hingegen hat vollkommen andere Auswirkungen. Er sorgt nämlich dafür, dass Sie nicht mehr denken können. Und zwar völlig unabhängig davon, wie intensiv Sie sich auf die Klausur oder das Examen vorbereitet haben. Es kommt dann zu einer Situation, die gemeinhin als Blackout bezeichnet wird.

Das Geheimnis dieses Phänomens wird schnell deutlich, wenn Sie einen Blick auf die biochemische Seite der Stressreaktion werfen. Die Informationen in Ihrem Gehirn werden von Zelle zu Zelle mittels eines elektrischen Impulses weitergegeben. Das geschieht an den Schaltstellen der Gehirnzellen, den Synapsen. Unter Stress schüttet Ihr Körper nun die Hormone Adrenalin und Noradrenalin aus. Und deren Aufgabe ist es, ausgerechnet die Weitergabe der elektrischen Impulse von Zelle zu Zelle zu verhindern. Sie können dann in dieser Situation einfach deshalb nicht mehr klar denken, weil es Ihnen biochemisch nicht möglich ist. Das gesamte von Ihnen zusammengetragene und gelernte juristische Fachwissen nützt Ihnen in diesem Moment rein gar nichts, weil Sie keinen Zugriff mehr darauf haben. Dass diese Erfindung der Natur durchaus einmal sehr sinnvoll war, werden Sie an späterer Stelle noch ausführlicher erfahren. Bedeutsam ist für Sie hier vorerst die Erkenntnis, dass es äußerst wichtig ist, sich in Stresssituationen wirksam helfen zu können. Oder noch besser, diese erst gar nicht aufkommen zu lassen. Beginnen Sie also bewusst damit, Entspannung zu trainieren. Auf diese Weise gelingt es Ihnen garantiert, die gefürchteten Blockadesituationen zu vermeiden.

Doch Entspannung ist nicht nur in den Prüfungsphasen wichtig. Ihr kommt gerade für das tägliche Lernen eine zentrale Bedeutung zu. Wenn es Ihnen beispielsweise gelingt, Ihre Lernarbeit hinsichtlich des Stoffes „Insolvenzrecht" relativ stressfrei zu organisieren, dann bedeutet das für Sie: Ihr Gehirn kann die eingehenden Informationen optimal aufnehmen und weiterverarbeiten. Wenn Sie entspannt sind, werden nur wenige Stresshormone in Ihrem Körper ausgeschüttet. Und je weniger Synapsen während des Lernens durch Stresshormone blockiert sind, desto reibungsloser funktioniert die Informationsverarbeitung. Damit beugen Sie einem Phänomen vor, das Sie nur zu gut kennen: Sie studieren in einem Kommentar zum Verfassungsrecht zwei Stunden die Bedeutung von Art. 3 GG. Anschließend klappen Sie den Wälzer zu – und wissen keine Silbe mehr als vorher. Sie fühlen sich, als hätten Sie die letzten 120 Minuten keine einzige Zeile gelesen. Eine leidvolle Erfahrung, der Sie jedoch vorbeugen können.

> **Tipp:** Regelmäßiges Entspannungstraining beugt Stress vor und steigert gleichzeitig Ihre Konzentrations- und Aufnahmefähigkeit beim Lernen.

Ihr Wunsch nach innerer Ruhe und Gelassenheit lässt sich auf unterschiedliche Weise stillen. Einige besonders effektive Möglichkeiten finden Sie auf den nächsten Seiten. Greifen Sie einfach einen der Vorschläge auf und testen Sie, welche Wirkung seine konstante Anwendung auf Ihr persönliches Leistungsvermögen hat. Viel Spaß!

II. Meditation

Natürlich sind die verschiedenen Formen und Techniken der Meditation hervorragend zur Entspannung geeignet. Sie verhelfen Ihnen zu tiefer innerer Ruhe und dämpfen den juristischen Lern- und Prüfungsstress nachhaltig.

Meditation bietet Ihnen zusätzlich einen Vorteil, der nicht unbedingt auf Anhieb zu erkennen ist. Jede Art von Meditation beruht letztlich auf einem identischem Grundprinzip, das man am treffendsten mit dem Begriff „Selbsthypnose" bezeichnen kann. In den Zustand gelangen Sie, indem Sie Ihre gesamte Aufmerksamkeit auf eine beliebige Sache Ihrer Wahl richten. Sie versetzen sich also beim Meditieren nicht nur in tiefe Entspannung, sondern absolvieren ganz nebenbei ein Konzentrationstraining der Extraklasse. Das zahlt sich für Sie als Juristen besonders aus.

Der große Nachteil der Meditation liegt darin, dass sich die entsprechenden Techniken leider nicht im Handumdrehen erlernen lassen, sondern dazu oft eine Zeitspanne von mehreren Jahren – mehrmaliges Training pro Woche vorausgesetzt – nötig ist. Dieser langfristige Aspekt hält viele Interessierte im Endeffekt leider ganz davon ab, sich näher mit Meditation zu beschäftigen. Sie sollten an dieser Stelle aber zwei Gesichtspunkte bedenken, die gerne übersehen werden:

– Ihre Examensvorbereitung sollte ohnehin langfristig erfolgen.
– Das Leben geht – allen Gerüchten zum Trotz – nach dem Staatsexamen weiter. Schnuppern Sie daher ruhig einmal in die zeitlose Philosophie der inneren Ausgeglichenheit hinein.

III. Autogenes Training

Wesentlich schnellere Resultate können Sie mit Hilfe des Autogenen Trainings erzielen. Autogenes Training ist ein psychosomatisches Verfahren, das die Wiederherstellung der Einheit von Körper und Geist anstrebt, indem die innere Fähigkeit zur Selbstentspannung trainiert wird. Dies geschieht durch regelmäßiges Wiederholen von sechs Grundübungen, wie etwa der Schwere- oder der Wärmeübung. Sie lernen dadurch, sich in Stresssituationen ganz bewusst entspannen zu können. Da Sie mit dieser Methode gezielt auf Ihr vegetatives Nervensystem einwirken, wird allgemein empfohlen, Ihre ersten Schritte unter Kontrolle einzuüben. Lassen Sie sich dadurch aber bitte nicht abschrecken: Autogenes Training ist für Sie problemlos innerhalb weniger Wochen erlernbar und kann dann bei Bedarf jederzeit gezielt zum Stressabbau eingesetzt werden. Besonders motivierend ist die Tatsache, dass Sie bereits nach wenigen Tagen bzw. Übungseinheiten spürbare Erfolge erzielen.

> **Tipp:** Viele Volkshochschulen und Universitäten bieten Kurse für Autogenes Training an. Kostenlose Seminare veranstalten mittlerweile auch zahlreiche Krankenkassen.

Solche Kurse bieten Ihnen mehrere Vorteile:

- Das Üben und der Erfahrungsaustausch machen in der Gruppe mehr Spaß.
- Sie sind durch die Gruppendynamik wesentlich stärker motiviert, Ihr Übungspensum auch wirklich zu erledigen.
- Die sehr routinierten Kursleiter bieten individuelle Hilfestellungen an, wenn etwas nicht auf Anhieb klappt oder Sie spezielle Fragen zu einzelnen Übungen haben.

In den letzten Jahren sind zahlreiche CDs und DVDs zum Autogenen Training auf den Markt gekommen. Entsprechende gesprochene Anleitungen kann man heute auch innerhalb weniger Sekunden als MP3-Dateien über die bekannten Internetportale legal erwerben und sie dann auf einem entsprechenden Player oder Smartphone für eigene Zwecke nutzen.

Allerdings gilt auch hier der Grundsatz: Wenn Sie erst drei Wochen vor dem Staatsexamen mit dem Autogenen Training beginnen, wird sich der Erfolg in Grenzen halten. Vermeiden Sie Stress am besten von Anfang an und entscheiden Sie sich sofort, falls Sie dieses einfache Verfahren erlernen wollen. Ist Ihnen die Tiefenentspannung nach wenigen Wochen erst einmal in Fleisch und Blut übergegangen (Stichwort: Gewohnheit), können Sie diese selbst im größten Examensstress ganz selbstverständlich und effektiv anwenden. Und nur dieser praktische Nutzen ist es, der letztendlich für Sie zählt.

IV. Kurzentspannung

Unter diesem Begriff fasst man Entspannungsübungen zusammen, die Ihnen innerhalb weniger Minuten oder sogar Sekunden zu einem idealen Erholungszustand verhelfen können. Von diesen ebenso einfachen wie wirkungsvollen Möglichkeiten wird in der Praxis allerdings nur selten Gebrauch gemacht. Dabei sind die verschiedenen Varianten der Kurzentspannung nahezu perfekte geeignet, um sich in der Bibliothek, während Vorlesungen, Arbeitsgemeinschaften oder Klausuren innerhalb kürzester Zeit in den gewünschten Ruhezustand zu versetzen und Stress abzubauen. Voraussetzung ist allerdings, dass Sie sich im entsprechenden Moment deutlich dessen bewusst sein müssen, dass Sie gerade eine Entspannungsübung absolvieren. Einige Anregungen hierfür sind:

– Sehen Sie einen Augenblick aus dem nächstgelegenen Fenster.
– Spannen Sie einen beliebigen Muskel an und lassen Sie dann wieder locker. Achten Sie dabei auf die spürbar eintretende Entspannung.
– Konzentrieren Sie sich einige Sekunden ausschließlich auf Ihre Atmung. Atmen Sie dabei langsam durch die Nase ein und durch den Mund aus.
– Stehen Sie auf und strecken Sie sich ausgiebig.
– Gähnen Sie mindestens fünf Sekunden lang.
– „Malen" Sie mit Ihren Augen eine liegende Acht nach.
– Schließen Sie die Augen und zählen Sie bis zehn.
– Schließen Sie die Augen und lassen Sie in Ihrem Kopf ein entspannendes Musikstück erklingen, das Ihnen gut gefällt. Am besten eignen sich für dieses „virtuelle Musikhören" ruhige Instrumentalstücke oder klassische Musik.

> **Tipp:** Kaugummikauen ist ein Stresskiller. Die gleichmäßige Bewegung der Kaumuskulatur entspannt ebenso wie das Schlucken, das durch die vermehrte Speichelproduktion angeregt wird. Zusätzlich bauen Sie Aggressionen ab, wenn Sie auf den Kaugummi beißen.

Wer am heimischen Schreibtisch lernt, kann zusätzlich folgende Methoden der Kurzentspannung nutzen:

– Machen Sie bei geöffnetem Fenster fünf tiefe Atemzüge.
– Stellen Sie sich locker hin und gehen Sie dann in Zeitlupe auf die Zehenspitzen, halten Sie diese Stellung für zehn Sekunden und gehen dann ganz langsam wieder zurück in die Ausgangsstellung.
Trinken Sie genussvoll einige Schlucke warmen Tee.

V. Sport

Mit regelmäßigem Sport bleiben Sie nicht nur körperlich besser in Schuss. Untersuchungen haben ergeben, dass sich beispielsweise beim Jogging nach fünfzehn bis zwanzig Minuten beim Läufer trotz der physischen Anstrengung ein Entspannungszustand einstellt. Das kommt daher, dass Sie sich beim Laufen unweigerlich auf die eigenen rhythmischen Körperbewegungen konzentrieren. Diese Erkenntnis beschränkt sich selbstverständlich nicht auf das Joggen, sondern umfasst auch andere Ausdauersportarten wie Schwimmen, Skilanglauf, Radfahren, Rudern oder Wandern. Fragen Sie einfach einen Ihrer Bekannten, der regelmäßig Sport treibt, wie er diese Entspannung empfindet und ziehen Sie Ihre eigenen Schlussfolgerungen. Schon bald werden Sie dann beginnen, selbst Freizeitsport zu betreiben – falls Sie es nicht ohnehin längst tun.

Sport hat daneben noch drei weitere wichtige Funktionen:

– Er hilft Ihnen dabei, sich abzureagieren. Dadurch bauen Sie Stress ab und erreichen einen hohen Grad an Entspannung.

– Bei fast allen Sportlern lässt sich schon nach kurzer Zeit eine deutliche Steigerung der inneren Zufriedenheit und des Selbstbewusstseins feststellen.

– Körperliche Fitness spielt eine häufig unterschätzte Rolle im Staatsexamen. Viele Examenskandidaten sind vollkommen erstaunt darüber, mit welcher großen physischen Belastung die Prüfungen verbunden sind. Nach zwei bis drei Tagen stellen sich häufig Ermüdungserscheinungen ein, die ihre Ursache im stundenlangen konzentrierten Sitzen unter höchster Anspannung haben. Wer körperlich fit ist, braucht sich darüber natürlich keine großen Gedanken zu machen.

Und wo liegen die Grenzen? Natürlich sollten Sie nicht gerade in der Woche vor dem Staatsexamen versuchen, Ihre Bestzeit im Marathonlauf zu unterbieten oder einen neuen deutschen Rekord im Kugelstoßen aufzustellen. Auch überflüssige Risiken sollten Sie selbstredend meiden. Versuchen Sie also nicht am Nachmittag vor einer Pflichtklausur auf Biegen und Brechen in jeden noch so aussichtslosen Zweikampf beim Fußball hineinzugehen oder aus Ihrem Snowboard noch die letzte Zehntelsekunde herauszuholen. Wo die Grenze im Einzelfall liegt, können nur Sie selbst beantworten – und für diese Antwort tragen Sie die volle Verantwortung. Dabei helfen Ihnen die Erfahrungswerte weiter, die Sie im Laufe der Zeit gewonnen haben. Denn auch beim Sport gilt: Nur wenn Sie frühzeitig damit beginnen, sich regelmäßig fit zu halten, nützt Ihnen das später im Examen weiter. Es bringt Ihnen aber gar nichts, wenn Sie zwei Tage vor der Prüfung zum ersten Mal über einen Trimmpfad jagen und dann keuchend unter der Dusche zusammenbrechen.

> **Tipp:** Damit die gewünschte Entspannung beim Sport eintreten
> kann, müssen Sie folgende Grundregeln beachten:
> 1. Trainieren Sie regelmäßig, mindestens zweimal pro Woche.
> 2. Belasten Sie Ihren Körper im richtigen Maß. Ihre Pulsfrequenz
>   sagt Ihnen, wann der optimale Belastungszustand erreicht ist.
>   Faustformel: 180 minus Lebensalter.
> 3. Nehmen Sie sich Zeit. Damit eine positive Entspannungswir-
>   kung erzielt werden kann, sollte die Belastung mindestens 15
>   Minuten lang dauern. Die Obergrenze liegt bei 45 bis 60 Minu-
>   ten und ist vom Trainingszustand abhängig.
> 4. Wählen Sie eine Sportart, die Ihnen wirklich Spaß macht. An-
>   sonsten laden Sie sich nur einen neuen Stressfaktor auf.

Übrigens: Es gibt einige Sportarten, die nicht nur beim Stressabbau helfen, sondern zugleich noch Ihre Psyche stärken. Dazu gehören insbesondere Tanzen, Skilaufen und – man lese und staune – Fußballspielen.

Sport hilft aber nicht nur Ihrer Gesundheit und stärkt Ihre Entspannungs-
fähigkeit. Körperliche Bewegung hat auch direkte positive Auswirkungen
auf Ihr Lernverhalten. Fachleute sprechen in diesem Zusammenhang von
einer wichtigen Rolle beim „Aufbau und Erhalt kognitiver Fähigkeiten".
Zu Deutsch: Wenn Sie Sport treiben, dann trainieren und wiederholen Sie
dadurch alle nur erdenklichen körperlichen Bewegungsabläufe. Das Erstaunliche an dieser recht simplen Feststellung sind die Wechselwirkun-
gen mit dem Lernbereich, die in zahlreichen wissenschaftlichen Untersuchungen immer wieder bestätigt werden. Die Erkenntnis lautet schlicht:
Bewegung steigert die Konzentrationsfähigkeit!

VI. Hobby

Die beste Art der Zerstreuung finden Sie bei der Ausübung einer Tätigkeit, die Ihnen richtig Spaß macht. Welchem Hobby Sie konkret nachgehen, ist letztlich völlig egal. Opas Spielzeugeisenbahn ist ebenso geeignet
wie das Sammeln von Briefmarken oder das Züchten von Goldfischen.
Wichtig ist nur, dass Sie wirklich Freude an der Sache haben. Dann ist
auch die gewünschte Entspannung von Anfang an gewährleistet. Als
Faustregel gilt auch in diesem Fall, dass Sie alle Risiken minimieren sollten. Mit anderen Worten: Fallschirmspringen, Stierkämpfe und das Han-
tieren im Klapperschlangenterrarium sollten in den letzten Wochen vor

der Prüfung auf ein erträgliches Maß reduziert werden. Frischen Sie in dieser Zeit besser die theoretischen Kenntnisse Ihres Spezialgebietes wieder auf.

VII. Musik und Natursounds

Ein ebenso schnelle wie bequeme Möglichkeit, regelmäßig und schnell in tiefe Entspannung zu gelange, bietet das Anhören von speziell für diesen Zweck komponierter Musik. Auf diesem Gebiet hat sich in den letzten Jahren extrem viel getan. Die Auswahl richtet sich allein nach Ihrem persönlichen Geschmack und ist dank MP3-Technik innerhalb von Sekunden für Sie verfügbar.

Tipp: Erfahrungsgemäß ist das einzige Hindernis beim Einsatz von Entspannungsmusik, dass es nicht wenige Stücke gibt, in denen ein aufdringliches Schlagzeug Sie daran hindert, die angestrebte Entspannung tatsächlich zu genießen. Hören Sie also vor dem Kauf lieber kurz Probe.

Spezielle Meditations-CDs, auf denen ein Sprecher Sie auf eine gedankliche Reise mitnimmt, sind eine reine Geschmacksfrage. Oft wird die sprachliche Anleitung eher als störend empfunden. Trotzdem sollten Sie diese Möglichkeit testen und zugreifen, falls sie Ihnen zusagt.

Besonders gut abschalten lässt sich auch mit den so genannten Naturgeräuschen bzw. Natursounds. Diese Aufnahmen enthalten keine Musik, sondern Sie lauschen etwa dem Plätschern von Regentropfen, dem Zirpen der Grillen oder Vogelgezwitscher aus dem Lautsprecher bzw. Kopfhörer. Auf diese Weise können Sie sich die Umgebung „herbeidenken", die für Sie persönlich besonders entspannend ist. Selbstverständlich gibt es auch Variationen, bei denen die Naturgeräusche zusätzlich mit Meditationsmusik unterlegt sind.

Diese Entspannungsmethoden bieten Ihnen folgende Vorteile:

– Sie können sofort beginnen, eine Trainingsphase entfällt.
– Sie gestalten Ihren Übungsplan vollkommen frei.
– Sie können Übungszeit und Übungsort flexibel gestalten.
– Die Methode ist preiswert.

Anmerkung: Auch wenn Ihnen die moderne Unterhaltungsindustrie etwas anderes erzählen will, gibt es in der Realität einen gewaltigen akustischen Unterschied zwischen einem Musikstück, das im normalen CD-Format aufgenommen wurde und dem gleichen Stück, das lediglich im MP3-Format gespeichert ist. Zwar zeigen Hörtests, dass die Mehrheit der Menschen diese Unterschiede nicht wahrnehmen kann. Vielleicht gehören Sie aber zu denjenigen, die sehr wohl einen Unterschied erkennen, wenn Sie Entspannungsmusik bzw. Naturgeräusche auf dem Kopfhörer hören. Seien Sie sich dieser Tatsache bewusst, wenn Sie ein an sich schönes Musikstück im MP3-Format hören, sich aber aus unerklärlichen Gründen trotzdem nicht entspannen können, weil Ihnen irgendetwas an seinem Klang sonderbar vorkommt.

VIII. Flucht ist falsch

Besonders in Prüfungszeiten sucht man gerne nach einer Ausrede, um sich dem Tag nicht stellen zu müssen. Sollten Sie also plötzlich feststellen, dass Sie täglich zwölf Stunden meditieren oder den ungewöhnlichen Drang verspüren, innerhalb der nächsten Wochen unbedingt ein Schachdiplom erwerben oder Meister im Tai Chi werden zu müssen, dann ist das ein Alarmsignal. Es handelt sich dann um Fluchttendenzen!

Die Flucht vor der Klausur bringt Ihnen jedoch keine geistige Ruhe und Entspannung, sondern lässt Sie noch nervöser werden. Beugen Sie Fluchttendenzen vor, wo immer es geht. Am besten integrieren Sie Ihre individuelle(n) Entspannungsmethode(n) möglichst frühzeitig in Ihren Tagesablauf. Fangen Sie spätestens morgen damit an. Nur auf diese Weise können Sie erreichen, dass Ihr Entspannungsprogramm zur Routine wird, in aller Ruhe automatisch abläuft und der gewünschte Erfolg garantiert ist.

Setzen Sie sich so früh wie möglich gezielt mit dem Thema „Stressabbau" auseinander. Wenn Sie dem Faktor Entspannung bereits jetzt ausreichende Aufmerksamkeit widmen, haben Sie später beim Eintritt ins Berufsleben einen entscheidenden Vorsprung.

> **Tipp:** Weitere Hinweise und Tricks zum Umgang mit Stress finden Sie in meinem Buch „Stressbewältigung für Studenten", das ebenfalls in diesem Verlag erschienen ist.

Legen Sie nun für sich persönlich fest, wann Sie mit dem Entspannungstraining beginnen wollen. Übertragen Sie das Datum bitte mit Rotstift in Ihren Kalender bzw. Wochenplan.

Ich starte mit meinem Entspannungstraining am ....

Achtes Kapitel

Prüfungstraining

I. Eine Frage der Einstellung

Auch in diesem Abschnitt geht es ums Lernen. Sie wollen lernen, wie man effizient eine Prüfung besteht. Das ist ein hervorragender Wunsch. Vergegenwärtigen Sie sich bitte, dass für die erfolgreiche Bewältigung Ihrer juristischen Prüfungen drei Dinge maßgeblich sind:

- Ihr Fachwissen,
- Ihre mentale Stärke,
- Ihre körperliche Fitness.

Der beiden letzten Aspekte werden im Studium bzw. Referendariat meist unterschätzt oder sogar vollständig ausgeblendet. In diesem Kapitel wollen wir uns mit der Thematik der mentalen Stärke beschäftigen. Diese hat auf Ihre Prüfungsleistung genauso große Auswirkungen wie das jahrelange Aneignen von Fachwissen. Ich behaupte sogar, dass es im Hinblick auf die Examenssituation sogar der wichtigere Punkt ist. Denn Sie wollen während des Staatsexamens ja eine Spitzenleistung abrufen. Diese Situation ist daher mit der eines Spitzensportlers vor einem wichtigen Wettkampf vergleichbar. Wie Sie sicherlich wissen, geht heute kein Profisportler mehr ohne entsprechende mentale Vorbereitung in einen solchen Wettbewerb. Um Missverständnissen vorzubeugen: Wettkampf in diesem Sinne bedeutet keinesfalls, dass Sie Weltmeister, Olympiasieger oder Jahrgangsbester im Examen werden müssten. Es bedeutet vielmehr, dass Sie in einer Prüfungssituation das sich selbst gesteckte Ziel erreichen wollen.

> **Tipp:** Stellen Sie sicher, dass Sie den Tipps zur mentalen Prüfungsvorbereitung die gleiche Aufmerksamkeit schenken wie allen anderen Ratschlägen in diesem Buch. Denn sie sind für Ihren Examenserfolg von zentraler Bedeutung.

Für alles was Sie tun, also auch für Ihre Lernarbeit, gilt unumstößlich:

Der wichtigste Erfolgsfaktor ist Ihre persönliche Einstellung.

Aus diesem Grund haben Sie sich im Hinblick auf das Lernen gleich im ersten Kapitel dieses Buches mit Ihrem Lernziel und Ihrem Lernzweck auseinandergesetzt. Jetzt geht es darum, auf die gleiche Weise Ihre Einstellung gegenüber dem Staatsexamen zu ändern. Sie haben durch die vorangegangene Lektüre schon einen immensen Vorsprung gegenüber Ihren Kollegen entwickelt. Denn Sie wissen, dass dieses Examen ein notwendiges Zwischenziel für Sie auf Ihrem Weg zum Hauptziel ist. Nehmen Sie sich jetzt einem Moment Zeit und überdenken Sie in aller Ruhe die nachfolgenden Aussagen, die sich mit dem Thema „Prüfungen" beschäftigen und von einem etwas ungewöhnlichen Standpunkt aus erfolgen. Lassen Sie sich jedes einzelne Statement mindestens eine Minute lang durch den Kopf gehen und versuchen Sie, es aus möglichst vielen Blickwinkeln zu betrachten.

- Das Examen ist für Sie eine Chance.
- Sie wollen lernen und Ihr Ziel erreichen. Das Examen gibt Ihnen die Möglichkeit, Ihr Wissen anzuwenden und zu messen.
- Das Examen gibt Ihnen auch ein zeitliches Ziel vor. Ohne diese klare Zeitvorgabe würden Sie vielleicht niemals richtig mit dem Lernen beginnen.
- Ohne Examen als Zwischenziel könnten Sie Ihr Berufsziel gar nicht erreichen.

Ersetzen Sie nun den Begriff „Examen" durch das Wort „Klausur" und stellen Sie auf dieser Basis noch einmal die gleichen Überlegungen an. Ergänzen Sie zu diesem Zweck einfach den nachfolgenden Lückentext, um sich besser auf Ihre eigenen Gedanken konzentrieren zu können.

- Die .... ist für mich eine ....
- Ich will lernen und mein .... erreichen. Die .... gibt mir die Möglichkeit, mein Wissen anzuwenden und zu messen.
- Die .... gibt mit ein zeitliches Ziel vor. Ohne diese klare Zeitvorgabe würde ich vielleicht niemals richtig mit dem Lernen beginnen.
- Ohne .... als Zwischenziel kann ich mein Berufsziel gar nicht erreichen.

Wenn in diesem Abschnitt generell von „Prüfungen" die Rede ist, werden Sie dieses Wort oft synonym mit dem Begriff „Staatsexamen" setzen. Doch tatsächlich ist jede Art von Prüfung gemeint. Das kann eine Klausur sein, ein Gespräch mit einem Dozenten, ein Urteilsentwurf, den Sie erstellen müssen, einfach alles. Jede dieser Situationen ist im Grunde für Sie nichts anderes als eine Prüfung, auch wenn Sie manche nicht als solche empfinden. Sie dürfen daher die Erkenntnisse, die Sie aus diesem Kapitel ziehen, ohne Bedenken auf jede andere Konstellation übertragen.

II. Die Sache mit der Prüfungsangst

1. Grundlegende Aspekte

Nachdem Sie erkannt haben, dass Prüfungen auch eine Chance sind, ist es an der Zeit, sich einige Gedanken über die Allgegenwart von Prüfungen in Ihrem Leben zu machen. Sie haben Ihre gesamte Schulzeit mit Prüfungen verbracht. Auch später werden Sie als Jurist täglich geprüft werden, sei es von Richtern, Rechtsanwälten, Mandanten oder Freunden. Gerade in juristischen Berufen müssen Sie permanent vor anderen Menschen Ihr Können unter Beweis stellen. Grundsätzlich sind Prüfungssituationen für Sie völlig normal. Selbst auf Ihrem heutigen Heimweg werden Sie beim Linksabbiegen mit Ihrem Fahrrad oder Auto vor die Prüfung gestellt, ob Sie die Vorschriften des Straßenverkehrsrechts richtig anwenden können.

Vielleicht haben Sie soeben leise gedacht, dass sich diese Situation als Linksabbieger doch nicht mit einem juristischen Staatsexamen vergleichen lässt. Doch das ist ein Trugschluss. Die Wertung, welche Prüfung „wichtig" ist und welche „weniger wichtig", ist Ihre ganz persönliche Entscheidung, die Sie allein in Ihren Gedanken fällen. Um beim obigen Beispiel zu bleiben: Obwohl Sie das Staatsexamen im Vergleich zum Linksabbiegen sicherlich spontan als wesentlich wichtigere Prüfung eingestuft haben, kann falsches Linksabbiegen für Sie als Radfahrer tödlich sein, ein verpatztes Staatsexamen oder eine schlechte Klausur sind das hingegen nicht. Sie sehen, dass es maßgeblich darauf ankommt, wie Sie selbst eine Prüfungssituation beurteilen. Lassen Sie uns die Sache noch ein wenig genauer betrachten.

Sie befinden sich täglich in unzähligen kleinen Prüfungssituationen. Selbst die Suche nach einem Sitzplatz in der überfüllten Mensa ist eine entsprechende Herausforderung, die Sie dank andauernder Übung aber nicht als solche empfinden. Vor „großen" Prüfungen wie einem Examen sind hingegen alle Menschen aufgeregt. Das ist auch gut so. Denn ein gewisses Maß an Anspannung, eine gute Portion Lampenfieber, motiviert Sie erst dazu, eine Höchstleistung zu vollbringen. Wenn Sie völlig ohne jede Anspannung wären, dann wäre Ihnen die Prüfung völlig gleichgültig und Sie würden mangels Ansporn keine besondere Leistung erzielen. Übersteigerte Aufregung führt hingegen zu Verkrampfungen und Blockaden, die Ihre

Leistungsfähigkeit hemmen. Noch einmal: Ein mittleres Maß an Aufregung ist nicht etwa schlimm, sondern äußerst positiv zu bewerten. Nun stellt sich die Frage, wie dieses richtige Maß zu erreichen ist. Die Antwort kennen Sie bereits:

– Indem Sie sich Ihrer Ziele bewusst sind, werden Sie vermeiden, dass Ihnen die Prüfung unwichtig ist. Sie werden also nicht zu wenig motiviert sein.

– Indem Sie sich im Hinblick auf Ihr Ziel optimal vorbereiten, werden Sie nicht aus Angst vor der Prüfung verkrampfen. Sie werden also nicht zu viel motiviert sein.

> **Tipp:** Nehmen Sie einen Stift zur Hand und markieren Sie sich bitte die vorangegangene Textstelle. Möglicherweise halten Sie die dortige Aussage auf den ersten Blick für relativ nichtssagend und unbedeutend. Nehmen Sie sich etwas Zeit und durchdenken Sie diese noch einmal gründlich. Kehren Sie nach dem Ende Ihrer Lektüre unbedingt zum Anfang dieses Buches zurück und beschäftigen Sie sich bitte nochmals ausgiebig mit Ihrer persönlichen Zielsetzung. Diese bildet letztlich das Fundament für Ihren Examenserfolg.

2. Der Kern des Problems

Die folgenden Ausführungen beziehen sich nicht auf ein normales Maß an Prüfungsangst, sondern beschäftigen sich mit der Tatsache, dass viele Menschen an einer extremen Form von Prüfungsangst leiden. Meist hat sie gar nichts mit der Prüfung selbst zu tun, sondern basiert einfach darauf, dass der Betreffende Angst davor hat, nur wegen seiner Leistungen von seinen Mitmenschen akzeptiert zu werden. Und diese Furcht vor mangelnder Akzeptanz erzeugt einen riesigen Leistungsdruck. Unabhängig von der eigentlichen Ursache der Prüfungsangst besteht die Möglichkeit, diese einfach dadurch abzubauen, dass man sich einmal deutlich und bewusst mit ihren Auswirkungen beschäftigt. Denn die zentrale Frage für Sie lautet: Warum ist Prüfungsangst eigentlich so etwas Schlimmes? Versuchen Sie nun drei Minuten lang, dieser Frage nachzugehen und skizzieren Sie Ihre Gedanken kurz in Stichworten.

Prüfungsangst ist etwas Schlimmes, weil: ....

....

....

....

Wie sehen Ihre Überlegungen aus? Sicherlich haben Sie den Kern des Problems gestreift. Etwa mit der Antwort, dass sich Prüfungsangst verheerend auf Ihre Konzentrationsfähigkeit auswirkt. Und damit sind Sie auch schon am entscheidenden Punkt angelangt: Es hilft Ihnen nämlich enorm weiter, wenn Sie das Phänomen „Prüfungsangst" einmal rein biologisch durchleuchten.

Kollege Wagner sitzt in der mündlichen Prüfung und bekommt Angst. Der Prüfer Superschlau stellt ihm eine Frage. Er will wissen, wie die strafrechtliche Definition des Begriffes „Vorsatz" lautet. Obwohl sich jedermann im Saale darüber klar ist, dass es sich um eine leichte Frage handelt, kann Wagner sie nicht beantworten. Er kann überhaupt nicht antworten. Seine Kehle ist wie zugeschnürt, er beginnt zu schwitzen, seine Gedanken drehen sich im Kreis.

Was geschieht in so einem Moment? Im Laufe der Evolution hat der Mensch verschiedene Gehirnteile entwickelt, die unterschiedliche Funktionen haben. Das älteste davon ist das Stammhirn. Es hat eine klar definierte Aufgabe, nämlich Ihr Überleben zu sichern. Diese Funktion war im Lauf der Entwicklungsgeschichte für die Menschheit sehr wichtig. Ihre Atmung, der Kreislauf, der Stoffwechsel und noch einiges mehr werden vom Stammhirn gesteuert. Das Entscheidende dabei jedoch ist: Sie können den Ablauf des Stammhirnprogramms nicht beeinflussen. Automatisch werden nur noch diejenigen Informationen über Ihre Sinne aufgenommen, die für Ihr Weiterleben wichtig sind. Und zwar ausschließlich diese.

Später hat die Evolution darüber ein Zwischenhirn „gestülpt". Dieses ist auf das spontane Reagieren ausgerichtet. Es entscheidet in Sekundenbruchteilen über die Frage von Flucht oder Kampf, Freund oder Feind, Gefahr oder keine Gefahr. Da Sie dabei aus Gründen der Selbsterhaltung möglichst keinen Fehler machen dürfen, entscheidet Ihr Zwischenhirn sich schon beim leisesten Zweifel sofort gegen alles, was gefährlich sein könnte. Es signalisiert also eher Flucht, Feind und Gefahr.

Den größten Gehirnteil stellt das Großhirn dar. Es ist das Zentrum für planvolles und methodisches Handeln. Leider hat es einen kleinen Nachteil: Da es aus der Sicht der Evolution den jüngsten Gehirnteil darstellt, hat es keinerlei Kontrolle über das Zwischenhirn oder gar das Stammhirn.

Die Prüfungsangst bewirkt nun Folgendes: Kollege Wagner bekommt die relativ leichte Frage nach der Definition des Vorsatzes gestellt. Um sie logisch beantworten zu können, müsste er nur sein Großhirn zum Denken einsetzen. Die richtige Antwort ist dort gespeichert. Doch die Frage in der mündlichen Prüfung signalisiert für ihn eine Gefahr, er wertet sie – unbewusst – als Angriff. Automatisch setzt das Stammhirn deshalb das Überlebensprogramm in Gang. Um gegen den vermeintlichen Feind, den Prüfer Superschlau, das Überleben zu sichern, werden Blut und Sauerstoff in die Muskeln gepumpt. Die Wahrnehmungsfähigkeit steigt rapide an. Wagner erkennt jede Bewegung seines Gegenübers. Er sieht plötzlich ganz deutlich, an welcher Stelle dieser bei seiner morgendlichen Rasur nicht gründlich war. Er hört selbst den feinsten Unterton aus dessen Stimme heraus, die laut in seinem Kopf hämmert. Sogar das Rasierwasser des Prüfers kann er auf einmal deutlich riechen. Kurz gesagt: Er erinnert sich nach der Prüfung an jedes dieser Details absolut präzise.

Doch diese körperliche Kampfbereitschaft hat einen hohen Preis. Denn alle verfügbaren Energiereserven werden zu diesem Zweck im Körper gebündelt und im Gegenzug dafür sämtliche überflüssigen Funktionen des Organismus abgeschaltet. Und zu den unnützen Dingen im Überlebenskampf zählt nun aus der Sicht der Evolution leider auch das Großhirn. Obwohl das planmäßige Denkvermögen in der Prüfungssituation genau das Entscheidende wäre, um den vermeintlichen Angriff zu parieren, wird ausgerechnet das Großhirn zur Schonung von Energiereserven weitgehend abgeschaltet. Kollege Wagner hat dann eine Denkblockade.

Was können Sie nun aktiv gegen dieses Desaster unternehmen? Mehr als Sie glauben! Rufen Sie sich folgende Punkte eindringlich ins Bewusstsein:

- Sie kennen die biologischen Auswirkungen der Prüfungsangst und ihre Folgen nun ganz genau. Dadurch verlieren diese an Schrecken.
- Das berühmte „Brett vor dem Kopf" ist ein rein biologisches Phänomen. Es hat nichts mit Ihrer Vorbereitung oder Ihrem Wissen zu tun.
- Jede Angstreaktion geht auch vorüber. Wenn Sie sich nicht in die Ungewissheit hineinsteigern, sondern sich dessen bewusst sind, warum Ihre Konzentration gerade nachlässt, normalisiert sich die Situation sehr schnell wieder.
- Bauen Sie gegen Angst und Stress vor, wo immer es geht. Vergegenwärtigen Sie sich noch einmal, welche positiven Auswirkungen jede Form des Entspannungstrainings für Sie haben kann. Kehren Sie bitte

zu dem entsprechenden Abschnitt in diesem Buch zurück und lesen Sie ihn nochmals unter diesem Gesichtspunkt.

– Freunden Sie sich mit dem Examen an. Denn vor bekannten Dingen hat man keine Angst. Und wenn Sie keine existenzielle Angst mehr haben, kann Ihnen Ihr Überlebensprogramm auch kein Schnippchen mehr schlagen. Wie Sie das am besten bewerkstelligen können, erfahren Sie bei den Hinweisen zur langfristigen Examensvorbereitung.

Übrigens: Statistische Untersuchungen belegen, dass die meisten Menschen, die unter extremer Prüfungsangst leiden, in ihrem ganzen Leben noch nie durch eine Prüfung gefallen sind. Kurios, oder?

III. Selbstdiagnose und falsche Abwehrtechniken

1. Selbstdiagnose zur Prüfungsangst

Kommen Sie dem Phänomen Prüfungsangst auf die Spur. Führen Sie eine Selbstdiagnose durch und erkennen Sie, ob Sie gefährdet sind. Dazu müssen Sie Ihren Status quo ermitteln. Nur wenn Sie präzise wissen, wo Ihre eigenen Schwächen liegen, können Sie diesen erfolgreich entgegentreten. Gehen Sie daher selbstkritisch – und wie immer schriftlich – daran, Prüfungsängste bei sich aufzustöbern. Sofern Sie keine finden, darf ich Ihnen gratulieren. Andernfalls wird Ihnen diese Analyse sehr viel weiterhelfen. Denken Sie dabei an Ihre Schulzeit zurück oder erinnern Sie sich an Ihre letzten Klausuren.

Ich glaube, dass ich für Prüfungsangst

( ) nicht anfällig bin

( ) anfällig bin

Folgende Erfahrungen mit Prüfungsangst fallen mir spontan ein:

....

....

....

....

....

....

....

Gerade in der Zeit vor einer Prüfung können Sie oft Verhaltensänderungen an sich und Ihren Kommilitonen feststellen. Wahrscheinlich sind Sie sich nicht immer sicher, ob ein bestimmtes Verhalten etwas mit Prüfungsangst zu tun hat oder nicht. Es gibt einige besondere Handlungsweisen, die viele Menschen unbewusst einsetzen, um ihre Ängste zu bekämpfen. Leider helfen diese Verhaltensschemata aber nur scheinbar weiter. Man kann sie deshalb auch als falsche Abwehrtechniken bezeichnen. Wichtig ist für Sie, dass Sie in der Lage sind, solche Muster bei sich zu erkennen. Dann haben Sie die Möglichkeit, entsprechende Gegenmaßnahmen einzuleiten, beispielsweise gezielt Entspannungsübungen zu machen.

2. Offenes Fluchtverhalten

Laura studiert schon im 15. Semester. Trotzdem glaubt sie, den Stoff in zwei Jahren noch besser beherrschen zu können. Markus muss dringend Fenster putzen, anstatt eine Probeklausur im öffentlichen Recht zu schreiben.

Diese Verhaltensweisen bezeichnet man als offenes Fluchtverhalten. Man läuft vor der Prüfungssituation davon. Natürlich nicht, ohne sich vorher eine passende und möglichst logisch klingende Ausrede bereitgelegt zu haben.

3. Verdecktes Fluchtverhalten

Auch diese Verhaltensweise hat zum Ziel, die Prüfung erst gar nicht anzutreten. Allerdings geht der Betroffene dabei einen Umweg, indem er alle seine Energie auf ein anderes Ziel konzentriert. Die auf diese Weise gebündelten Kräfte fördern oft erstaunliche Leistungen zu Tage. Leider aber nicht in der juristischen Staatsprüfung.

Adam stellt einen Landesrekord im Schwimmen auf, für den er selbstverständlich täglich sechs Stunden trainieren musste. Eva begeistert sich für fernöstliche Philosophie, lernt plötzlich Yoga, Tai Chi, Judo, Karate und meditiert nebenher noch drei Stunden täglich.

Verdecktes Fluchtverhalten kann aber auch in einer viel subtileren Art und Weise seinen Ausdruck finden. Franz beispielsweise isst so lange nichts mehr, bis ihn sein Hausarzt auf Kur schickt. Berti beginnt damit, täglich eine Flasche Whiskey zu trinken und kann in diesem Zustand anschließend wirklich nichts mehr lernen.

4. Psychosomatische Erscheinungen

Eine besondere Form des versteckten Fluchtverhaltens ist für viele Menschen mittlerweile leider alltäglich geworden. Die Rede ist von psychosomatischen Störungen, die sich beim Betroffenen mit Vorliebe unmittelbar vor Stresssituationen wie etwa Prüfungen einstellen. Besonders häufig treten Kopfschmerzen, Magenbeschwerden oder Rückenprobleme auf. Beugen Sie solchen Erscheinungen durch regelmäßiges Entspannungstraining und gute Planung von Lernpausen wirksam vor. Denn hier geht es wesentlich mehr als darum, „nur" eine gute juristische Prüfung hinzulegen: Ihre Gesundheit steht auf dem Spiel.

5. Überkompensation

Dieses Phänomen könnte man auch als Selbstüberschätzung bezeichnen. Dabei redet sich der Betroffene ein, er könne alles problemlos „mit dem kleinen Finger" lösen, bereitet sich tatsächlich aber überhaupt nicht sinnvoll auf die Prüfung vor.

Oskar redet sich ein, er wäre so intelligent, dass er den gesamten juristischen Examensstoff innerhalb von drei Monaten lernen könne. Das Üben des richtigen Klausuraufbaus hält er für reine Zeitverschwendung, Entspannungstraining für puren Unfug. Überall verbreitet er die Devise: „Alles easy, Leute."

6. Regression

Darunter versteht man in der Psychologie den Rückfall in kindliche Verhaltensweisen. Dies kommt vor Prüfungen besonders häufig vor, da wir alle noch mehr oder weniger gute Erinnerungen an die zahlreichen Prüfungen aus unserer Schulzeit haben. Nach einer amerikanischen Studie sollen übrigens gerade Jurastudenten in den Wochen vor dem Examen besonders häufig davon träumen, sich in ihrer alten Schulklasse einem Test unterziehen zu müssen.

Robert redet beispielsweise plötzlich in der „Babysprache" und erzählt seinen Kommilitonen pausenlos Geschichten aus seiner Schulzeit und von seiner Fahrprüfung.

7. Zwangshandlungen und Projektion

Bei der Projektion versucht der Handelnde, die Verantwortung für sein Tun von sich auf etwas anderes oder jemand anderen zu projizieren. Projektionen sind nicht nur in Prüfungszeiten allgegenwärtig, sondern auch auf der Titelseite jeder beliebigen Tageszeitung zu finden.

Michaela ist auf einmal abergläubisch und liest täglich ihr Horoskop. Bei negativen Voraussagen hat sie keine Lust mehr, an diesem Tag überhaupt noch etwas zu lernen. Außerdem hadert sie ständig damit, ihre Vorlesungen und Arbeitsgemeinschaften seien schlecht gewesen.

8. Stoppen Sie Ihre Prüfungsangst

Sobald Sie bemerken, dass Sie von Prüfungsangst ergriffen werden, sollten Sie sofort damit beginnen, gegen diese vorzugehen. Stellen Sie dazu eine Liste auf, in der Sie Ihre persönlichen Ängste schriftlich festhalten. Sie werden schnell bemerken, dass ein großer Teil davon schon nach der ersten Niederschrift von selbst verschwindet und sich einfach in Luft auflöst. Dieses Phänomen ist ebenso erstaunlich wie hilfreich.

Angenommen, Sie finden in Ihrer Liste den Punkt: „Ich könnte mich noch besser vorbereiten, wenn ich erst ein Jahr nach dem ursprünglich geplanten Termin ins Examen gehe." Wenn Sie sich mit dem ersten Teil dieses Buches bewusst auseinander gesetzt haben und außerdem noch einen kurzen Blick auf Ihre Vergessenskurve werfen, wird diese Angst Sie nur noch zu einem Kopfschütteln bringen. Besonders dann, wenn Sie sich vor Augen halten, dass Sie in diesem zusätzlichen Jahr nicht nur 12 Monate lernen, sondern 12 Monate lang bereits Gelerntes wieder vergessen werden.

Schreiben Sie jetzt spontan Ihre drei größten Sorgen im Hinblick auf Ihre weitere juristische Ausbildung nieder.

Sorge Nummer 1: ....

Sorge Nummer 2: ....

Sorge Nummer 3: ....

Beschäftigen Sie sich von heute an regelmäßig mit diesen drei Punkten. Aber nicht etwa in der Weise, dass Sie sich in diese Ängste hineinsteigern. Konzentrieren Sie sich vielmehr auf positive Lösungsansätze, die Ihre Befürchtungen in einem anderen Licht erscheinen lassen. Dabei helfen Ihnen folgende Anregungen:

– Wenn Sie konzentriert arbeiten, dann haben Sie gar keine Zeit mehr dazu, um sich mit unnützen Ängsten zu beschäftigen.

- Statt sich eine Stunde lang Sorgen darüber zu machen, ob man das System der Sachmängelhaftung im Kaufrecht noch richtig im Kopf hat, kann man es auch bequem in zehn Minuten wiederholen.
- Nur weil Sie die fünfte Theorie zum Erlaubnistatbestandsirrtum vergessen haben, fallen Sie mit Sicherheit nicht durchs Examen. Regen Sie sich nicht lange über solche Kleinigkeiten auf.
- Trauern Sie nicht wochenlang, nachdem Sie eine Klausur in den Sand gesetzt haben. Sie können an der Vergangenheit nichts mehr ändern. Sie hat auch keinerlei Aussagekraft darüber, wie Ihre nächste Klausur ausfallen wird.
- Konzentrieren Sie sich immer auf die nächste bevorstehende Aufgabe, statt sich mit längst abgeschlossenen Sachverhalten zu beschäftigen.
- Angst ist ein Gefühl. Wechseln Sie darum einfach Ihren Standpunkt und überdenken Sie Ihre Sorgen einmal ganz rational.

Tipp: Halten Sie sich strikt an den Grundsatz „action cures fear".

Wenn Sie mit Ihrer Examensvorbereitung beschäftigt sind, sich mit Freunden treffen, in Vorlesungen und Arbeitsgemeinschaften aktiv am Ball bleiben, Ihren Lernstoff regelmäßig wiederholen, Gedächtnis- und Entspannungstraining betreiben und sich mit Ihren persönlichen Lernzielen auseinander setzen, werden Sie künftig weder Zeit noch Grund dazu haben, trübe und von Prüfungsangst erfüllte Gedanken zu wälzen.

IV. Grundlegende Gedanken zur Examensvorbereitung

Nachdem Sie sich vorweg die mit dem Staatsexamen in Zusammenhang stehenden positiven Aspekte vergegenwärtigt haben, gehen Sie diese Herausforderung nun genauso gründlich an, als wenn Sie sich auf einen Marathonlauf vorbereiten würden. Die Unterschiede sind nicht sehr groß. In beiden Fällen ist es entscheidend, dass Sie gut austrainiert sind, wenn Sie das Rennen durchstehen und sich platzieren wollen. Maßgebend für Ihren Erfolg ist also die optimale Vorbereitung. Dafür haben Sie in den vorangegangenen Kapiteln viele Anregungen erhalten. Im Idealfall haben Sie bereits einiges getan, um diese Vorschläge in die Praxis umzusetzen.

Zusätzlich gibt es noch einige weitere generelle Empfehlungen, die Sie entscheidend vorwärts bringen können. Sie müssen sich nur einmal bewusst dazu entschließen, sie tatsächlich zu nutzen. Diese Ratschläge sprechen überwiegend solche Punkte an, die ganz offensichtlich zu sein scheinen. Aber in der Praxis werden paradoxerweise gerade diese Aspekte besonders häufig übersehen oder vernachlässigt.

1. Was muss ich generell wissen?

Informieren Sie sich frühzeitig, welche Kenntnisse im Staatsexamen eigentlich von Ihnen verlangt werden. Nehmen Sie bei Ihrem nächsten Bibliotheksbesuch die aktuelle Fassung der für Sie geltenden Prüfungsordnung zur Hand und gewinnen Sie einen ersten Überblick über die Rechtsgebiete, die zum Prüfungsstoff zählen.

> **Tipp:** Machen Sie sich eine Kopie von der Aufzählung des Prüfungsstoffes und hängen Sie diese an die Pinnwand in Ihrem Zimmer. Studieren Sie die Kopie täglich für eine Minute. So behalten Sie den für das Examen relevanten Stoff immer im Auge und im Gedächtnis.

Auf diese Weise haben Sie Ihren Prüfungsstoff ständig im Blick und werden kein wesentliches Themengebiet aus Nachlässigkeit vergessen. Es ist für Ihre Konzentration nämlich alles andere als förderlich, wenn Sie plötzlich drei Monate vor der schriftlichen Prüfung von einem Kommilitonen erfahren, dass auch ein Rechtsgebiet zum Stoff gehört, das Sie bisher immer erfolgreich verdrängt haben.

2. Was muss ich speziell wissen?

Für das mündliche Examen ist es besonders wichtig, den genauen Prüfungsstil sowie die Angewohnheiten und Eigenheiten Ihrer Prüfer möglichst detailliert zu kennen. Durch die Einsichtnahme in Prüfungsprotokolle können Sie dabei wichtige Details in Erfahrung bringen, die Ihnen in der mündlichen Prüfung äußerst nützlich sein können. Achten Sie zunächst genau darauf, ob sich bestimmte Fragen oder Themengebiete wiederholen. Wenn die Protokolle also die bemerkenswerte Tatsache erkennen lassen, dass Professor Winzig in Ihrem Wahlfach Kriminologie seit Jahren immer wieder den Problemkreis „Prognose und Kriminalitätstheorien" abfragt, dann zahlt es sich mit Sicherheit aus, hier nochmals tiefer einzusteigen.

Lassen sich in den Protokollen keinerlei Anhaltspunkte für derartige Vorlieben finden, dann schlagen Sie einen anderen Weg ein. Sehr oft kann es hilfreich sein, sich genauer darüber zu informieren, welche Vorlesung Ihr Prüfer gerade hält und an welcher Stelle er sich dabei im Stoff befindet. Da Professoren unter chronischem Zeitmangel leiden, machen sie oft aktuelle Probleme aus einer laufenden Vorlesung zum Gegenstand der Befragung. Sie müssen sich also nicht wundern, wenn Professor Ballermann Sie nach den Grundsätzen des Unterhaltsrechts fragt, wenn eben diese seit drei Wochen Gegenstand seiner Vorlesung im Familienrecht sind.

Versuchen Sie, im Ersten und vor allem im Zweiten Staatsexamen frühzeitig in Erfahrung zu bringen, womit sich die ihrer Prüfungskommission angehörenden Praktiker an ihrem Arbeitsplatz beschäftigen. Oft helfen hier die Geschäftsverteilungspläne von Gerichten und Behörden weiter. Ist also der Richter am Verwaltungsgericht Trödel als Prüfer für Sie eingeteilt, dann lohnt es sich ganz besonders zu wissen, ob Trödel sich hauptberuflich den lieben langen Tag mit Baurecht, Polizeirecht oder Umweltrecht herumschlägt.

Ebenso gründlich wie alle juristischen Aspekte sollten Sie aber auch generell das Verhalten des Prüfers als solches studieren. Den Stil des Fragenden aus den Protokollen herauszufiltern, erfordert viel Geduld. Doch diese Mühe zahlt sich aus. Dabei gilt es, verschiedene Gesichtspunkte zu analysieren:

- Dazu gehört zunächst die Art, auf welche der Prüfer mit Ihnen in den fachlichen Dialog tritt. Will er angelernte Definitionen hören oder lässt er Sie eine unbekannte Frage frei entwickeln? Will er detaillierte Ausführungen oder nur kurze Antworten? Will er Theorien hören oder ist alleine die Meinung der Rechtsprechung ausschlaggebend? Fragt er nach Namen und Daten?
- Ebenso wichtig ist es, auf die formellen Gesichtspunkte zu achten. Werden die Kandidaten dem Alphabet nach geprüft oder gemäß der Vornoten? Geht der Fragesteller nach der Sitzordnung vor? Hält er sich überhaupt an eine bestimmte Reihenfolge oder fragt er „kreuz und quer"? Werden die Fragen abwechselnd an verschiedene Prüflinge gestellt oder wird jeder zunächst längere Zeit intensiv befragt? Wer erhält die erste Frage?
- Und schließlich sollten Sie unbedingt nach explizit ersichtlichen Launen und Gewohnheiten Ausschau halten. Wird der Prüfer schon einmal laut oder sarkastisch, wenn eine falsche Antwort kommt? Hilft er Ihnen weiter, wenn Sie bei einem Problem überhaupt nicht mehr vorankommen oder lässt er Sie „verhungern"? Lobt er? Sieht er immer fröhlich oder missmutig aus? Hat er ein Pokerface?

Am besten ist es natürlich, wenn Sie „Ihren" Prüfer einmal hautnah in Aktion erleben. Nutzen Sie vor dem ersten Examen unbedingt die Möglichkeit, einer mündlichen Prüfung beizuwohnen. Oft erhalten Sie dabei die Gelegenheit, sich auf bestimmte Marotten des Fragenden vor Ort einzustellen. Bitte unterlassen Sie als Zuhörer aber jegliche Form von Meinungsäußerungen nach dem Motto: „Das hätte ich aber gewusst." Sie dürfen sich innerlich gerne über Ihren hohen Kenntnisstand freuen, sollten aber die Examenskandidaten keinesfalls verunsichern. Vergessen Sie nicht, dass Sie sich selbst schon bald in dieser außergewöhnlichen Situation befinden werden und dann dankbar dafür sind, nicht durch gedankenlose Bemerkungen aus dem Konzept gebracht zu werden.

Tipp: Teilweise besteht die Möglichkeit, aktuelle Protokolle von solchen Prüfungen anzufordern, die erst vor wenigen Tagen stattgefunden haben. Speziell im Zweiten Staatsexamen kommt es nicht selten vor, dass ein und derselbe Prüfer einen identischen Fall mehrmals zur Diskussion stellt. Natürlich müssen Sie dann besonders darauf achten, ob entscheidende Details verändert wurden. Aber der richtige Einstieg in die Materie und die Kenntnis der relevanten Normen lassen das Herz Ihres Prüfers sicherlich höher schlagen.

3. Was kommt denn nun wirklich dran?

So sehr Sie die Frage nach dem genauen Gegenstand der Prüfung beschäftigt, so klar ist Ihnen natürlich auch, dass sich diese nicht beantworten lässt. Ansonsten würde das Examen ja seinen Charakter als Prüfung verlieren. Einige Anhaltspunkte können Sie dennoch gewinnen. Ihre Professoren und Arbeitsgemeinschaftsleiter verfolgen seit Jahren die Geschehnisse an der Prüfungsfront und kennen die besonders beliebten oder unbeliebten Themenkreise. Manche Fragestellungen scheinen sich ständig zu wiederholen, andere sind quasi „tabu".

Halten Sie von heute an jeden dieser Hinweise sofort auf einem gesonderten Blatt Papier fest. Schenken Sie diesen Tipps anschließend während Ihrer Vorbereitung die nötige Beachtung. Führen Sie zusätzlich eine Liste darüber, welche aktuellen Rechtsfragen und Gerichtsentscheidungen Ihre Professoren und Arbeitsgemeinschaftsleiter für besonders examensrelevant halten. Viele Ausbilder haben über die Jahre ein Gespür dafür entwickelt, welche Fragestellungen gerne geprüft werden. Dies gilt besonders vor dem Zweiten Staatsexamen. Ihre Arbeitsgemeinschaftsleiter verfolgen die aktuellen Entwicklungen in der Rechtsprechung schon aus beruflichen Gründen. So mancher hat eine fast hellseherische Begabung, bestimmte Urteile als „prädestiniert für eine Klausur" zu erkennen und dies anschließend seinen Referendaren auch mitzuteilen. Solche Hinweise können für Sie Gold wert sein. Nutzen Sie diese einmalige Chance und legen Sie in den nächsten fünf Minuten gleich eine entsprechende Liste an, die Sie von nun an immer in jeder Vorlesung oder Arbeitsgemeinschaft dabei haben. Vergegenwärtigen Sie sich außerdem, dass Klausuren nicht einfach vom Himmel fallen, sondern in mühevoller Kleinarbeit zusammengebastelt werden. Vielleicht hält Ihr Strafrechtsprofessor irgendwann einmal mitten in seinem Vortrag inne und sagt gedankenverloren: „Das wäre eigentlich ein schönes Problem für eine Klausur." Macht er sich dann auch noch ein paar Notizen auf einem Schmierzettel, sollten Sie entsprechend schalten. Vielleicht geht die Bemerkung aber auch einfach auf die Tatsache zurück, dass er gerade mit einem Kollegen essen war, der ihm anvertraut hat, dass er derzeit an einer Examensklausur zu dieser Thematik bastelt. Solche Hinweise zu notieren, zahlt sich daher definitiv aus!

V. Das langfristige Examenstraining

1. Ihre Examensvorbereitung beginnt heute

Das juristische Staatsexamen birgt einen immensen Vorteil in sich, den Sie aus Ihrer Schulzeit nicht unbedingt kannten. Damals waren Sie häufig auf Vermutungen angewiesen, wenn es darum ging, wann Ihnen ein mündliches Abfragen oder ein schriftlicher Test bevorstand. Dies ist nun anders, denn Sie wissen lange im Voraus, dass und wann dieses Examen auf Sie zukommt. Nutzen Sie die verbleibende Zeit. Beginnen Sie umgehend damit. Sofort! Denn jede Minute, die Sie von jetzt an warten, ohne sich vorzubereiten, ist eine verschenkte und leider auch unwiederbringlich verlorene Minute. Während sie diese Zeilen lesen, sind Sie schon mitten in Ihrer Examensvorbereitung. Machen Sie sich diese Tatsache bewusst. Ihre Prüfungsvorbereitung beginnt nicht irgendwann in einem, drei oder vielleicht acht Semestern, sondern heute, hier und jetzt.

2. Erfolg durch Routine

Steigern Sie Ihre Erfolgschancen, indem Sie das juristische Staatsexamen zu einem möglichst normalen Bestandteil Ihres Lebens machen. Je eher Sie damit beginnen, umso besser. Gewöhnen Sie sich an die Ausnahmesituation, die Ihnen bevorsteht. Eine solche Gewohnheit führt zur Routine. Und was Sie routiniert erledigen können, das wird Ihnen Angst einflößen. Sie finden nachfolgend einige Punkte, die positive Gewohnheiten erzeugen. Nutzen Sie diese Möglichkeiten und setzen Sie sie zu Ihrem eigenen Vorteil in die Praxis um.

3. Der Prüfungsraum

Eine fremde Umgebung verunsichert fast alle Menschen. Zumindest vor dem ersten Staatsexamen ist es jedoch ein Leichtes, dieser Unsicherheit und der damit verbundenen Angst entgegenzuwirken. Sehen Sie sich gelegentlich die Räumlichkeiten an, in denen die Prüfungen stattfinden. Tun Sie das nicht nur ein einziges Mal kurz vor dem Examen, sondern regelmäßig. Falls es möglich ist, die Räume abseits vom Examenstrubel in aller Ruhe zu betreten: Setzen Sie sich auf einen der Stühle, die für die Examenskandidaten vorgesehen sind. Bleiben Sie ein Weilchen sitzen und beobachten Sie, welche Gedanken Ihnen dabei durch den Kopf gehen. Versuchen Sie anschließend, sich zu entspannen. Alleine die Vertrautheit mit der äußeren Umgebung bringt Ihnen psychisch bereits Pluspunkte.

Gehen Sie einen Schritt weiter und machen Sie es sich zur Gewohnheit, regelmäßig Prüfungen zu besuchen, soweit dies erlaubt ist. Schnuppern Sie die Atmosphäre, die in dieser Situation herrscht und gewinnen Sie Einsichten bezüglich des äußeren Prüfungsablaufs.

4. Prüfungsgespräche in der Arbeitsgruppe

Simulieren Sie in Ihrer Arbeitsgruppe von Zeit zu Zeit ein Prüfungsgespräch. Bereiten Sie einen kleinen Fall vor, formulieren Sie dazu passende Fragen und versuchen Sie, Ihre Kollegen bei der Lösung des Falles entsprechend zu motivieren. Sie gewinnen dabei neben vielen anderen Dingen vor allem die einmalige Erkenntnis, wie ein solches Gespräch aus der Sicht eines Prüfers abläuft. Das Verständnis dieses Standpunktes ist ein nicht zu unterschätzender Vorteil.

Versuchen Sie zu erkennen, wie schnell ein solches Gespräch mit einer einzigen unerwarteten Antwort in eine völlig unvorhergesehene Richtung laufen kann. Nehmen Sie die Erfahrung mit, bis zu welchem Grad sich Prüfungsgespräche steuern lassen – sowohl aus der Sicht des Prüfers wie auch aus der des Geprüften.

Durch solche wiederholten Planspiele lernen Sie

- spontan Lösungen zu entwickeln,
- Ihnen geläufige Argumente verständlich und geordnet vorzutragen,
- frei zu sprechen,
- andere zu überzeugen,
- mit der Stresssituation „Prüfung" umzugehen.

5. Positives Denken als Hilfsmittel

Spielen Sie die eigene Prüfung in Gedanken immer wieder positiv durch. Sie stärken dabei Ihr Selbstvertrauen und konzentrieren sich auf das von Ihnen angestrebte Ziel. Durch die geistige Vorwegnahme Ihres gewünschten Erfolges eliminieren Sie etwaige Zweifel in Ihre Fähigkeiten. Viele Examenskandidaten finden es zwar albern, sich einen positiven Prüfungsablauf in Gedanken vorzustellen. Umgekehrt verschwenden Sie ganze Tage und Nächte darauf, sich plastisch alle möglichen Katastrophen auszumalen, die während der Prüfung eintreten könnten. An dieser Stelle müssen Sie selbst entscheiden, welche Alternative Sie für vernünftiger halten. Sie haben die Wahl. Wählen Sie jetzt!

Alternative 1: „Ich verbringe heute vor dem Einschlafen eine halbe Stunde damit, mich auf alle denkbaren Schreckensbilder zu konzentrieren, die mein Examen zu einem Fiasko machen."

Alternative 2: „Ich verbringe heute vor dem Einschlafen eine halbe Stunde damit, mich auf alle positiven Aspekte zu konzentrieren, die mein Examen zu einem Erfolg machen."

Entscheiden Sie sich nun dafür, wie Sie ein und dieselbe halbe Stunde vor dem Einschlafen verbringen wollen. Nehmen Sie einen roten Stift und umranden Sie damit die von Ihnen gewählte Alternative – und streichen Sie die andere mit einem dicken schwarzen Filzstift durch.

6. Üben Sie Klausurtechnik

Kreuzen Sie bitte Ihre Antwort auf die folgende Frage an: Wie erzielen Sie den größten Examenserfolg?

Ich lerne möglichst viel Stoff ( )

Ich schreibe möglichst viele Klausuren ( )

Am effektivsten lernen Sie durch permanente Übung. Nichts ist wichtiger, als ständig die Examenssituation zu proben. Sie erreichen das, indem Sie vor dem Examen so viele Klausuren wie möglich mitschreiben.

> **Tipp:** Im Examen geht es nur darum, eine Klausur so zu lösen, dass der Korrektor Ihnen dafür möglichst viele Punkte gibt. Allein das ist Ihre Aufgabe und exakt das ist es auch, was Sie trainieren müssen: Klausuren lösen.

Die weit verbreitete Vorstellung, man könne jede Klausur lösen, wenn man nur den Stoff des entsprechenden Rechtsgebiets beherrschen würde, stimmt in dieser Form leider nicht. Natürlich ist es notwendig, juristisches Grundwissen für die Prüfung aufzubauen. Die Probleme bei der Anfertigung einer Klausurlösung liegen aber meist an ganz anderen Stellen:

- Sie müssen mit der Stresssituation „Prüfung" fertig werden.
- Besonders mit dem enormen Zeitdruck muss man umgehen lernen. Denn aus jeder Examensklausur lässt sich problemlos eine mehrwöchige Hausarbeit machen.
- Da Sie in der vorgegebenen Zeit gar nicht alle aufgeworfenen Fragen lösen können, kommt dem Aspekt der richtigen Gewichtung der Problemkreise im Rahmen Ihrer Lösung eine entscheidende Bedeutung zu. Diese Gewichtung lernen Sie nur durch entsprechende Routine.
- Sie müssen einen logischen Aufbau für die angerissenen Fragen finden. Das bereitet oft mehr Schwierigkeiten, als sich mit den erkannten Problemen inhaltlich auseinanderzusetzen.
- Ihr vorhandenes Wissen muss gut und schnell zu Papier gebracht werden.
- Schließlich haben Sie die Aufgabe, sich Lösungen für diejenigen rechtlichen Problemkreise zu überlegen, die Ihnen unbekannt sind.

Um diese Schritte im Examen optimal in die Praxis umsetzen zu können, bedarf es einiger Übung. Doch diese Routine zahlt sich aus. In einer Langzeitstudie kamen Wissenschaftler zu einem verblüffenden Ergebnis: Die Perfektion, zu der es jemand beispielsweise in einer bestimmten Sportart bringt, hängt danach allein davon ab, wie viel er trainiert. In Zahlen ausgedrückt heißt dies: Nach ungefähr 5000 Trainingsstunden beherrschen Sie jede beliebige Sportart wie ein Profi. Und zwar völlig unabhängig davon, ob Sie besonders „intelligent" sind oder irgendwelches Talent dafür haben. Einzige Voraussetzung ist, dass Sie die entsprechende Zeit zum Üben aufwenden und die im ersten Kapitel dieses Buches beschriebenen allgemeinen Grundsätze beachten. Das bedeutet nichts anderes, als dass der Erfolg allein durch den Trainingsaufwand bestimmt wird. Ich darf Ihnen versichern, dass diese Erkenntnis nicht nur bei Berufssportlern auf wenig Gegenliebe stößt. Für Sie selbst jedoch bedeutet sie einen enormen Ansporn, denn bei entsprechendem Einsatz können Sie ein sehr guter Jurist werden. Sie haben es selbst in der Hand.

Um eine gute Klausur abzuliefern, brauchen Sie ein solides Grundwissen. Andererseits hilft Ihnen auch das beste Wissen nichts, wenn Sie es nicht aufs Papier bringen können. Machen Sie deshalb nicht den Fehler, die maßgebliche Bedeutung einer guten Klausurtechnik zu unterschätzen. Gerade an diesem Punkt stehen Ihnen heute alle Türen offen. Viele Universitäten bieten kostenlose Klausurenkurse an und die kommerziellen Offerten privater Anbieter sind schon beinahe nicht mehr zu zählen. Mit Geduld und etwas Einsatz können Sie hier viele Pluspunkte für Ihr späteres Examen sammeln. Beherzigen Sie folgende Anregungen:

- Schreiben Sie alle Übungsklausuren mit, die Ihnen angeboten werden.
- Schreiben Sie Übungsklausuren vor allem auch dann, wenn Sie das zugehörige Rechtsgebiet noch nicht so gut kennen. Gerade in solchen Klausuren trainieren Sie das Lösen unbekannter Rechts- und Aufbauprobleme besonders gut. Ob Sie bei einer solchen Klausur punktemäßig gut abschneiden, ist an dieser Stelle absolut zweitrangig.
- Schreiben Sie Klausuren unter Examensbedingungen. Verzichten Sie konsequent darauf, die aufgeworfenen Problemkreise auf dem Flur mit Ihren Kommilitonen zu besprechen oder sie in Büchern, Skripten oder Datenbanken (z. B. per Smartphone) nachzuschlagen.
- Entscheiden Sie selbst über den Klausuraufbau, statt ihn schnell in einem Prüfungsschema nachzuschlagen. Gerade aus Fehlern, die Ihnen in diesem Zusammenhang unterlaufen, lernen Sie im Hinblick auf das Examen am meisten.
- Verwenden Sie bei der Klausurbearbeitung nur die im Examen zugelassenen Hilfsmittel.
- Halten Sie die vorgegebene Arbeitszeit exakt ein. Dadurch lernen Sie unter anderem, sich an den Problempunkten der Klausur rasch zu entscheiden.

Wenn Sie die genannten Ratschläge beherzigen, wird die Klausurbearbeitung unter Examensbedingungen für Sie völlig normal. Dadurch verschwindet die Angst vor den Klausuren ganz von selbst, da man sich vor Alltäglichem nicht fürchtet. Außerdem erkennen Sie sofort, wo Sie Fehler bei der Bearbeitung gemacht haben. Beispielsweise wenn Sie den Sachverhalt nicht richtig erfasst, sich die Zeit falsch eingeteilt oder einen wichtigen Paragraphen einfach überlesen haben.

Bitte bedenken Sie: Wer viele Klausuren schreibt, der macht logischerweise auch viele Fehler. Und gerade aus diesen Fehlern lernen Sie am meisten. Die Fehler sind es, die Ihnen für das Examen den größten Gewinn bringen. Um Fragestellungen, die Sie in der Klausur richtig gelöst haben, werden Sie sich anschließend nicht weiter kümmern. Wenn Sie jedoch jeden aufgetretenen Fehler nacharbeiten, wird er Ihnen im Examen nicht noch einmal unterlaufen. Freuen Sie sich daher über jeden Fehler, den Sie in einer Übungsklausur gemacht und später nachgearbeitet haben.

Er bringt Sie einem erfolgreichen Examen einen entscheidenden Schritt näher.

Die gezielte Nachbereitung von Klausuren gehört in der Praxis allerdings zu den am wenigsten genutzten Möglichkeiten beim Lernen. Der Grund liegt darin, dass Sie sich verständlicherweise nicht mehr mit einer Materie beschäftigen wollen, die Sie schon über Stunden (oder bei einer Hausarbeit sogar Wochen) zum Nachdenken gezwungen hat. Das gilt umso mehr, wenn die Klausur bzw. Hausarbeit nicht gut ausgefallen ist. Die meisten Lernenden nehmen also die korrigierte Arbeit entgegen und haken sie anschließend ab. Selbst wenn sie während der Klausurbesprechung anwesend sind (oder anwesend sein müssen), klinken sich die meisten Studenten geistig aus.

Diesen Fehler werden Sie künftig nicht mehr machen, denn:

- Sie kennen Ihr Ziel.
- Sie wissen, dass Sie aus Ihren Fehlern am meisten lernen können. Sie müssen nur dazu bereit sein.
- Sie haben erkannt, dass die Klausurbesprechung eine ideale Möglichkeit ist, um den Stoff zu wiederholen. Und gezielte Wiederholung ist selbst dann nötig, wenn Sie in der Arbeit gut abgeschnitten haben. Sie wissen ja: Ihr Kurzzeitgedächtnis arbeitet munter weiter!

> **Tipp:** Lernen Sie nicht nur aus Ihren Fehlern, sondern machen Sie sich nach jeder Klausur auch ganz genau bewusst, was Sie darin richtig gemacht haben. Das dient nicht nur der Wiederholung, sondern wird Sie zusätzlich ungemein motivieren.

7. Kontrollieren Sie bewusst Ihren Umgang

Suchen Sie sich vor dem Examen bereits mittelfristig Ihren Umgang besonders sorgfältig aus. Verfallen Sie nicht in den Irrglauben, Sie müssten aus reiner Höflichkeit mit allen und jedem über die bevorstehende Prüfung sprechen. Das ist Unsinn. Konkret heißt das für Sie:

- Verbannen Sie Personen, die Ihnen – absichtlich oder unabsichtlich – Angst einreden wollen aus Ihrem Umfeld.
- Sprechen Sie mit Menschen, die Optimismus ausstrahlen und in deren Gesellschaft Sie sich wohl fühlen.
- Sprechen Sie mit Leidensgenossen und tauschen Sie sich aus, bleiben Sie dabei aber sachlich. Suchen Sie gemeinsam nach konstruktiven Lösungsmöglichkeiten.

- Außenstehende wollen Sie oft dadurch unterstützen, dass sie Ihnen davon berichten, wie einfach doch die eigene Prüfung war. Das ist zwar gut gemeint, doch diese Form der Schönfärberei wirkt sich auf Dauer frustrierend auf Sie aus. Sie bekommen zwangsläufig das Gefühl, alle anderen konnten jede Klausur mit links lösen, während Sie selbst oft hilflos vor der Sachverhaltsangabe sitzen. Schenken Sie solchen geschönten Erinnerungen keinen Glauben, denn sie sind frei erfunden.

- Schalten Sie „auf Durchzug", wenn jemand damit beginnt, ein haarsträubendes Horrorszenario dahingehend zu entwickeln, was Ihnen in den nächsten Wochen noch alles zustoßen könnte. Es gibt keinen Grund dafür, solchem Quatsch kurz vor dem Examen mehr Beachtung zu schenken, als Sie es zu anderen Zeiten tun würden.

- Vor Prüfungen kocht die Gerüchteküche! Geben Sie nichts auf unsinnige Floskeln, die Sie überall auf der Welt vor jeder Prüfung hören können, beispielsweise:
  - „Die Prüfer sind angewiesen, diesmal besonders viele Kandidaten durchfallen zu lassen und werden deshalb besonders hart korrigieren."
  - „Der Prüfer Macho mag keine Frauen."
  - „Prüfer Eifrig lässt nur Kandidaten bestehen, deren Abiturnote mindestens bei 1,5 liegt."
  - „Prüfer Boss lässt jeden durchfallen, dessen Krawatte nicht richtig sitzt."

- Gerade kurz vor dem Ziel müssen Sie mit gedankenlosen und unsachlichen Äußerungen aus Ihrem nächsten Bekanntenkreis rechnen, die meist der Tatsache geschuldet sind, dass die Betreffenden selbst mit der Prüfungssituation nicht umgehen können. Ignorieren Sie solche Plattheiten konsequent, etwa wenn Ihr Onkel sagt:
  - „Bei der heutigen Arbeitsmarktsituation ist alle Mühe sowieso umsonst."
  - „Du wirst noch krank, wenn du so viel lernst."

- Unterschätzen Sie nicht, welche negativen Auswirkungen es haben kann, wenn Sie sich mit Ihren Vorbereitungen nur am Verhalten der anderen orientieren. Niemand garantiert Ihnen, dass die Methoden Ihrer Kollegen richtig oder für Sie persönlich besser geeignet sind. Denn Lernen ist individuell. Seien Sie daher in solchen Fällen lieber kritisch, beispielsweise wenn Sie mit folgenden Situationen konfrontiert werden:
  - Sie können aus Ihrem Fenster sehen, dass bei Klaus gegenüber das Licht am Schreibtisch täglich bis zwei Uhr morgens brennt.

- Iris leiht sich am Wochenende vor Ihren Augen immer acht Fachbücher in der Bibliothek aus.
- Lothar verunsichert Sie mit den Niederungen der Rechtsphilosophie, obwohl Sie genau wissen, dass dieses Gebiet gar nicht zum Prüfungsstoff gehört.

> **Tipp:** Kontrollieren Sie vor dem Examen bewusst Ihren Umgang und vermeiden Sie jede Art von sozialem Stress. Nutzen Sie die Zeit besser, um positive Kontakte zu pflegen, sich fachlich vorzubereiten und sich regelmäßig zu entspannen.

8. Heute schon sortiert?

Erstaunlich viele Examenskandidaten sortieren ihre Nachlieferungen erst kurz vor der Prüfung ein. Wenn Sie allerdings in der letzten Woche noch sechs oder sieben Stück einordnen müssen, produzieren Sie damit überflüssigen Stress. Bedenken Sie, dass Sie sich während des Einsortierens ganz besonders konzentrieren werden, da Sie ja auf keinen Fall riskieren wollen, ausgerechnet jetzt ein Blatt zu viel auszuwechseln. Hinzu kommt, dass Sie auch noch alle erlaubten Kommentierungen und Verweise übertragen müssen. Das kostet sehr viel Zeit. Vor allem, weil Sie in Gedanken ständig damit hadern werden, dass Sie diese Zeitreserve jetzt viel lieber in andere Lernarbeiten investieren würden. Sollten Sie also zu den Menschen gehören, die Nachlieferungen schon einmal gerne einige Zeit liegen lassen, dann sollten Sie zumindest vor dem Examen rechtzeitig mit dieser Gewohnheit brechen.

Fragen Sie rechtzeitig bei Ihrem Buchhändler nach, ob bis zum Examenstermin noch mit weiteren Nachlieferungen zu rechnen ist. Dieses Wissen benötigen Sie, um besser planen zu können. Gleiches gilt für den Fall, dass in Ihrem Bundesland andere Gesetzestexte oder Kommentare zugelassen sind, die Sie selbst mitbringen und in gewissem Rahmen sogar kommentieren dürfen. Nichts kann Sie mehr in Panik versetzen, als wenn Sie plötzlich merken, dass einer Ihrer Kollegen über eine neuere Auflage eines erlaubten Hilfsmittels verfügt. Wobei diese Angst im Grunde völlig unbegründet ist, da die Klausur samt Lösungsskizze im Regelfall noch zu einem Zeitpunkt erstellt wurde, in dem eine nun kurzfristig erschienene Neuauflage dem Verfasser noch gar nicht zur Verfügung stand.

VI. Die kurzfristige Examensvorbereitung

1. Stellen Sie sich auf das Examen ein

Kurz vor dem Examen ist es wichtig, noch einmal in Ruhe abzuschalten und Kräfte für die bevorstehende Anstrengung zu sammeln. Mit gezielter Entspannung lassen sich hier die besten Resultate erzielen.

Stellen Sie sich spätestens eine Woche vor dem eigentlichen Examensbeginn körperlich auf den Examensrhythmus ein. Entscheidend ist vor allem, dass Sie sich rechtzeitig an die neuen Zeiten beim Aufstehen und Einschlafen gewöhnen. Langzeitstudien zeigen, dass Sie sich dann nachts am besten erholen können. Sofern Sie diesen Vorteil nicht nutzen wollen, sollten Sie zumindest am Abend vor dem Examen etwas früher zu Bett gehen, denn Sie werden sich automatisch in Gedanken mit der bevorstehenden Prüfung beschäftigen und deshalb erst später als gewöhnlich einschlafen.

Pauken Sie am Tag vor der Klausur keinen Stoff mehr. Wie Sie wissen, führt das nur zu Interferenzen und Sie schaden sich damit mehr als es Ihnen nützt. Dieser Ratschlag gilt auch für die Zeit zwischen den einzelnen Klausuren. Die Versuchung, noch schnell vermeintliche Wissenslücken schließen zu wollen, kann mitunter sehr groß werden. Trotzdem sollten Sie ihr widerstehen. Tanken Sie Ruhe, entspannen Sie sich und machen Sie einen kleinen Spaziergang. Falls Sie es trotzdem nicht lassen können: Beschränken Sie sich darauf, allenfalls noch einige kurze Prüfungsschemata zu wiederholen. Besser wäre es allerdings, sich zum Nichtstun zu zwingen und auszuruhen.

> **Tipp:** Verfallen Sie niemals in den Fehler, Ihren persönlichen Lern- und Tagesrhythmus in den letzten Tagen vor dem Examen aus reiner Panik komplett umzustellen, um beispielsweise noch mal täglich bis nach Mitternacht pauken zu können.

Während des Examens werden Sie sehr schnell feststellen, dass Ihre Gedanken auch nach dem Ende der Arbeitszeit weiter um die abgelieferte Klausur kreisen. Das ist normal. Vermeiden Sie es jedoch, bewusst über eine mögliche „richtige" Lösung nachzugrübeln. Der Grund liegt auf der Hand: Für die Klärung der Klausurprobleme gibt es wahrscheinlich Dutzende von logischen Antworten. Schon aus statistischen Gründen werden Sie deshalb nach einigem Nachdenken auf eine andere als Ihre eigene Lösung stoßen. Der Schreck über das neue Ergebnis führt dazu, dass sich das Angstkarussell zu drehen beginnt. Die negativen Auswirkungen dieser

Reaktion kennen Sie bereits. Mit unkontrollierter Grübelei über die unabänderlich abgegebene Klausur nehmen Sie sich nur selbst die Energie, die Sie zur Lösung der nächsten Arbeit so dringend brauchen. Lenken Sie sich deshalb so gut es geht ab, legen Sie eine Patience, puzzeln Sie oder lösen Sie ein Kreuzworträtsel. Vorsicht bei Computerspielen: Diese belasten Sie auf Dauer eher, als dass sie zur Entspannung führen. Denn bei PC-Spielen werden Ihre Augenmuskulatur und Ihre Konzentration extrem beansprucht.

Auch für das Entspannen nach der Examensklausur gilt: Das Abschalten gelingt Ihnen umso besser, je öfter Sie es bereits geübt haben. Wenn also bereits 30 Probeklausuren hinter Ihnen liegen, nach deren Abgabe Sie sich jeweils gezielt entspannt haben, werden Sie die aufkommende Grübelei recht gut im Griff haben.

Packen Sie rechtzeitig und in aller Ruhe Ihre Tasche für den nächsten Tag. Tun Sie das anhand einer Liste, die Sie möglichst frühzeitig anfertigen und die alle Dinge enthält, die Sie mitnehmen müssen. Dazu können etwa gehören (ohne Anspruch auf Vollständigkeit):

- schriftliche Ladung zum Examen
- Papier, sofern es nicht gestellt wird
- Pass oder Personalausweis
- zugelassene Gesetze und Kommentare
- Farbstifte oder 4-Farb-Kuli
- selbstklebende Zettel
- Kalender (wichtig zur Fristberechnung, sofern zulässig)
- Lineal
- Füller bzw. Kugelschreiber und Reservestift
- Minen bzw. Tinte zum Nachfüllen
- Uhr
- Verpflegung
- ausreichend Getränke

Außerdem sind für Sie persönlich noch wichtig:

- ....
- ....
- ....
- ....
- ....
- ....

Abschließend zwei Extratipps, mit denen Sie viel Zeit und Nerven sparen:

- Überprüfen Sie zwei Tage vor dem Examen, ob Ihre Schreibutensilien einsatzbereit sind. Kugelschreiber und Bleistift benötigen eventuell eine neue Mine, Ihr Füller braucht gegebenenfalls Tinte.
- Stellen Sie sicher, dass die Batterie in Ihrer Uhr noch lange genug durchhält. Gleiches gilt für Ihren Wecker.

2. Erwehren Sie sich der letzten Angriffe

Selbst unmittelbar vor den einzelnen Examensklausuren gilt es, noch einige Grundregeln zu beachten:

- Kommen Sie nicht zu früh zum Prüfungssaal. Die Atmosphäre unter Ihren Kollegen erinnert meist an Weltuntergangsstimmung und ist nur dazu geeignet, Sie mit Nervosität anzustecken. Gehen Sie stattdessen lieber noch einige Minuten an der frischen Luft spazieren oder suchen Sie einen ruhigen Ort auf, an dem Sie noch einmal für einige Minuten abschalten können. Völlig unabhängig davon, was Sie ansonsten für Ansichten vertreten, ist die in einer Kirche herrschende Stille vorzüglich dazu geeignet, Sie noch einmal ganz entspannt durchatmen zu lassen.
- Sobald Sie den Prüfungsraum betreten, sollten Sie sich nicht mehr auf unsinnige Diskussionen einlassen. Gehen Sie keinesfalls mehr auf Fragen der Marke „Meinst du auch, dass heute eine Erbscheinsklausur drankommt?" ein.
- Gerne werden unmittelbar vor Klausurbeginn noch schnell fachliche Fragen gestellt und Wissenslücken erforscht, etwa: „Wie heißt noch einmal die dritte Theorie zum strafrechtlichen Handlungsbegriff?" Sie sollen nicht unkollegial sein, aber mit solchen Spielchen laufen Sie Gefahr, Ihr sorgfältig erlangtes und gespeichertes Wissen unnötig durcheinander zu bringen. Wer sich einbildet, er könne in den letzten zwei Minuten vor der Prüfung noch das entscheidende Know-how für das Examen anhäufen, unterliegt ohnehin einer Selbsttäuschung.
- Schalten Sie unbedingt auf Durchzug, wenn Ihre Kollegen vor der Klausur plötzlich damit anfangen, die vermeintliche Lösung der gestrigen Arbeit zu diskutieren. Das kann Sie völlig aus der Bahn werfen, denn solche Gespräche lösen Stress aus, der bis zur Denkblockade führen kann. Außerdem werden Sie massiv in Ihrer Konzentration gestört und fast automatisch anfangen, über Ihre gestrige Klausurlösung nachzudenken. Ihr Gedächtnis soll sich jetzt aber nicht mit der Aufbe-

reitung einer bereits abgegebenen Arbeit beschäftigen, sondern Ihnen bei der Lösung der neu anstehenden Klausurprobleme helfen.

VII. Anmerkungen zur Prüfungssituation

1. Klausurtechnik

Es ist nicht Aufgabe dieses Buches, Klausurtechnik zu vermitteln. Informieren Sie sich darüber bei Zeiten in einem der einschlägigen Werke. Bedenken Sie dabei aber immer: Sie müssen sich nicht sklavisch an ein bestimmtes Grundmuster halten. Entwickeln Sie stattdessen frühzeitig Ihre eigene Arbeitsmethode.

Einige zentrale Hinweise zur Klausurbearbeitung sollen hier trotzdem nicht fehlen:

- Zunächst müssen Sie die in der Klausur aufgeworfenen Fragestellungen überhaupt richtig erkennen. Voraussetzung dafür ist die strikte Befolgung des Bearbeitervermerks und die sorgfältige Erarbeitung des Sachverhalts. Obwohl Sie diese beiden Ratschläge schon unzählige Male gehört haben, besteht hier ein gewisses Risiko. In der Stresssituationen „Klausur" halten sich nämlich erstaunlich viele Bearbeiter nicht an diese vermeintlichen Selbstverständlichkeiten. Üben Sie die strikte Befolgung des Bearbeitervermerks und die präzise Erarbeitung des Sachverhalts am besten ganz bewusst ein, indem Sie so viele Übungsklausuren wie möglich schreiben.
- Gestalten Sie die Sachverhaltsskizze plastisch. Grafiken helfen selbst bei schwierigen Konstellationen. Die im Sachverhalt angesprochenen Hauptprobleme halten Sie dabei in Stichworten fest. Sonst kann es später leicht passieren, dass Sie sich unter dem enormen Zeitdruck auf eine falsche Fährte locken lassen. Haben Sie hingegen alle wichtigen Punkte einmal aufgelistet, können Sie diese bei der Niederschrift kurz ansprechen und anschließend einfach abhaken.
- Das Erstellen von Sachverhaltsskizzen lässt sich hervorragend mit folgender Methode üben: Fertigen Sie in der nächsten Vorlesung oder Arbeitsgemeinschaft zu jedem besprochenen Fall eine eigene kleine Skizze an. Verzetteln Sie sich dabei aber nicht in Belanglosigkeiten. Es geht um eine simple Skizze, nicht um ein Kunstwerk. Sie brauchen also weder einen Zirkel noch eine Grafik-Software zu bemühen.

- Vor allem bei Klausuren des ersten Staatsexamens ist es oft hilfreich, sich kurz in die Situation des Klausurstellers zu versetzen und zu überlegen, wie denn wohl aus dessen Sicht die Lösung aussehen müsste.
- Seien Sie besonders vorsichtig, wenn Ihnen ein Problem bekannt vorkommt. Gerade die so genannten Standardfälle haben es meist in sich. Oft werden abweichende Sachverhaltsinformationen vom Bearbeiter zu Gunsten von vagen und unvollständigen Erinnerungen an früher gelöste Klausuren geändert. Dafür ernten Sie allerdings keine Punkte, sondern allenfalls den bissigen Kommentar, Sie könnten nicht einmal exakt den Sachverhalt erfassen.
- Eine routinierte Zeitplanung ist das Fundament Ihres Klausurerfolges. Nutzen Sie jede Gelegenheit, um diese ausgiebig einzuüben. Sie werden während Ihrer Referendarzeit sicherlich irgendwann einmal die Gelegenheit haben, am eigenen Leib zu erleben, dass man sich mit einer Klausur durchaus zwei volle Tage beschäftigen kann und trotzdem noch weit entfernt davon ist, eine für sich selbst akzeptable Lösung zu Papier zu bringen. Halten Sie zum effektiven Training besser von Anfang an die vorgegebene Arbeitszeit ein.
- Widerstehen Sie der Versuchung, die Argumente und Lösungen für die einzelnen Klausurprobleme im Kopf behalten zu wollen. Das funktioniert regelmäßig nicht (Stichwort: Interferenz).
- Ändern Sie niemals in letzter Minute Ihre Lösung. Was Sie sich vorher fünf Stunden überlegt haben ist wahrscheinlich richtiger, als was Ihnen in den letzten zwei Minuten in aller Hektik einfällt.
- In der Juristerei herrscht eine enorme Meinungsvielfalt. Galt dies früher eher für den wissenschaftlichen Bereich, gibt es mittlerweile angesichts der sich auf vielen Rechtsgebieten abzeichnenden Positionierung des EuGH als „Superrevisionsinstanz" auch in der Rechtsprechungspraxis eine zunehmende Zersplitterung von Rechtsmeinungen. Exemplarisch sei hier nur an die Grabenkämpfe erinnert, die im Arbeitsrecht seit vielen Jahren zwischen dem BAG und dem EuGH toben. Das hat jedoch für Sie im Examen die angenehme Folge, dass auch solche Klausuren bestanden werden, die „konsequent falsch" gelöst wurden, also beispielsweise nach der vom BAG vertretenen Meinung statt der des EuGH. Nehmen Sie sich diesen Vorteil nicht dadurch, dass Sie Ihre in sich schlüssige Arbeit, die auf das Ergebnis A zugeschnitten ist, im letzten Moment auf das Ergebnis B umstellen.
- Verfallen Sie niemals in den Fehler, alle Fragen erschöpfend beantworten zu wollen. Meist konnte der Klausursteller ohnehin nicht vorausahnen, welche unbeabsichtigten Fallstricke sich für den Bearbeiter

noch ergeben werden. Es gibt Examensklausuren, die schon von mehreren Generationen von Studenten und Referendaren bearbeitet wurden und für die trotzdem immer wieder neue – und gute! – Lösungsmöglichkeiten auftauchen. Nehmen Sie daher alle Fragen in Angriff so gut es geht, anstatt zu Gunsten von wenigen ausführlichen Aspekten andere bewusst zu unterschlagen.

– Banal und trotzdem wirkungsvoll: Sie können den Korrektor Ihrer Klausur schon auf den ersten Blick milde stimmen, wenn Sie halbwegs leserlich schreiben.

2. Ihre Körpersprache in der mündlichen Prüfung

Der Gesamteindruck, den Sie während der mündlichen Prüfung auf die Prüfer machen, wird ganz maßgeblich von Ihrer Körpersprache mitbestimmt. Man spricht in dieser Hinsicht oft von nonverbaler Kommunikation. Diese wird universell von jedermann zumindest unbewusst verstanden. Die dazugehörige Wissenschaft heißt Kinesik. Die wenigsten Menschen machen sich bewusst, dass sie auf diese Weise ständig „wortlos" mit ihrer Umwelt in Kontakt stehen und permanent Botschaften aussenden.

Während der mündlichen Prüfung können Sie durch eine bewusst kontrollierte Körpersprache theoretisch Pluspunkte sammeln. Theoretisch deshalb, weil Sie ohne längere Übung in der Stresssituation Prüfung an alles andere denken werden als beispielsweise an die Haltung Ihrer Hände, obwohl dies aus Ihrer Sicht natürlich äußerst wünschenswert wäre. Trotzdem können Sie aus den Erkenntnissen der Kinesik auf relativ einfache Weise großen Nutzen ziehen. Sie müssen nur auf diejenigen Signale achten, die während des Examens von den Prüfern ausgesendet werden. Diese Botschaften lassen sich meist problemlos entschlüsseln und liefern Ihnen wichtige Informationen über den Verlauf des Gesprächs.

Gerade entwickelt Ihr Kollege die rechtliche Lösung des Prüfungsfalles. Der Prüfer wiegt den Kopf hin und her und verzieht die Mundwinkel zu einem ironischen Lächeln. Das sind eindeutige Signale. Wenn Sie nun nach Ihrer Meinung gefragt werden, sollten Sie erkannt haben, dass der Prüfer für einen anderen Lösungsansatz dankbar wäre. Er hat auf die von Ihrem Kommilitonen gegebene Antwort quasi in Zeitlupe den Kopf geschüttelt. Umgekehrt hätte Ihr Nebenmann auch selbst noch die Notbremse ziehen können, wenn er bewusst auf die Signale geachtet hätte und ihm eine alternative Lösung eingefallen wäre. Diese hätte er im Rahmen seiner Erläuterungen als „anderen Lösungsweg" ins Spiel bringen und ihr bei entsprechenden Signalen des Prüfers bei der abschließenden Abwägung den Vorzug geben können.

Das gezielte Erkennen und Nutzen der Körpersprache ist im ersten Moment leichter gesagt als getan. Für einen Ungeübten ist es fast unmöglich, die Signale zu entschlüsseln. Allerdings müssen Sie ja kein Ungeübter bleiben. Achten Sie bereits in den Vorlesungen oder – noch besser – in Ihrer Arbeitsgruppe ganz bewusst auf die Signale der nonverbalen Kommunikation. Sie werden mit Erstaunen feststellen, dass Unmengen davon vorhanden sind. Wenn Sie während Ihrer Vorbereitungsphase in mündlichen Prüfungen als Zuhörer sitzen, lohnt es sich besonders, einmal ohne jeden Stress ganz gezielt darauf zu achten, welche Vielzahl von Botschaften auf diesem Wege zwischen Kandidaten und Prüfern ausgetauscht werden. Und wie häufig solche Hilfestellungen ignoriert werden!

Manche Prüfer geben zwar nicht zu erkennen, worauf sie eigentlich hinaus wollen und haben das viel zitierte Pokerface aufgesetzt. Trotzdem können Sie auch in diesem Fall wertvolle Hinweise aus der Körpersprache ziehen. Denn es kommt häufig vor, dass sich der Fragende zwar alle erdenkliche Mühe gibt, dem Kandidaten nicht zu deutlich seine Zustimmung oder Ablehnung zu signalisieren. Es kann aber sein, dass seine Mitprüfer auf die Lösungsansätze der Prüflinge ungeniert zustimmend nicken oder skeptisch den Kopf schütteln.

Staatsanwalt Streng prüft das Fach Strafrecht, Professor König das Wahlfach Kriminologie. Hier lohnt es sich, während der Strafrechtsprüfung auch die Mimik von Professor König im Blick zu behalten, der an der Uni die Strafrechtsvorlesungen hält.

Um Ihnen den Einstieg in dieses interessante Gebiet zu erleichtern, sind nachfolgend exemplarisch die wichtigsten Körpersignale für die Prüfung samt ihrer Bedeutung in alphabetischer Reihenfolge angeführt:

Signal:	Bedeutung:
Achselzucken	Ratlosigkeit
Vor der Brust verschränkte Arme	Ablehnung; Verschlossenheit
schnelles Atmen	Nervosität
weit geöffnete Augen	Interesse
zugekniffene Augen	Ablehnung
der Augenkontakt wird vermieden	Nervosität; Desinteresse
Fest aneinander gepresste Beine	Angst; Aufregung

um die Stuhlbeine gewickelte Beine	Angst; Aufregung
Blick zum Boden	Mutlosigkeit; Niedergeschlagenheit
Blick zur Decke	Nachdenken
starrer Blick	Aggression
häufiger Blickkontakt	Selbstbewusstsein
häufiges Abnehmen der Brille	Nervosität
Faust	Anspannung; Aggression
mit dem Finger auf eine Person deuten	Angriff
Finger trommeln	Nervosität; Ungeduld
mit der Hand durch die Haare streichen	Nervosität; Eitelkeit
die Hand beim Sitzen unter die Oberschenkel legen	Nervosität; Angst
mit der Hand an der Stuhllehne fest halten	Angst
die Hand vor dem Sprechen vor den Mund halten	Unsicherheit („Ich würde am liebsten gar nichts sagen")
die Hand beim Sprechen vor dem Mund halten	Unsicherheit („Eigentlich will ich das gar nicht sagen")
die Hand nach dem Sprechen vor den Mund halten	Unsicherheit („Hätte ich das bloß nicht gesagt")
Hand am Jackett	Unsicherheit
Hand in der Tasche	Unbekümmertheit
Hand heben	Unterbrechung
Hände reiben	Selbstzufriedenheit
kraftloser Händedruck	Unsicherheit
Handflächen nach oben	Ratlosigkeit
Leere Handflächen zeigen	Ratlosigkeit
zusammengepresste Lippen	Anspannung
Oberkörper zurückgelehnt	Desinteresse; Entspannung
die Schultern hochziehen	Ratlosigkeit
langsames Sprachtempo	von Ausgeglichenheit bis Trägheit
schnelles Sprachtempo	von Power bis Nervosität
laute Stimme	Selbstbewusstsein
sehr laute Stimme	Übersteigertes Selbstbewusstsein
leise Stimme	Mangelndes Selbstbewusstsein; Unsicherheit
die Stirn in Falten gelegt	Anspannung

sich vom Gesprächspartner weg- drehen	Desinteresse
den Zeigefinger erheben	Rechthaberei

3. Die Notbremse

Mit dem aufrichtigen Wunsch, dass Sie niemals in die Verlegenheit geraten, die anschließenden Ratschläge in Anspruch nehmen zu müssen, folgen hier nun einige Empfehlungen für den Fall der Fälle. Wenn Sie trotz aller Vorbereitung während des Examens von einer Panikattacke überrascht werden, müssen Sie sofort reagieren, um diese effizient in den Griff zu bekommen, ohne dadurch viel Zeit zu verlieren. Man kann dabei verschiedene Wege gehen:

- Wer es beherrscht, dem wird in der Praxis erprobtes Autogenes Training umgehend weiterhelfen.
- Kurzes Abschalten durch das Weglegen des Stiftes und einen Blick aus dem Fenster kann schon wahre Wunder wirken.
- Entspannen Sie dabei Ihre Muskulatur.
- Atmen Sie einige Male ganz bewusst tief durch.
- Schließen Sie die Augen und zählen Sie ganz ruhig bis zehn.
- Wenn Sie bemerken, dass Ihre Konzentration schwindet, benötigen Sie oft nur etwas Flüssigkeit. Umso mehr, wenn Sie während der Klausur ins Schwitzen geraten. Sorgen Sie immer dafür, dass Sie während der Klausur genügend trinken, am besten Mineralwasser.

> **Tipp:** Wenn Sie in der (mündlichen) Prüfung merken, dass Sie plötzlich nervös werden, hilft Ihnen ein ganz einfacher und über Jahrzehnte erprobter Trick beim Entspannen: Ballen Sie in den Schuhen einige Male Ihre Zehen! Das merkt niemand und es funktioniert garantiert.

4. Was Sie noch heute tun sollten

Falls Sie Ihren nächsten Prüfungstermin schon kennen, sollten Sie augenblicklich mit dem Prüfungstraining starten. Alles was Sie dazu brauchen ist Ihr Kalender und ein roter Stift.

- Tragen Sie eine Woche vor der Prüfung in Ihren Kalender den Hinweis „Tagesrhythmus?" ein. Das soll Sie daran erinnern, dass Sie rechtzeitig vor dem Examen oder vor einer Klausurenwoche Ihren Tagesrhythmus auf die Prüfung abstimmen sollten, also beispielsweise früher aufstehen und mittags etwas später essen.

- Halten Sie zwei Tag vor der Prüfung im Kalender fest, dass Sie den tadellosen Zustand Ihrer Schreibutensilien und den Batteriestand Ihrer Uhr und Ihres Weckers kontrollieren wollen.
- Schreiben Sie am Tag vor Ihrer Prüfung mit großen Buchstaben die Worte „Kein Lernstoff mehr" in den Kalender. Das wird Sie unmissverständlich an die Tatsache erinnern, dass Sie an diesem Tag Ihren gut sortierten Wissensspeicher nicht mehr in Unordnung bringen wollen. Versuchen Sie stattdessen, sich zu entspannen. Sie werden feststellen, dass sich dieser Vorsatz nur dann umsetzen lässt, wenn Sie ihn wirklich optisch vor Augen haben.
- Vermerken Sie außerdem, dass Sie in aller Ruhe Ihre Tasche packen wollen.
- Notieren Sie für den Prüfungstag die Hinweise „spät zum Prüfungssaal", „keine Diskussionen mehr" und „keine Lücken mehr erforschen".
- Abschließend halten Sie noch den Hinweis „Wasser und Vitamine" fest, damit Sie in der Hektik vor der Prüfung an den notwendigen Proviant denken.

Tipp: Tragen Sie diese Ratschläge jetzt in Ihren Kalender ein. Selbst wenn Ihr übriger Elan im Laufe der Zeit erlahmen sollte, haben Sie auf diese Weise vor der Prüfung wieder Zugriff auf diese besonders wichtigen Hinweise.

VIII. Letzte Warnung: Ihr Gedächtnis ist in Höchstform

Gratuliere! Sie haben dieses Buch bis zum Ende gelesen. Ihrer Absicht, sich effektiver und rationeller auf das Examen vorzubereiten, sind Sie damit ein großes Stück näher gekommen. Sicherlich haben Sie während der Lektüre einige Stellen in diesem Buch angemerkt, denen Sie künftig noch mehr Beachtung schenken wollen. Vielleicht haben Sie sogar schon einige Ideen aufgegriffen und erste Erfolge erzielt.

Doch viele Anregungen, die Ihnen beim Lesen zunächst sehr interessant erschienen, haben Sie zwischenzeitlich längst wieder vergessen. Natürlich wissen Sie genau, warum das so ist: Ihr Gedächtnis ist in Höchstform und sorgt dafür, dass Ihnen Informationen verloren gehen. Um diesem Prozess zumindest ein wenig entgegenzuwirken, wurden einige zentrale Gesichtspunkte des Lernens in diesem Buch ganz bewusst an unterschiedlichen Stellen angesprochen und dadurch wiederholt. Das ist keine Nachlässigkeit des Verfassers, sondern beabsichtigt, um Ihrer persönlichen Vergessenskurve ein Schnippchen zu schlagen. Wenn Sie Ihren Weg zu effektiverem Lernen darüber hinaus beharrlich weiter gehen wollen, müssen Sie jetzt unbedingt noch eines tun, bevor Sie dieses Buch wieder zurück ins Regal stellen:

Nehmen Sie jetzt noch einmal den roten Stift zur Hand und tragen Sie in Ihren Kalender ein, wann Sie wieder einige Seiten in diesem Buch lesen und wiederholen wollen. Denn nur auf diese Weise können Sie Ihr Gedächtnis systematisch austricksen.

Ich halte Ihnen die Daumen und wünsche Ihnen von ganzem Herzen viel Erfolg im Examen!

Literaturverzeichnis

Boeckel, Johannes Friedrich, Meditationspraxis, 6. Aufl., München 1985

Beyer, Günther, Gedächtnistraining, München 1977

Brenner, Helmut, Autogenes Training – Schritt für Schritt, München 1978

Brost, Hauke, Jogging für den Kopf, 7. Aufl., München 1995

Brothers, Joyce, Eagan, Edward P. F., In 10 Tagen zum vollkommenen Gedächtnis, 25. Aufl., Genf 1993

Buzan, Tony, Speed Reading, 3. Aufl., New York 1991

Cooper, Joseph, Zeit gewinnen – mehr schaffen, 2. Aufl., München 1973

Dittrich, Helmut, Einsame Spitze, München 1993

Doucet, Friedrich, Geschichte der Psychologie, München 1971

Ebbinghaus, Herman, Über das Gedächtnis, Leipzig 1885

Eibl-Eibesfeldt, Irenäus, Grundriss der vergleichenden Verhaltensforschung, München 1967

Fast, Julius, Körpersprache, Reinbek 1979

Gamm, Rüdiger, Ehlert, Alexandra, Train your Brain, 6. Aufl., München 2008

Havener, Thorsten, Ich weiß, was du denkst, 11. Aufl., Hamburg 2009

Holler, Johannes, Power für die grauen Zellen, 2. Aufl., München 1993

Jäger, Gerhard, Selbsthilfe durch Autogenes Training, München 1984

Jelko Gunther, Legal Hans-Peter, Stress. Pro und contra, München 1981

Karsten, Gunther, Erfolgsgedächtnis, 5. Aufl., München 2002

Klaner, Andreas, Stressbewältigung im Studium, Berlin 1998

Klaner, Andreas, Lernen online, München 2000

Klaner, Andreas, Wie schreibe ich juristische Hausarbeiten, Berlin 2003

Klaner, Andreas, Basiswissen Logik für Jurastudenten, Berlin 2005

Köhler, Wolfgang, Intelligenzprüfungen an Menschenaffen, Berlin 1920

Lorenz, Konrad, Vergleichende Verhaltensforschung, München 1982

Mackenzie, R. Alec, Die Zeitfalle - sinnvolle Zeiteinteilung und Zeitnutzung, 4. Aufl., Heidelberg 1974

Mantel, Manfred, Effizienter Lernen, München 1990

Michaud, Ellen, Wild, Russell, Boost Your Brain Power, New York 1991

Minninger, Joan, Gutes Gedächtnis – das Erfolgsgeheimnis, München 1990

Mittring, Gert, Rechnen mit dem Weltmeister, Frankfurt 2011

Molcho, Sammy, Körpersprache, München 1983

Morris, Desmond, Körpersignale: Vom Scheitel bis zum Kinn, München 1985

Naranjo, Claudio, Ornstein Robert, Psychologie der Meditation, Frankfurt 1976

Obereil, Klaus, Fit durch Mineralien und Spurenelemente, München 1994

Pawlow, Iwan Petrowitsch, Conditioned reflexes, Oxford 1927

Powell, Cherith, Forde, Greg, The Self-Hypnosis Kit, London 1995

Schultz, Johann Heinrich, Übungsheft für das Autogene Training, 11. Aufl., Stuttgart 1961

Seiwert, Lothar, Das 1x1 des Zeitmanagements, 10. Aufl., Speyer 1988

Skinner, Burrus Frederic, Jenseits von Freiheit und Würde, Reinbek 1971

Stalmann, Reinhart, Psychosomatik, Frankfurt 1984

Staub, Gregor, Mega Memory, Heidelberg 2007

Tepperwein, Kurt, Die hohe Schule der Hypnose, Genf 1977

Theilacker, Jörg, Gedächtnistraining für jedes Alter, 2. Aufl., München 1996

Thorndike, Edward Lee, The fundamentals of learning, New York 1932

Tracy, Brian, Time Power, New York 2007

Tracy, Brian, Eat That Frog, San Francisco 2007

Vester, Frederic, Denken, Lernen, Vergessen, 2. Aufl., München 1978

Werneck, Tom, Ullmann, Frank, Dynamisches Lesen, 3. Aufl. München 1989

Wujec, Tom, Schneller schalten als andere, 3. Aufl., Genf 1993

Wuketits, Franz, Schlüssel zur Biologie, München 1990

Zielke, Wolfgang, Wie trainiere ich mein Gedächtnis, Bindlach 1991

Stichwortverzeichnis

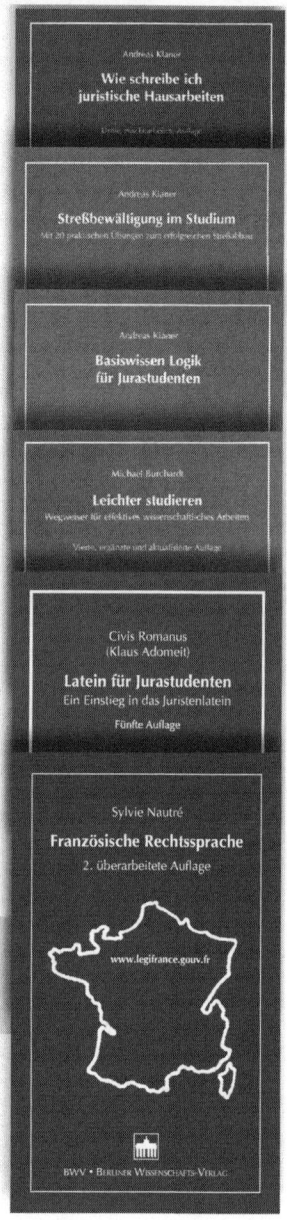